LAURA GUTMAN

A BIOGRAFIA HUMANA

Uma nova metodologia a serviço da indagação pessoal

LAURA GUTMAN

A BIOGRAFIA HUMANA
Uma nova metodologia a serviço da indagação pessoal

Tradução
Mariana Corullón

Ilustrações de Paz Marí

7ª edição

Rio de Janeiro | 2024

CIP-BRASIL. CATALOGAÇÃO NA PUBLICAÇÃO
SINDICATO NACIONAL DOS EDITORES DE LIVROS, RJ

Gutman, Laura, 1958-
G995b   Biografia humana: uma nova metodologia a serviço da in-
7ª ed. dagação pessoal / Laura Gutman; tradução Mariana Corullón.
– 7ª ed. – Rio de Janeiro: Best*Seller*, 2024.
il.

Tradução de: La biografia humana
ISBN 978-85-4650-010-9

1. Comportamento humano – Psicologia. 2. Avaliação de
comportamento. 3. Psicologia. I. Corullón, Mariana, II. Título.

16-35550   CDD: 158.1
                                                    CDU: 159.947

Texto revisado segundo o Acordo Ortográfico da Língua Portuguesa de 1990.

Título original
Copyright ©2015 by Laura Gutman
Copyright da tradução © 2016 by Editora Best Seller Ltda.

Capa: O Porto Design
Imagem de capa: MerveKarahan/Getty Images
utkamandarinka/Getty Images
Editoração eletrônica: Abreu's System

Todos os direitos reservados. Proibida a reprodução,
no todo ou em parte, sem autorização prévia por escrito da editora,
sejam quais forem os meios empregados.

Direitos exclusivos de publicação em língua portuguesa para o Brasil
adquiridos pela
EDITORA BEST SELLER LTDA.
Rua Argentina, 171, parte, São Cristóvão
Rio de Janeiro, RJ – 20921-380
que se reserva a propriedade literária desta tradução

Impresso no Brasil

ISBN 978-85-4650-010-9

Seja um leitor preferencial Record.
Cadastre-se no site www.record.com.br e receba informações
sobre nossos lançamentos e nossas promoções.

Atendimento e venda direta ao leitor
sac@record.com.br

Dedico este livro aos meus filhos,
Micaël, Maïara e Gaia

Nota do editor

Laura Gutman utiliza a palavra "consultante" para referir-se a qualquer indivíduo que consulta um profissional. Por isso, despreza a palavra habitualmente utilizada por médicos ou psicólogos: "paciente" — já que aquele que pede uma consulta não tem que ter "paciência". Esse pedido de paciência confirma o sistema de dominação, do profissional que "sabe" em direção a uma pessoa "que não sabe". Em um processo de indagação pessoal como a biografia humana, ninguém sabe mais do que o outro. Por outro lado, pretendemos que cada indivíduo assuma, com maturidade, o seu próprio estado de consciência.

Sumário

As psicoterapias em geral	11
A metodologia de construção da biografia humana	27
A inteligência coletiva	63
Uma escola de detetives	71
A semente do sofrimento humano	81
A apropriação da verdade	91
O poder do discurso materno	99
O "eu enganado"	119
As imagens a serviço das biografias humanas	141
O tornado	165
O perigo está à espreita	177
A guerreira	189
A devorada pela mamãe	199
O príncipe	207
A boxeadora corajosa	217
A escrava	231
O burro com antolhos	241
A cova	249
O lobo disfarçado de cordeiro	257

O pacotinho fechado	267
O menino voluntarioso	273
A transcendência	281
Do individual ao coletivo	285

As psicoterapias em geral

Em algumas cidades — como Buenos Aires e Nova York — a fascinação pelas terapias psicológicas viveu seu auge entre os anos 1960 e 1970. Foi um *boom* de teorias freudianas, lacanianas, kleinianas, winicottianas e, em menor escala, junguianas. Com outras características e adequadas aos tempos modernos, ainda preservam uma aura de virtuosismo. Não ocorreu o mesmo em outras latitudes.

Em algumas regiões da Europa, o fato de "ir ao psicólogo" é considerado uma vergonha ou algo típico de "loucos", misturando uma nuvem de preconceitos confusos. De todas as formas, muitas pessoas procuram ajuda, mesmo que isso não seja revelado em seu entorno. Nos Estados Unidos, surgiram sistemas mais "rápidos" de ajuda, como as terapias sistêmicas ou cognitivas, e todo um leque de *coachings*, centrados em diversos tipos de assessoria para as pessoas que procuram resolver seus problemas, independente de que tipo sejam. Quero dizer, vivemos uma época na qual os apoios espirituais e a busca pelo bem-estar estão mais na boca dos terapeutas do que nas palavras dos sacerdotes. Uma coisa não é melhor do que a outra. Suponho que simplesmente fazem parte da organização das culturas.

É legítimo que os indivíduos busquem bem-estar e compreensão de seus estados emocionais. O problema está em quando os mecanismos utilizados ficam obsoletos e, ainda assim, no inconsciente coletivo mantêm-se com um alto nível de popularidade, como se representassem a garantia do sucesso no terreno da luta contra o sofrimento humano. Em Buenos Aires, "ir à terapia" é algo tão comum quanto ir à escola ou ao trabalho. Todos "vamos à terapia". Em qualquer conversa entre amigos, assim que tocamos em um assunto íntimo, surge o comentário: "É, já vi isso na terapia." Todos escutam e aprovam prontamente. Entretanto, o que significa isso? Ninguém sabe. O que "já vimos"? Mistério. Parece que, se essa pessoa "já viu na terapia", seus problemas fluirão pelos cursos adequados para alcançar soluções fantásticas. Nesses diálogos, nos quais todos acreditam falar da mesma coisa, mas cada um pode interpretar do modo que parecer mais conveniente, subtendemos que "ir à terapia" é algo bom e que esse é um lugar no qual resolvemos nossos dramas. Por outro lado, se alguém se nega a fazer terapia — ainda mais se for nosso parceiro ou parceira —, supomos que nunca poderemos chegar a conclusões confiáveis. Definitivamente, fazer terapia parece ser algo positivo.

É claro que consultantes e terapeutas de todas as linhas têm boas intenções. Habitualmente, nós nos referimos a encontros amistosos: ninguém seria tratado mal "na terapia". Não é o mesmo que fazer um trâmite burocrático ou ir ao banco. Não. Geralmente encontramos escuta, e o fato de que alguém nos escuta, é como tocar o céu com as mãos. Amamos nosso terapeuta porque ele nos ouve. Às vezes, nos diz algo inteligente. Compartilha nossos segredos. Tem carinho por nós. Não nos julga. Dá razão ao que dizemos. Dá umas palmadinhas nas nossas costas e confia nas nossas aptidões. Um prazer. Isso é o que, nunca, jamais, nem nossa mãe nem nosso pai — quando éramos crianças — nem nenhum parceiro ou parceira — durante nossa vida adulta — fez por nós: aceitar-nos como somos e destacar nossas virtudes. Portanto, pagaremos em dinheiro — quanto for necessário — desde que continuemos nos sentindo bem.

Há algo ruim nisso tudo? Não, pelo contrário. O bem-estar sempre é positivo. Porém, acabamos assumindo que o conceito de "terapia" é algo que toca o sagrado sem saber exatamente o que é. É importante definir que essa prática de "fazer terapia" é um desprendimento das pesquisas de Freud. Desde o começo do século XX, a "psicologia estudada nas universidades está baseada em Freud". Muito bem. Lamentavelmente, a teoria — que na época de Freud foi revolucionária — é uma; mas, na prática, com as pessoas de carne e osso, vivendo em um período histórico com muito menos repressão sexual do que há um século, é diferente. Homens e mulheres circulam hoje com um nível de independência e autonomia sexuais impensados há apenas cem anos. Claro que todos sabemos que os sonhos são imagens fiéis do nosso inconsciente e que esse inconsciente abençoado conduz os fios do nosso eu consciente. Não há nada para discutir a esse respeito.

Agora, nós que estudamos as teorias psicológicas logo tentamos encaixá-las na realidade emocional das pessoas que nos procuram. É aí que há um abismo entre hipótese e prática.

Sempre achei estranho esse encaixe forçado. Porém, mais inverossímil ainda é o fato de deturparmos as evidências para que algo coincida com a realidade que nos é apresentada. Observarmos muito mais a teoria do que a realidade é um dado interessante. Porque entendo que as teorias são organizações do pensamento baseadas na realidade, não o contrário.

As pessoas que procuram um terapeuta costumam ficar subjugadas pelas interpretações psicológicas, que muitas vezes respondem a teorias discutíveis e, frequentemente, preconceituosas. Supor que o mal-estar de um indivíduo seja explicado porque o pai o abandonou quando era criança não apenas é uma mentira como também uma bobagem.

Para chegar a tal "interpretação" partimos da "teoria" de que as crianças precisam de uma boa figura paterna. Caso não a tenham, pronto! Logo alguns sofrimentos estarão ancorados nessa vivência infantil. Entretanto — como já descrevi em todos os meus livros publicados —, a realidade costuma ser mais complexa. Que os sofrimentos e as diversas formas de abandono emocional que suportamos durante nossas infâncias marcarão a fogo nossa organização psíquica, disso não há duvidas. O que é importante questionar é se

13

aquilo que alguém nomeou como "sofredor" ou "problemático" tenha sido efetivamente a causa dos nossos males.

Para ir direto ao ponto: nós, seres humanos, somos mamíferos. Nascemos do ventre de uma mãe. Temos um primeiro período muito crítico que se prolonga bastante tempo (a infância inteira), durante o qual somos totalmente dependentes dos cuidados maternos. Dependemos da qualidade desses cuidados. Se forem nutritivos, amorosos, afetuosos, abundantes, leves, permanentes e generosos, nossa segurança básica emocional está garantida. O fato de existir um pai, cinco pais, nenhum pai, vinte tios, oito famílias, cem tartarugas ou quatro elefantes não influencia em nada. Não tem importância alguma. A criança pequena só precisa — para seu conforto e sua saúde afetiva e física — de uma mãe ou de uma mulher "maternante" suficientemente amorosa e disponível. Nada mais, além disso. Absolutamente nada mais.

Se olharmos o cenário completo, para que uma criança tenha uma mãe tão incrível, essa mãe também precisará ter uma vida boa. Precisará sentir tal nível de felicidade que lhe permita ser capaz de derramar bem-estar e conforto sobre a criança. Muito bem. Então estamos admitindo que esse seja outro assunto.

Conforme a cultura, o momento histórico, a região ou a civilização na qual essa mãe vive, vamos determinar se o conceito de felicidade está relacionado aos casamentos monogâmicos, às tribos poligâmicas, à repressão sexual ou à sexualidade livre, à prosperidade econômica, à troca com a natureza e os ciclos vitais ou o que for.

Porém, é importante ficar claro que estamos falando do conforto da mãe e não do conforto da criança. Para a criança, só existe a mãe. De fato, uma criança pequena pode estar em um palácio repleto de ouro: se está sozinha, será uma prisão. Por outro lado, se estiver em meio a um deserto sob um sol abrasador, mas acolhida pelo corpo nutriente de sua mãe, estará em seu próprio paraíso. Quero dizer exatamente isto: o bem-estar da criança pequena depende da proximidade afetiva de sua mãe. Não depende, absolutamente, do entorno.

Vamos retomar a interpretação (recorrente no seio de muitas terapias atuais) de que um indivíduo sofre hoje como consequência do abandono precoce praticado pelo pai. É óbvio que quem sofreu a perda da ilusão, do conforto ou da segurança foi a mãe da criança. É absolutamente provável que a mãe tenha nomeado, ao longo de toda a infância do filho, que a causa dos problemas (próprios e alheios) foi, é e será a condenada, horrível e desaprovada decisão desse homem de ter ido embora. Portanto, essa criança logo que cresce terá problemas como qualquer indivíduo. Um dia, procurará um terapeuta pelo motivo que for e vai assumir que sua principal dificuldade está em ter sido abandonada pelo pai durante a infância. A partir disso, todos criam um mar de interpretações baseadas em nada, crendo que conseguimos capturar o causador de todos os males. O mais grave é que não pensamos em rever o abandono, a violência, o abuso, o autoritarismo ou o que for que a mãe — presente — exerceu, durante toda a infância, sobre essa criança a quem deveria nutrir. A violência que ela possa ter cometido — uma mãe exageradamente valorizada pelo filho transformado em adulto — fica invisível. Eis aqui o que poucas terapias conseguem detectar.

Por que é tão difícil para um terapeuta ver os mecanismos completos? Porque ninguém lhe ensinou. Nas universidades estudamos teorias. Mas não observamos com olhar atento, nem sequer de fora das ideias preestabelecidas, o que acontece conosco. Insisto que circulamos entre preconceitos e teorias, que na teoria são bonitos, mas que não se encaixam em nossas realidades cotidianas.

Por acaso, não existem boas teorias psicológicas? Sim, existem muitas. Também existem grandes pensadores, mestres iluminados e terapeutas lúcidos. O que acontece é que devemos encontrá-los. Lamentavelmente, sou testemunha das atrocidades que muitos terapeutas afirmam com tom grandioso a seus consultantes e, dentro dessa relação de projeção de um suposto saber, os consultantes se entregam à fascinação e ficam presos às interpretações que tomam como sendo válidas.

O erro mais frequente, nessa perspectiva, é que os terapeutas ouvem o que diz o consultante. Está errado? As pessoas não vão à terapia para que alguém as ouça? Aí é que está o X da questão. As pessoas sustentam um discurso enganoso, organizado ao longo de toda a infância, a partir do discurso enganoso de quem nomeou os acontecimentos (geralmente, a mãe). Ou seja, chegamos à vida adulta com uma opinião formada sobre tudo a partir do nosso ponto de vista. Mas esse ponto de vista pessoal é o que menos importa no momento de uma indagação genuína. Porque manifesta um olhar parcial daquilo que cada um de nós defende. É útil, então, que nós, terapeutas, sigamos a linha de indagação pessoal a partir do que cada consultante defende? Não. Porque, obviamente, chegaremos a conclusões subjetivas, quer dizer, equivocadas. E, além disso, porque não poderemos oferecer ao consultante um ponto de vista mais completo, continuaremos observando praticamente a mesma coisa, com alguns acréscimos nas interpretações que abonam as teorias de cada indivíduo. Ou seja, não conseguimos introduzir um olhar mais global sobre nós mesmos.

Quero dizer que ouvir o consultante é o ato menos "terapêutico" que já vi. Porque não proporciona um olhar completo sobre o próprio cenário. Parece fácil aceitar que, aquilo que diz nosso consultante, não deveria nos importar. Entretanto, quase não existem psicólogos capazes de encontrar a lógica de um cenário completo, descartando quase tudo que o consultante diz.

Então, como escolher um bom profissional, alguém que compreenda, observe sem preconceitos e ofereça um ponto de vista inédito sobre aquilo que acontece e, além disso, sem considerar o que o consultante diz? Entendo que seja extremamente difícil. Depende, em parte, de cada um de nós. A intuição será a nossa melhor aliada. Porque é essa voz difusa que nos avisa sobre o tratamento escolhido, que diz se há algo verdadeiro que se encaixa com nossas emoções, ou melhor, se existem palavras que nomeiam, com certeza, alguma coisa que sabíamos, no passado, mas não conseguíamos aguentar. Ou, ao contrário, às vezes, sentimos que não, que é de outro jeito, ainda que não saibamos de que maneira. Curiosamente, não nos obedecemos. Vamos porque o terapeuta diz que não podemos largar o "tratamento". De que "tratamento" estamos falando? Não se trata da ingestão de um antibiótico. É uma busca espiritual. Não é um tratamento. E, como busca genuína, podemos bifurcar nosso caminho quantas vezes acharmos adequado. Insisto que a "aura" de supremacia com a qual contam todas as terapias, no inconsciente coletivo, está contra nós neste momento. Porque não nos sentimos no direito de não estarmos de acordo, abandonar as entrevistas, mudar, procurar outra coisa, escolher outros sistemas ou outros profissionais. Entretanto, do ponto de vista das indagações pessoais, teríamos que conservar sempre a liberdade interior e a indagação profunda. Se errarmos, não acontecerá nada.

Como saber se as interpretações que o profissional nos oferece são válidas? A princípio, não acredito nas interpretações. Porque costumam ser subjetivas, quer dizer, tingidas de pensamentos e sentimentos valiosos para o profissional, mas que nem sempre contribuem com clareza ou se encaixam na lógica do consultante. Mais ainda, não contribuem com um olhar global, compassivo e transparente com relação à totalidade do cenário. As interpretações costumam estar baseadas em teorias psicológicas, em vez de ter a coragem de olhar honesta e criativamente para um cenário determinado e único.

O que acontece quando os dois membros de um casal querem fazer terapia juntos?

A princípio questiono a afirmação "queremos ir juntos". Na maioria dos casos, as mulheres querem e os homens são complacentes. O que não é de todo mal. O que acontece é que, no terreno emocional, as mulheres levam a voz que canta e estão mais acostumadas a criar alianças com os profissionais "psi". Adoram a psicologia. As questões do coração encontram-se em um âmbito mais Yin, leve e sussurrante e isso cai bem para as mulheres. Por isso, consultam-se com todo tipo de especialista. Os homens, ao contrário, preferem os âmbitos mais Yang: concretos, esportistas, econômicos e de argumentos mais diretos. De qualquer maneira, os homens, obviamente, sofrem. Entretanto, não se mostram tão desesperados quanto nós para contar a torto e a direito suas intimidades pessoais. Portanto, quando as mulheres dizem "eu e meu companheiro queremos fazer terapia", sempre vale a pena convidar a mulher para que dê o primeiro passo. Que ela procure até encontrar o que precisa para si mesma. E deixe em paz o seu parceiro.

Quando os casais chegam juntos às sessões, normalmente acabam sendo encontros superficiais. Utilizam-nas para conseguir acordos sustentáveis e para ter alguma testemunha que funcione como "um terceiro que discorda". O que pode ser muito interessante, mas isso não é uma indagação terapêutica. Em todo caso será apenas mais uma medicação. Haverá conversas um pouco mais educadas. Pode acontecer que um dos dois precise de uma testemunha, pois caso contrário tem medo de confrontar a violência e o desequilíbrio de seu parceiro. Enfim, os encontros podem ser úteis para muitas coisas, mas duvido que sirvam para abordar mecanismos infantis e a sombra individual, que movem os fios das nossas ações na vida das relações. O profissional precisará ter muita experiência e muito *savoir faire* para abordar as realidades infantis de cada um dos sujeitos e até para investigar a partir de quais mecanismos históricos se juntaram, para tentar, em seguida, abordar os possíveis conflitos atuais.

Quando as mulheres pedem para ir com seu parceiro a uma sessão de terapia, é porque querem encontrar uma solução pontual para uma dificuldade global do casamento. E isso não é possível. Outras vezes, elas arrastam os parceiros "à terapia" porque estão em franco desacordo sobre assuntos que dizem respeito a ambos: a educação dos filhos é o mais comum. As mulheres esperam que o terapeuta lhes dê razão e, então, serão dois a um. Ganham as mulheres. É um absurdo. Estamos pedindo soluções quando ainda não estamos dispostas a observar a totalidade da nossa trama. Se não compreendemos cabalmente como construímos o conflito, não saberemos desmontá-lo.

Isso vale tanto para as terapias do casal quanto para as terapias individuais: não é possível esperar que elas resolvam nossos problemas. Não. Damos início a um trabalho de interrogação profunda para compreender mais e para olhar para nossos cenários a partir de um olhar ampliado. Logo, talvez, usando uma lente de aumento, é provável que encontremos nossos recursos para mudar, e essas mudanças talvez modifiquem ou amortizem alguns dos problemas. Visto dessa maneira, talvez o mais honesto que possamos esperar de qualquer terapia é que ela seja digna de chamar-se assim.

E como escolher um bom terapeuta para as crianças? Na minha opinião, é um despropósito mandar as crianças à terapia. Porque elas são dependentes dos mais velhos. Dependem afetiva, econômica e familiarmente. Se a criança sofre, são os adultos que a educam que têm de assumir que estão fazendo algo errado e, por isso, elas apresentam sintomas alarmantes. A criança, por mais sessões terapêuticas que frequente, não poderá modificar nada em casa. Pais que mandam uma criança à terapia tiram o problema das próprias costas. Em todos os casos, se uma criança se comporta mal, desobedece, adoece, é inquieta ou distraída, tem baixo rendimento escolar, sofre de terrores noturnos, tem fobias, não come ou o que for que expresse, é porque está nos avisando que necessita de nós.

São os adultos que precisam de ajuda para poder entendê-la.

Portanto, eles deverão primeiro compreender e compadecer-se da criança desamparada e machucada que foram, pois se não estão dispostos a entrar em contato com as feridas que lhe rasgaram a alma, não conseguirão entrar em contato com aquilo que acontece com a criança real de hoje. É impossível sentir o sofrimento dos pequenos se os adultos não se dispõem a sentir isso que esconderam durante suas infâncias, cheios de dor, com os recursos emocionais que agora têm em mãos. É preciso que os adultos se descongelem. Têm de voltar atrás e fazer contato com o que lhes aconteceu, pois agora já são gente grande e sabem que nada de ruim poderá lhes acontecer. Aqueles que têm urgência para fazer isso são seus filhos, alunos, netos e os filhos de seus amigos. Não mandem as crianças ao psicólogo, elas não têm nada para fazer lá. Muito menos as crianças que não querem ir! Elas ficam entediadas! Essa tarefa não lhes diz respeito. Não são elas que devem entender o que lhes acontece. Se as crianças sofrem pelo motivo que for, isso diz respeito aos adultos. E, à medida que decidimos permanecer ignorantes sobre as questões da alma, não seremos capazes de compreender aquilo que acontece com as crianças. Por isso, a única coisa urgente é que nós — adultos — nos iniciemos espiritualmente.

Pois bem, entre tanta oferta psicológica, como fazemos para escolher, sobretudo quando não somos especialistas no assunto? É verdade que encontrar alguém de confiança, dentre tantas opções, é uma tarefa difícil. Entretanto, em princípio, qualquer método serve. O método é uma ferramenta — geralmente valiosa — para promover um encontro humano entre o profissional e o consultante, mas, como nas outras áreas da vida, temos que experimentar. Aqui entra no jogo a intuição pessoal. Também é indispensável saber que "fazer terapia" supõe descobrir novos pontos de vista: desconfortáveis, doloridos, mas reais. A terapia tem que contribuir com uma visão nova de nós mesmos, que se encaixe com algo que exista em nosso interior e nos motive a sermos responsáveis por nossas ações.

Se sentirmos que "nada acontece", por que continuar pagando um profissional só porque ele nos diz que isso é o que deve ser? O tempo de duração das terapias também é um assunto que devemos levar em conta. Considero que permanecer vários anos com o mesmo profissional não é algo benéfico para o encontro com a sombra, porque os profissionais são seres humanos e se apegam, obviamente, aos consultantes. Nesse ponto, perdemos objetividade. Os tratamentos curtos e contundentes costumam ser os mais eficientes. Por outro lado, se o profissional for adequado, "acertará" mais rapidamente. A informação que precisávamos adquirir sobre nós mesmos não teria que demorar muito tempo para ser desvendada; caso contrário, o "método" não é muito eficiente. Ou talvez o profissional não seja suficientemente competente.

Logicamente, as terapias não são lugares confortáveis. Tampouco locais para os quais vamos voltar porque nos sentimos bem ou porque o terapeuta nos compreende. Não. A terapia é um instante de descoberta pessoal, que uma vez abordada, compreendida, revisitada e treinada deveria tornar-se uma ferramenta de contato emocional genuíno a serviço da nossa vida cotidiana.

Algumas pessoas são muito curiosas e pulam de um método terapêutico a outro, porque adoram aprender cada vez mais. A soma das metodologias e pontos de vista, que nasceram graças às personalidades e às pesquisas de diferentes profissionais e professores, nos oferece um leque de opções. Enquanto todas elas operarem a favor da compreensão de nós mesmos e pudermos utilizar cada aprendizagem a nosso favor e a favor do próximo, tanto melhor.

Vale a pena lembrar também que algumas pessoas gostam de experimentar a metodologia da moda. É óbvio que isso não quer dizer que tenhamos abordado nossa sombra alguma vez. Nenhuma terapia é melhor ou mais rápida do que a outra. Nenhuma é tão maravilhosa a ponto de resolver todos os nossos problemas. Não. Simplesmente são ferramentas que dependem da capacidade do profissional em usá-las adequadamente e de cada um de nós em honrá-las.

Algumas metodologias são mais confiáveis do que outras. Esse é um assunto de gosto pessoal. Portanto, ninguém tem de concordar comigo. As constelações familiares, criadas por Bert Hellinger, as linguagens sagradas, como o tarô, a bioenergética, o eneagrama, a leitura de registros akáshicos, a Gestalt, as terapias corporais, as respirações, os jejuns conscientes, a yoga... São algumas maneiras de estarmos mais próximos da alma humana, que costumam ser reveladoras porque observam a totalidade do ser.

Por outro lado, apesar do respeito à psicologia freudiana-lacaniana e à psicanálise, tenho que admitir que jamais ouvi nenhum indivíduo afirmar que se compreendeu melhor, nem contar algo pessoal com maior coerência ou responsabilidade, tampouco relatar um indício mínimo de alguma situação pessoal da qual possa ter reinterpretado algo, graças à sua experiência terapêutica. A pobreza de espírito, os lugares comuns, as projeções de um suposto saber e os abusos de poder dos profissionais deixam-me atônita mais de uma vez. Já não posso continuar ignorando nem cuidando desses lugares tão sagrados, intocáveis e sublimes nos quais todos colocamos a psicologia tradicional porque não são sustentáveis, por maiores que sejam nossos esforços. Não quero ser condescendente por pura amabilidade e respeito aos colegas, porque os estragos e a confusão que exercem sobre os consultantes — dos quais sou testemunha — não mais me permitem.

O pior é que todos os anos se formam nas universidades centenas e centenas de jovens que creem poderem compreender, dar assistência e ajudar a outros indivíduos, apenas por terem um diploma bonito de psicólogos. É desesperador. O aval geral que lhes atribuímos não tem nenhuma relação com a experiência desses "encontros terapêuticos". Ao longo dos anos, as perguntas mais preconceituosas e, inclusive, carregadas de inveja, sempre vieram dos psicólogos. Até detectar que o problema era que eles não podiam conjugar minhas propostas com as "teorias" estudadas. Somente tentavam fazer com que as teorias se encaixassem nas pessoas. Por outro lado, pessoas com outras formações simplesmente formulavam perguntas a partir do coração, a partir das feridas abertas ou a partir do interesse genuíno em pensar mais. Os "não psicólogos" se permitem sentir com a totalidade do ser e, logo, definir se aquilo que ouvem lhes serve ou não. Somente um psicólogo — quando descrevo os desamparos terrivelmente frequentes durante a infância e as realidades cruéis da maioria das crianças diante do isolamento e da solidão — é capaz de perguntar: "Sim, mas, e o complexo de Édipo?" Estamos falando de milhares e milhares de crianças não assistidas, não acariciadas, não compreendidas, não acompanhadas, não amadas por suas mães... Diante disso, alguém quer saber como encaixar essa duríssima realidade com um suposto complexo de Édipo? Quem se importa com isso? Essa questão apenas interessa àqueles que estudaram alguma coisa e que não estão dispostos a reformular isso que uma vez estudaram e que, obviamente, não lhes serve para nada. Refiro-me a isso quando queremos fazer encaixar as realidades emocionais em supostas teorias grandiloquentes, em vez de teorizar a partir das realidades emocionais, que são concretas, doloridas e carnais.

O que também acontece é que não "acreditamos" nos terapeutas de outras linhas tradicionais, somente porque "não têm diploma de psicólogo". Sem diploma, não há confiança. Ou eu sou uma extraterrestre ou não consigo compreender a matemática do pensamento convencional. Se qualquer um de nós cursasse a faculdade de psicologia, saberia perfeitamente que esse diploma de psicólogo não é garantia de absolutamente nada. Pior ainda: o diploma de médico, ainda menos.

Já sabemos que se há um médico que se dedica a outra coisa, por exemplo, à meditação, terá nosso aval. Mas, caso haja outro profissional que se dedica à meditação com maior experiência, sabedoria, espiritualidade, contato e disciplina, mas não tem diploma de médico... não nos sentiremos seguros. Isso é somente uma questão de crenças, ainda que as pessoas mais convencionais costumem dizer que não somos crentes e, sim, "pragmáticos". Enfim.

Os diplomas universitários são, na nossa cultura, um objeto de culto ultravalorizado. Chama atenção, sobretudo nos cursos de ciências humanas, que jovens de 22, 23 anos, às vezes virgens, morando na casa dos pais na qualidade de filhos, sem jamais ter enfrentado algum assunto vital e sem experiências de nenhuma índole, tenham que finalizar seus estudos escrevendo uma "tese". Procuram na biblioteca, leem todo material que lhes chega às mãos, "copiamos" e "colamos" (literalmente "clicando" em seus computadores) as frases de destaque, chegando a conceitos sustentáveis. Em seguida, "defendem" essa tese diante de professores tão entediados quanto eles. Festejam jogando ovos e farinha (pelo menos esse é o costume argentino) e depois essa tese vai parar em um canto ao qual se juntam baratas entre as toneladas de papéis que ninguém vai ler porque são absolutamente não transcendentes. Não mudarão a vida de ninguém. Não há nada de verdadeiro ali. Mas penduram o bendito e desejado diploma em um lugar de destaque de suas casas, sentindo-se habilitados para "atender" àqueles que procuram ajuda.

Inversamente, há muitos e muitos notáveis trabalhadores na área das relações humanas, com vinte, trinta, quarenta anos de experiência. Pessoas que viajaram, envolveram-se em acontecimentos estranhos, caíram em desgraça, renasceram das cinzas, estiveram em contato com a miséria humana, com o abuso, com a morte, com o horror próprio ou alheio, choraram, pensaram, buscaram recursos, ofereceram suas virtudes ao próximo, gritaram aos quatro ventos seus erros, serviram em causas justas e injustas, jejuaram, rezaram, escutaram confissões irreproduzíveis, trabalharam até o limite de suas forças, criaram filhos, conheceram o amor e o desânimo, tiveram experiências sexuais sublimes, envelheceram, aumentaram sua compaixão e compreensão com relação ao próximo. Inclusive, às vezes, nós, profissionais, conversamos com Deus. Em muitos momentos, sabemos que estamos seguindo duas indicações, ainda que não tenhamos diplomas quem deem crédito a essa sabedoria.

Nesse momento, as universidades deveriam chamá-los e dar-lhes os diplomas merecidos, para certificar à comunidade de que, sim, existem homens e mulheres sábios que estão disponíveis para trabalhar ajudando o próximo.

Todo resto é um circo. Sem experiência, não há sabedoria. Há soberba.

Isso é o que acontece muito frequentemente no mundo "psi" e também no universo da medicina convencional.

O mais perigoso é que os jovens recém-formados acham que sabem mais que nossos consultantes. Esse é o nosso crime. No dia em que formos condenados por esses delitos, não haverá prisões suficientes. Ainda assim, todos continuam pensando que as coisas são assim e que essa é a ordem natural: que os médicos e os bacharéis sabem mais. Não, isso não é uma regra. É uma mentira. A mentira traz desequilíbrio, ignorância e doença. Os terapeutas ameaçam seus consultantes com os terríveis perigos que podem chegar a enfrentar se deixam o "tratamento". Do que estamos falando? Dito assim parece uma piada. Mas, nos consultórios terapêuticos, essa é uma prática comum e recorrente e que, ainda por cima, ninguém questiona. Como um terapeuta vai questionar o que um sujeito deve fazer? Ainda mais, como dizer se esse indivíduo sente com a totalidade de seu ser, que precisa de outra coisa! Acredito que somente provindo de histórias de abuso e submissão emocionais desde que somos muito pequenos e acostumados a entender o amor como um lugar de obediência afetiva, entende-se que existam tantas pessoas que não se atrevem a contrariar a voz de um terapeuta qualquer. É imprescindível saber que um terapeuta não é um sábio. É uma pessoa como nós, treinado com certa habilidade. Ainda por cima, estou afirmando que a maioria dos psicólogos nem sequer está treinada na habilidade de assistir pessoas que sofrem. Leem muito livros, mas têm pouca experiência. E não estão acostumados a pensar com autonomia, sem repetir, como um papagaio, aquilo que estudaram.

Entretanto, a aura da suposta superioridade intelectual faz estragos sobre a liberdade interior de milhares de indivíduos. Mais ainda: um terapeuta vai contra a vontade de um consultante e o convence a continuar o "tratamento", apesar de o indivíduo dizer, de todas as maneiras possíveis, que quer concluir, mudar, descansar, experimentar outra coisa. Então, não se deve ter mais dúvidas: ele quer sair, escapar daquele lugar.

Outras vezes, acontece o contrário. O terapeuta nos "dá alta". Eu sempre achei esse termo muito estranho. Acontece que os consultantes se sentem perdidos, não sabem o que fazer às terças-feiras pela manhã, antes dedicadas a visitar seu terapeuta.

Sentimos um "vazio" e parece injusto que ele tenha nos "abandonado". Isso demonstra que a "terapia" não foi eficaz. Qualquer caminho terapêutico deve deixar o consultante com mais recursos do que antes. Sei que é frequente usar os espaços terapêuticos como "cestos de resíduos" nos quais descarregamos nossas fúrias e, ao vomitá-las, nós "nos sentimos melhor". Porém, isso não é uma busca genuína dos lugares escuros do próprio eu nem nos conduz a nos conhecermos melhor. Não. É apenas um alívio temporário e superficial.

Se não amadurecemos, é evidente que precisaremos visitar nosso terapeuta quando não temos uma mãe que nos receba com carinho na sua casa. Contar com um consultório amigável é bonito, mas não é terapia.

Enfim, as terapias podem ser positivas, reveladoras, interessantes ou nefastas. Às vezes, são simplesmente uma perda de tempo e de dinheiro. É verdade também que os indivíduos se apegam às relações terapêuticas como aos outros vínculos: submissos, temerosos, desconectados, soberbos e esgotados. Justamente, essa relação entre o consultante e o terapeuta deveria ser o início de um caminho de maturidade, de escolha consciente e de responsabilidade.

Mas, então, chegará o momento no qual vamos nos sentir realmente bem? Na verdade, um bom caminho de indagação pessoal não tem como objetivo o bem-estar, mas sim a compreensão de si mesmo. Entendo que essa compreensão trará como consequência certo bem-estar porque não existe nada mais reconfortante que compreender-se mais e compreender nosso próximo. Porém, essa é uma consequência lógica, não um objetivo em si mesmo.

A metodologia de construção
da biografia humana

A biografia humana é um sistema que foi inventado ao longo dos anos. Foi surgindo espontaneamente, depois de muito escutar e observar os cenários com lente ampliada. Meu *leitmotiv* sempre foi: as coisas acontecem dentro de uma lógica geral, mas somos observadores parciais. Por isso, às vezes, não compreendemos o que nos acontece; inclusive, nos colocamos em franco desacordo com isso. Entretanto, o que nos acontece, nos pertence. Aquilo que opinamos (nesse caso, o consultante) o construímos a partir dos nossos olhares parciais. Logo, não são confiáveis. Meu melhor papel de terapeuta, em todos os casos, teria de ser o de "advogado do diabo", para observar, a partir de um ponto de vista contrário, oposto e, dentro do possível, incômodo. Isso, para que seja "completo".

Comecei meu trabalho no início dos anos 1980, atendendo mães. Já o relatei muitas vezes e também o descrevi nos meus livros: Fui uma mãe jovem e exilada em Paris, na época da ditadura argentina. Sempre tive disponibilidade natural para vincular-me com bebês e crianças em geral. Portanto, criar meus filhos nunca me representou um esforço.

Entretanto, rapidamente percebi o sofrimento de outras mães com filhos pequenos. Estavam imersas em abismos de solidão, amargura, loucura e depressão e, sobretudo, espantadas pela incompreensão do universo dos bebês. Naquele momento, tive a certeza — algo que era evidente e simples no meu interior, mas que parece que não o era para os outros — de que nós, mulheres, não podíamos compreender o território dos bebês porque não conhecíamos o nosso próprio. Para mim, era óbvio que as mães e os bebês compartilhassem o mesmo universo. Porém, essa distância com respeito a si mesmas era o que fazia com que as mães estivessem tão, tão, tão dolorosamente distanciadas das experiências íntimas de seus próprios filhos. Doía-me até os ossos ao ver os bebês franceses atravessando o ar gelado de Paris. Claro, isso não acontece só em Paris. Acontece em todos os lugares. Mas eu vivia isso todos os dias, caminhando com meus filhos (um de mãos dadas comigo, a outra amarrada a mim, em meu peito) pelo 14ème Arrondissement. Escrito assim parece glamoroso, mas não o foi. Eu era pobre, não tinha roupa de inverno suficiente e sentia muito, muito frio. Não tínhamos dinheiro. Sofríamos xenofobia e rejeição. Foram anos difíceis.

Relatei em outras ocasiões que em determinado momento da minha vida voltei a Buenos Aires e dediquei-me a atender mães. Claro, um lugar de escuta, um chá quente, uns abraços, um pensamento dedicado e o convite para virem com os bebês transformava-se em um verdadeiro paraíso para centenas de mães isoladas e à beira do colapso. No final dos anos 1980, começo dos anos 1990, inventei "grupos de criação". Simplesmente era um espaço aberto para que as mães viessem com seus bebês e filhos pequenos, com o propósito de pensar entre nós o que acontecia com elas. Dessa maneira, comecei a confirmar o que eu achava óbvio: os universos das mães e dos bebês eram o mesmo. A esse fenômeno dei o nome de "fusão emocional" (isso está descrito detalhadamente nos meus livros *A maternidade e o encontro com a própria sombra* e *A família nasce com o primeiro filho*, cujo título original foi *Puerpérios e outras explorações da alma feminina*).

Se o universo era o mesmo, não interessava tanto o que nos preocupava no bebê, mas aquilo que nos permitia adentrar no nosso universo próprio. No "si mesmo". Mais ainda, no "si mesmo desconhecido", quer dizer, nas partes do si mesmo que não admitimos. A sombra. E em direção a isso, comecei minhas pesquisas. Em seguida, muita água passou por baixo da ponte: muitos anos depois, atrevi-me a escrever livros. Muitos anos depois, consegui publicá-los e, alguns anos mais tarde, os livros se tornaram referência quase obrigatória para as mães. Entretanto, para meu pesar, muitas usaram meus livros como uma ferramenta para enfrentar seus parceiros, irmãs, amigas ou vizinhas, em vez de pensar mais profundamente sobre si mesmas. Meus livros — e esta é uma realidade que lamento muitíssimo — são utilizados como "artilharia" para ganhar batalhas a favor de alguma coisa e contra outra. Muitas leitoras deixaram de lado a proposta mais comprometida: a de se fazerem novas perguntas, porque "isso que nós opinamos" sempre será uma visão parcial da nossa trama. Nossas ideias não têm importância. Nossa posição, tampouco. Não precisamos ter razão. Só precisamos abordar aspectos próprios que ainda estão escondidos, por medo, por imaturidade ou por falta de decisão.

A questão é que depois de muitos anos atendendo "mães", também apareceram os "pais". Obviamente, também com suas infâncias nas costas: seus universos, seus enganos, suas cegueiras, seus sofrimentos. E, da mesma maneira, me dedicava a perguntar, investigar e colocar sobre a mesa os cenários doloridos ou esquecidos. Em poucos anos, percebi que os supostos problemas das crianças — que costumavam ser os motivos da consulta dos pais — inquietavam-me. Quase nunca abordávamos aquilo que era a preocupação dos pais, porque, ao "abrir o foco" e olhar suas próprias infâncias e as realidades emocionais construídas a partir dessas experiências, havia tanta coisa para desvendar e compreender que o problema pontual de uma criança que se comportava mal, que fazia xixi na calça ou que mordia seus colegas, geralmente, era apenas um detalhe. Por outro lado, se a mãe ou o pai — ou ambos — se dispunham a rever seus próprios cenários, logo seriam capazes de tomar suas próprias decisões com relação à criança. Poderiam compreender-se. Mudar. Fazer novos acordos. Ser mais generosos. Deixar de sentir medo. Ter aproximações afetivas genuínas. Enfim, a relação com os filhos logo poderia melhorar como consequência da profundidade e da honestidade com as quais cada indivíduo adulto tinha revisto seu "mapa" pessoal. Sua infância. A relação com seus próprios pais, avós, tios, vizinhos, irmãos, depredadores, salvadores, abusadores, entregadores, ladrões da alma infantil ou aqueles que tinham sido parte do tecido físico e emocional. Se os adultos em questão não olhavam para toda a trama, para que falaríamos da criança? Quem era eu para dizer ao adulto o que era conveniente que fizesse com seu filho? Como contaríamos a história começando pelo fim? Isso era impossível. Uma história contada ao contrário é uma história inventada. Acontece que aqui estávamos falando das nossas vidas. Para abordá-las, somente tínhamos que enfrentá-las, aceitando a própria realidade. Sabendo que a realidade é soberana. A verdade manda.

Insisto, portanto, que o mais importante é observar da maneira mais completa possível a trama familiar passada do indivíduo adulto.

Lamentavelmente, é muito mais fácil perguntar a alguém, a quem delegamos um suposto saber, aquilo que devemos fazer. Até os dias de hoje, homens e mulheres adultos perguntam-me sobre temas pontuais com respeito aos seus próprios filhos, como se eu soubesse algo sobre eles. Não sou eu quem sei. Ninguém sabe. Pedem "conselhos", o que eu acho totalmente inverossímil. Como pedir conselhos gerais a uma pessoa que não nos conhece? As revistas femininas de divulgação fazem estragos em relação a isso. Parece que a vida se resolve com "tips". Os "tips" (a palavra "conselhos" em inglês parece ter uma melhor aceitação) instalaram-se como se fossem a maneira mágica de resolver tudo. Logicamente, nesse sentido, constato que os meus livros são muito mal utilizados: porque não são livros sobre a maternidade nem sobre a paternidade. São livros que nos convidam a formular novas perguntas, aproveitando os períodos de crise que inevitavelmente as crianças trazem consigo.

O que quero deixar bem claro é que minha pesquisa começou no atendimento às mães. Logo, fui percebendo que as chaves estavam nas infâncias que haviam tido. E o que, inconscientemente, fizeram com tudo aquilo que lhes havia acontecido. Todos tiveram infância: homens e mulheres. Sofrer, todos sofremos, em diferentes graus.

Por isso, enquanto intuitivamente procurava modos de escutar e de olhar panoramas completos — funcionando como advogado do diabo —, aconteceu que aquelas pessoas que mais estavam ávidas em compreender-se melhor, eram as pessoas a quem mais me entusiasmava atender. Às vezes, essas pessoas eram mães de crianças. Outras vezes, mães de adolescentes ou de jovens adultos. Outras vezes, eram mulheres que não tinham filhos. Outras ainda, eram homens. Às vezes, homens sem filhos ou já maduros, avôs, homens casados pela terceira vez, homens ou mulheres de famílias diferentes unidas novamente, homens ou mulheres jovens, sem filhos e longe de tê-los. Homossexuais com ou sem filhos. Artistas. Estrangeiros. Jovens desesperados por amor. Indivíduos com vontade de compreender-se mais. De tudo um pouco.

Com o passar dos anos, as "mães" deixaram de ser objeto de pesquisa para mim e para minha equipe de profissionais. Definitivamente, deixaram de ser assistidas aquelas que estavam ligadas à ideia de receber novos conselhos com respeito à criação de seus filhos. Nada mais longe "disso" encontrariam no meu universo. Ainda que, no inconsciente coletivo, essa ideia perdurasse por muitos anos, por mais que eu me esforçasse em explicar e explicar e explicar que aqui pesquisamos os cantos obscuros da alma e de que esse é o nosso único convite. Não pretendemos nada além disso. As crianças não são nosso objetivo. Com sorte, com consciência e com um árduo trabalho interior, esse será o principal objetivo daqueles que as estiverem criando.

Também me vejo na obrigação de explicar que já há muito tempo me propus a treinar novos profissionais, pretendendo que trabalhem com um olhar livre de preconceitos, inovador, criativo, amplo e generoso.

Acompanhar outras pessoas na infrutuosa tarefa de observar a própria sombra é complexo e ingrato. Requer contar com uma estrutura emocional sólida, uma experiência de vida e um enorme desejo de se fazer o bem. Para isso, fui sistematizando um "método" de trabalho. Não gosto da palavra "método", pois meu trabalho não se trata de uma receita de engessar um modo de trabalhar, ainda que não encontre outra palavra, válida, para dizê-lo. O que quero transmitir é certo espírito para ser evocado no trabalho. A intenção de ensinar — para contar com mais profissionais que aprendam a trabalhar com liberdade, altruísmo e verdadeiro amor — obriga-me a sistematizar certos conceitos. Tenho que "teorizar", quer dizer, organizar pensamentos baseados nos casos, deixar disponíveis vários roteiros e revisar a cada dia os resultados para afinar, melhorar e conquistar o nível de excelência que todos merecemos. Dessa maneira, fui sistematizando um método terapêutico ao qual denominei a construção da "biografia humana". Tenho que admitir que o que escrevi durante o ano de 2013 ficará obsoleto dentro de dois ou três anos, nos quais, certamente, estarei escrevendo outras coisas. Mas é assim que andamos o tempo e eu: habitualmente desencontrados.

Um dilema diante da sistematização da metodologia é que minha equipe de profissionais assiste pessoas reais, constantemente, mas em cada assistência e em cada acompanhamento de um indivíduo surgem novas questões, novas possibilidades de abordagem, novas formas de olhar e revirar os discursos enganados e enraizados desde tempos remotos. E isso é uma arte. É criatividade, invenção, intuição e treinamento lúdico para permitir experimentar, arriscar, propor ou desmontar tanta crença enraizada e tanto preconceito instalado em nossos pensamentos habituais.

Como ensinar a utilização da metodologia se ela muda o tempo todo? Justamente, este é o desafio: usar uma dose de intuição e conexão com o ser interior do outro. Também é imprescindível saber que, ainda que tentemos abranger a trama de modo mais completo possível, ela sempre será um "recorte" da nossa totalidade. Somos como *icebergs*: manifestamos visivelmente uma pequena porção do nosso cenário, que é composto por muito planos análogos, dos quais podemos vislumbrar apenas uma ponta. E mais, cada um de nós encarna a história dos nossos antepassados, a qual, por não ter sido resolvida por eles, passa a ser nossa tarefa resolvê-la de um modo ou de outro. Alguém tem de se responsabilizar, em algum momento, pelas ações de todas as personagens do passado. Caso contrário, estamos delegando à nossa descendência um acúmulo de violência, abuso, desespero e loucura, que adoecerá e confundirá as próximas gerações.

Ainda que seja difícil levar em consideração tantos planos, simultaneamente, é importante saber que eles estão ali, manifestando-se, todos ao mesmo tempo. Ao observar a complexidade da biografia humana de cada indivíduo, temos que saber que isso que aparece como problema, doença, conflito e sofrimento está imerso em algo maior do que parece ser à primeira vista. Temos que observar desde o céu. Registrar tudo aquilo que acontece levando em consideração a espiritualidade que faz a vida funcionar. É nossa obrigação entender o propósito desta vida. Além disso, temos que detectar o propósito supremo.

Quer dizer, estamos diante de uma imensidão. Ainda que haja entendimento sobre nossas limitações e a percepção de que não poderemos abordar a grandeza de uma vida que leva dentro de si a vida de um universo inteiro, é indispensável levar em consideração que abordaremos apenas uma pequena porção da realidade física, emocional e espiritual de um indivíduo. Logo, uma vez que organizarmos uma parte, teremos acesso a outra parte mais profunda e assim até o infinito, em uma espiral de conhecimento.

A questão é que temos de começar por algum lugar. Um recorte possível é começar evocando a infância do consultante. O problema é que aquilo que o indivíduo relata será constituído de uma overdose de discursos enganados, como descrevi detalhadamente nos livros O *poder do discurso materno* e *Amor ou dominação — os estragos do patriarcado*.

Nossa organização psíquica, quer dizer, a totalidade das nossas lembranças, vivências, experiências e interpretações dessas vivências, estabeleceu-se com base naquilo que alguém muito importante nos disse. Esse "alguém", na maioria dos casos, foi nossa mãe. Porque é óbvio que ela foi a pessoa mais importante com a qual nos vinculamos durante a infância, caso tenha sido quem nos criou. Inclusive, se lembramos dela cruel, bêbada, doente ou sádica, se nesse momento dependíamos dela, obrigatoriamente tivemos que defendê-la e organizar nossas ideias e a visão de mundo a partir da lente de aumento que ela nos emprestou. Não temos consciência do grau de coincidência emocional que estabelecemos com nossas mães ou com a pessoa que nos criou. Essa "lealdade emocional" é a que deve ser detectada pelos profissionais, para ser desativada. É preciso desmontar o discurso, porque o que nossa mãe disse não representa a realidade. Nem sequer com os fatos que nos aconteceram. Lembremos que os fatos são soberanos. O resto é interpretação materna. A interpretação não nos interessa. Somente nos interessam os fatos reais dos quais não lembramos. Então, estabelecemos uma lealdade incondicional para sermos amados. Somos fiéis. Consequentes. Defensores acirrados. Aliados à morte. Cegos. Daremos nossa vida pela nossa mãe, pela sua memória, pela sua santidade, sua glória. Essa cegueira e essa oferenda vital com relação à nossa mãe é o que nos deixa desprovidos de liberdade interior. Isso é o que "tinge" nosso olhar. Exagero? Não. As pessoas não toleram que lhes questionem a mãe, que apesar de ter vivido de maneira difícil, fez tudo o que estava ao seu alcance para amar os filhos. É verdade? Sim, claro. Todas as mães fazem o melhor que podem com relação aos filhos. Isso é válido a partir do ponto de vista da mãe. Porém, falta o ponto de vista da criança, que adota, como único olhar disponível o da sua mãe. Por isso, a construção de pensamento é enganosa. É necessário que percebamos do que é que a criança pequena — dependente da substância nutritiva materna — precisa. Isso vai parar na sombra. Dito de outra maneira: as necessidades básicas da criança, as frustrações, a solidão, o desamparo emocional, o medo, o abismo afetivo, a insegurança e os desejos não atendidos, ao não serem nomeados, não podem se organizar na consciência. Se não estão organizados, não é possível registrá-los. Se não podemos registrá-los, achamos que não existem. Desse modo, somente há lugar para a existência consciente das necessidades, discursos de pontos de vista da nossa mãe. Por isso, as pessoas, quando relatam suas infâncias, narram a partir do ponto de vista de sua mãe. Não temos acesso ao nosso próprio ponto de vista infantil. E, justamente, é isso que, dentro da construção da biografia humana, vamos buscar.

Como encontrar em nossas lembranças infantis aquilo que, paradoxalmente, não encontramos? Esse é o desafio. Por isso, afirmo que este trabalho se assemelha às investigações dos detetives, mais do que aos "tratamentos psicológicos". Temos que buscar e encontrar algo que não é nada evidente para o indivíduo. Isto é, procurar a sombra. Construir a própria biografia humana é abordar as próprias experiências infantis a partir da realidade interna, como consequência dos acontecimentos vividos, em lugar de evocá-la a partir do ponto de vista de quem nomeou nossa realidade quando éramos crianças. Porque, nesses casos, essa "construção" é externa. Portanto, é válida para outrem, não para o indivíduo que a consulta.

É sempre a mãe quem nomeia aquilo que nos acontece? Em minha experiência profissional, isso acontece em 90% dos casos. Nos 10% restantes, o discurso oficial foi organizado por alguma figura que ocupou um papel protagonista na nossa criação. Pode ser uma avó, se foi ela quem nos criou ou se fomos seu "neto preferido". Nesses casos, é frequente que a avó nos libere de uma batalha afetiva contra nossa mãe, e que existam algumas crianças na trincheira da avó enquanto existam crianças presas à trincheira da mãe. Ainda que isso não seja totalmente evidente quando somos crianças, aquilo que os profissionais têm de detectar é como foram organizados as estratégias bélicas nessa família. Dependendo de qual foi nossa trincheira-refúgio, sabemos o ponto de vista a partir do qual organizávamos a informação. É importante sabê-lo, porque nesses casos não interessa quem tem razão. Se eu pertenço ao batalhão da minha avó, é óbvio que tudo o que penso e sinto coincide com aquilo que minha avó nomeou. Inclusive aquilo que ela nomeou com relação às minhas sensações e sentimentos. Se desde o ponto de vista da avó, eu era inteligente e maduro, não terei mais solução do que ser resolutivo, maduro, responsável desde tempos remotos. Será tudo tão assim? Em parte, sim, já que foram valorizadas minhas aptidões para assumir responsabilidades. O que será enviado à sombra serão minhas necessidades de ser amado e protegido como criança. Já sabemos: se somos maduros, quem precisa de proteção? A avó, óbvio. Por outro lado, também conheceremos os detalhes da histórica guerra entre a mãe e a avó, mas não nos lembraremos de praticamente nada com relação aos nossos próprios medos, necessidades, desejos e fantasias, porque ninguém as nomeou. O que está iluminado sobre o cenário é a guerra entre a mãe e a avó. Coitada da vovó, como ela sofre! E que desalmada é a mamãe!

Existem alguns poucos casos nos quais o discurso oficial foi organizado pelo nosso pai. É pouco frequente, mas, às vezes, encontramos dinâmicas familiares sustentadas pelo discurso paterno. Para que isso aconteça, é necessário que a mãe aprove, sustente, admire e alimente o discurso paterno. Uma mulher que não admira seu cônjuge não sustentará um discurso que não seja o próprio. Deve haver coincidência.

Em geral, aparece admiração pelo *status* social, econômico ou cultural que mantém o homem, seja por sua linhagem ou por seu pertencimento. É verdade que esse pertencimento pode ser fantasioso e com pouca sustentação objetiva. Entretanto, os pontos de vista não precisam estar baseados nas realidades concretas. Os pensamentos constroem realidades. Por exemplo, uma mulher pode admirar seu cônjuge porque ele vem de uma família culta ou de várias gerações de proprietários de terras e esse pertencimento foi adotado como um valor fundamental. A mãe sustentará logo, no discurso oficial para com os filhos, a importância com relação ao pertencimento familiar ou o apego às terras. O discurso será paterno, autorizado pela mãe. Insisto que, sem o aval da mãe, não há discurso paterno que se sustente. Ao menos que a mãe tenha sido declarada — pelo pai e toda a família paterna — demente. Mas isso acontece em poucos casos. Como saber se o discurso é materno, paterno ou dos avós?

Investigando. Não tem outro jeito. Apenas olhando cada cenário com a maior abertura e honestidade possível e relacionando os fatos aos discursos. É certo que esse "olhar" objetivo precisa de treinamento. Mas, como qualquer exercício, conquista-se depois de um tempo. E o que fazemos uma vez que detectamos de quem é o discurso? Esse é um bom primeiro passo. Porque os indivíduos nos surpreendem muito ao constatar que "isto" em que acreditamos de pés juntos pode ser questionado, já que não nos pertence. Isso é importante: acontece que isto em que acreditamos não é nosso. É uma ideia organizada dentro do pacto de fidelidade com nossa mãe ou com a pessoa maternante. Portanto, a partir do ponto de vista de quem olhamos, podemos entender o cenário e mergulhar nas possíveis experiências internas não nomeadas. Logo, será necessário abordar — inventando, como um detetive sem pistas confiáveis — o que a criança que fomos experimentou interiormente e enviou à sombra porque ninguém nomeou nem se interessou, nem acompanhou processo algum. Aqui é onde começamos a montar um quebra-cabeça que desenhe a infância, com pouquíssimas "peças". Se lembrarmos com riqueza de detalhes aquilo que acontecia com nossa mãe, já temos uma pista: éramos nós que olhávamos para nossa mãe e não o contrário. Isso já coloca a dinâmica familiar em um desequilíbrio primordial. Lembrem-se do seguinte: são os pais que devem olhar e estar disponíveis para as crianças. Nunca são as crianças que devem sustentar nem cuidar de seus pais. Quando isso acontece — e lamentavelmente essa é uma modalidade familiar recorrente —, já podemos garantir que a solidão e a falta total de acompanhamento para atravessar os processos vitais infantis foi algo comum. A partir dessa evidência, evocaremos o medo, a repressão da manifestação de nossas necessidades, os desejos nunca expressos e o desamparo surdo em qualquer de suas formas. Isso será nomeado pela primeira vez. São os profissionais que procuram palavras idôneas para nomear "isso" que estava na sombra: o desamparo. A solidão. O medo. A responsabilidade que sentíamos com respeito ao bem-estar de nossos pais. As dificuldades infantis guardadas em segredo. A vergonha devido às nossas deficiências. Então, começaremos a traçar os primeiros rascunhos do cenário no qual se desenvolverá nossa vida.

As distâncias que todos vivemos entre aquilo que esperávamos encontrar, ao sair do ventre materno, e que encontramos é tão comum em nossa civilização que praticamente será essa a principal hipótese em todas as abordagens das biografias humanas: a dimensão do desamparo. Por acaso, ninguém foi feliz quando era criança? Lamento trazer tão más notícias. É difícil encontrar uma criança à qual tenham tido atendidas suas necessidades básicas amorosas. Nossa civilização corre na direção inversa. Adora a luta entre fortes e fracos. Estamos muito longe de uma civilização solidária. Portanto, acontece com todas as crianças não é muito diferente. Somos mais parecidos do que acreditamos: ricos e pobres, orientais e ocidentais, negros e brancos, cristãos e muçulmanos. Todos nós somos sobreviventes do terror infantil.

Então, uma vez que tenhamos constatado que essa infância que estamos abordando foi muito mais sofrida e desamparada do que o indivíduo adulto lembra, teremos que rever quais foram os mecanismos de sobrevivência que ele utilizou. Porque, certamente, fez alguma coisa para continuar vivendo, apesar do desamor. Esses "mecanismos de sobrevivência" serão assumidos por uma "personagem", que contará com um determinado "roteiro" que a represente. O "papel" assumido é a mesma coisa que a "personalidade" do indivíduo? Não, não é exatamente o mesmo.

Alguém pode ser introvertido (essa seria sua personalidade) e ao mesmo tempo maduro e responsável (isso seria aquilo que ele faz, o papel que assume, o de responsável que se ocupa de todos).

Mas também poderia ser introvertido (personalidade) e, de tão introvertido que é, estar perdido em sua própria nuvem de fantasia sem entrar em contato com a realidade que o cerca (isso seria o que ele faz, o que lhe permite sobreviver, porque se voa em suas fantasias, sofre menos, já que não entra em contato com o que acontece aqui e agora). Fica claro, então, que não assumimos uma determinada "personagem" conforme nossa "personalidade" ou tendência natural, mas sim conforme o que nossa mãe nomeou.

É certo que isso tem limites pouco claros. Porque há algo de nossa energia espontânea que nossa mãe também "percebe". Mas, enfim, por agora, estabeleçamos esses conceitos de maneira geral, e logo veremos casos concretos. A questão é que assumiremos algum papel para desempenhar dentro do cenário completo dos "jogos" familiares. Esse papel nos permitirá "aceitar" algum mecanismo para que nos sintamos mais confortáveis.

Isso varia entre os indivíduos, e é tarefa do profissional que constrói a biografia humana detectá-lo e checá-lo com o consultante, para constatar se nossa hipótese coincide ou "encaixa" com as vivências internas do indivíduo. Vamos buscar uma imagem para essa "personagem". Sobre as propostas de imagens e de como utilizá-las em cada biografia humana, desenvolvi vários conceitos que estão nos próximos capítulos.

As pessoas assumem apenas uma personagem ou pode variar? A princípio, assume-se apenas uma, com matizes. Nem todos os guerreiros são iguais, os manipuladores tampouco. Existem diferentes maneiras de fantasiar, de impor os próprios desejos, de abusar ou de adoecer. Mas, para entendê-lo melhor, o veremos mais detalhadamente utilizando exemplos mais à frente.

Quem percebe qual é a "personagem" assumida pelo consultante durante sua infância? Essa é a tarefa do profissional. Lembremos que essa é uma tarefa de detetive. Para os que têm algum tipo de formação "psi" é difícil aprender uma nova modalidade, pois estamos acostumados a ouvir. Por outro lado, para construir uma biografia humana, temos que escutar pouco. Ou apenas o necessário. É como se tivéssemos sentado a nossa frente um suspeito de assassinato. Claro que vamos fazer perguntas. Porém, não podemos permanecer fascinados com os detalhes de suas histórias, porque com certeza eles nos desviarão do nosso propósito: saber se efetivamente ele é o assassino. Repito: é importante fazer poucas perguntas. Escutemos com vários sentidos. Por um lado, levaremos em consideração suas respostas, mas, por outro, estaremos calculando o que se encaixa em um cenário lógico e perguntaremos novamente ou afirmaremos alguns fatos que parecem óbvios ou contundentes.

Com um pouco de treinamento, os profissionais podem nomear mais acertadamente as dinâmicas dos cenários que o próprio indivíduo, que relata a partir de um discurso enganoso, conta sem saber.

Recordemos que nós temos um só objetivo: chegar à verdade de uma trama particular. Interessa-nos apenas a verdade. Temos de descobri-la. O consultante será uma ajuda sempre e quando não nos deixamos levar pelos relatos enganados.

São os profissionais que têm de montar o quebra-cabeça do cenário, constatando se o consultante efetivamente sente-se representado ou não. Aí reside a primeira grande descoberta do consultante: porque vê com "olhos novos" sua própria realidade emocional. A observação é limpa. E a sensação de alívio costuma ser enorme.

Toda descoberta com relação à infância tem que ficar assentada entre profissional e consultante. Localizados nos lugares reais da mãe, do pai — se o houver —, irmãos, avós, tios, vizinhos, professores, pobreza, riqueza, antepassados, vizinhança, cultura, doenças, crenças, moral, mentiras, segredos, abusos, solidões, terrores, expectativas, desejos, violências, vícios, amores e desamores. Todas essas dinâmicas devem estar detalhadamente localizadas como devem ser, até que o consultante garanta que é efetivamente assim, que sua realidade interna está descrita tal como é.

Insisto que os profissionais não devem impor uma visão sobre a realidade. Não devem "interpretar". Apenas procurar pistas, construir um cenário hipotético e ir afinando-o à medida que o consultante — o "dono dessa biografia humana" — vai concordando e o drama vai encaixando em sua vivência interna.

Uma vez que se aborda a infância do indivíduo na sua dimensão real, já surgem algumas hipóteses sobre o transcorrer da adolescência. Formular hipóteses é indispensável para o profissional. Vale lembrar que somos detetives. Onde já se viu um detetive que vai procurar o assassino sem ter pista alguma? Seria uma perda de tempo. Da mesma maneira, o terapeuta pode receber seu consultante sem traçar uma hipótese. Não se trata de recebê-lo e perguntar-lhe como foi a semana. Não. Isso não é procurar sombra. Isso seria passar um momento agradável entre duas pessoas fenomenais. Isso é muito bom, mas acredito que para tal não vale a pena pagar. Nesse caso, convidar o terapeuta para tomar um café seria suficiente.

Logo, será preciso abordar a adolescência. A adolescência é um segundo nascimento. Por que eu a denomino um segundo nascimento? Porque é um novo estalo de vitalidade e potência. Tem tanta força como aquela que tínhamos quando nascemos. Somos puro fogo. Um adolescente que não apresenta desejo — na área que for — é porque foi submetido a uma catástrofe em termos emocionais durante sua infância. Se estiver deprimido ou se não transborda energia, obviamente é a causa da repressão ou da sucção de desejos genuínos que sofreu durante sua infância. Durante a adolescência manifesta-se, em todo o seu esplendor, isso que aconteceu na infância.

É durante esse período que terminamos de firmar nossa "personagem", e o "traje" com o qual nos atreveremos a sair pelo mundo. O adolescente sente-se empurrado a atravessar as portas do lar e lançar-se à sociedade. Para circular fora de casa sai com o traje que está acostumado a usar. Por isso, quando nós, os terapeutas que estamos construindo a biografia humana, abordamos cronologicamente a adolescência, costumamos "confirmar" qual tem sido a personagem de sobrevivência que continuará sendo o principal refúgio do consultante. A personagem se enfrenta com o próximo na área social. Se for um guerreiro encontrará inimigos ou perigos aonde for; se é retraído, qualquer desafio para ele será enorme. Uma flecha veloz deixará feridos no caminho. Uma nuvem de fantasia semeará sentimentos de impotência ao redor. Um viciado obrigará os outros a nutri-lo sempre. Uma princesa acreditará que os outros são seus súditos e os desprezará. Um cometa se deixará levar pelo vento sem assumir seu destino.

Detectar e confirmar a "personagem" é muito importante, porque dessa maneira é possível saber quais são as "cartas" que jogará o consultante no desdobramento de seu próprio cenário. Não só se trata de como se sente ou o que acontece com ele, mas sim, sobretudo, como dispõe o jogo e como obriga as outras pessoas que se relacionam com ela a jogar determinadas cartas e não outras. Nesse ponto, um profissional bem-treinado sabe mais sobre o consultante do que o próprio indivíduo. É como se o detetive tivesse capturado o assassino, mas estivesse montando uma estratégia para que o assassino confesse; caso contrário, não poderá demonstrar fielmente o que sabe. Peço desculpas por essa comparação que pode parecer odiosa.

O que fazemos com toda essa evidência? Mostramos o rascunho do mapa ao consultante. Se estiver bem-feito e as peças encaixarem, o consultante confirmará com mais dados, histórias, lembranças que aparecem aos montes, pensamentos lúcidos, prantos, angústias ou imagens borradas que de repente tornam-se nítidas e compreensíveis. Podemos permanecer aí um bom tempo (não sei quanto tempo é um bom tempo: um encontro, cinco encontros, depende de cada indivíduo), até confirmar e "colorir" o mapa da infância e da adolescência. A infância é um período crítico no qual as crianças são vítimas das capacidades ou incapacidades dos adultos, tanto para nos amar como para nos depredar.

Não podemos fazer nada além de viver "isso" que veio até nós. A adolescência não é exatamente a mesma coisa. Ainda que sejamos imaturos, já temos força física e emocional suficiente para mostrar nossas garras, para escapar, para enfrentar nossos pais ou para avaliar se estamos numa rua sem saída. Também adquirimos certa autonomia para sair de casa, para observar outros cenários e obter certa perspectiva, comparando o que acontece no nosso lar com relação a outros lares nos quais habitam mais adolescentes. Essa é uma ferramenta fundamental. Ainda que o adolescente não tenha por que ser responsável por si mesmo nem assumir aquilo que faz para se salvar — já que, durante esse período, os adultos devem ser responsáveis com relação a eles —, podemos olhar estando "do outro lado da rua".

Astrologicamente, Saturno (meio do céu) a partir dos 14 anos até os 21 anos, estará "em frente" (a 180 graus) do Saturno (natal), ou seja, olha para os pais, para a lei, para a estrutura que a promove, com excelente distância.

E insisto que, a todo o momento, o consultante vai querer relatar inúmeras histórias. Se for mulher, é provável que tenha uma opinião — positiva ou negativa — sobre cada coisa. Entretanto, se traçamos um bom mapa, se detectamos a personagem na qual ela se refugiou, se pudermos encontrar uma imagem que englobe, represente e dê sentido ao indivíduo, não há grande coisa que valha a pena escutar. Pelo contrário. Colocaremos as cartas na mesa, as mostraremos abertas e explicaremos ao nosso consultante quais são as duas ou três opções de jogadas que ele tem disponível. Vamos enumerá-las. Depois, perguntar diretamente em qual dessas duas ou três decidiu apostar. Costuma ser um momento muito engraçado. Bom, eu gosto. Porque fica em evidência que as pessoas, quando não vivem em estado de consciência, jogam cegamente. Por isso é fácil fazer "futurologia". Vamos dar exemplos suficientes nos próximos capítulos.

Suponhamos que uma mulher de 45 anos culpa o esposo de todos seus males, porque ele não é suficientemente bem-sucedido nos negócios. Em primeiro lugar, se um indivíduo culpa o outro, por o que quer que seja, é óbvio que nunca olhou para o próprio umbigo. Nem sequer pretendo que olhe sua sombra. Não. Apenas seu umbigo. É ridículo culpar o outro por aquilo que nos acontece, porque é evidente que somos nós mesmos que contribuímos para organizar esse cenário. Suponhamos que abordamos a infância e a adolescência dessa mulher e, vindo ela de histórias de desamparo, se constituiu em uma boxeadora temível — metaforicamente falando — para não ter tanto medo do próprio pai. Isso lhe deu bons resultados em sua sobrevivência. Logo, uma boxeadora temível organizará habitualmente cenários de luta em um ringue. Precisa de inimigos. E também alguns parceiros fracos que a admirem, a aplaudam, a temam.

Na hora de encontrar um parceiro, que tipo de companheiro vai procurar? Há duas opções: um inimigo com quem medir forças e sustentar a chama da paixão ou um fraco que a admire pela sua potência e decisão. Refiro-me a isso quando explico que o profissional mostra as cartas deixando em evidência as duas ou três possibilidades que a personagem — já encontrada e confirmada — poderá apresentar.

O indivíduo sempre consegue responder com absoluta certeza. Nesse exemplo, dirá: "Procurei alguém que me admirasse. Meu marido tinha devoção por mim, era alucinado pela dimensão da minha coragem e ousadia. Ele acreditava em mim, me apoiava, sabia que eu alcançaria meus objetivos." Muito bem. Possivelmente foi isso o que o parceiro fez: a apoiou em seus objetivos. Porém, o que ele não fez foi algo que não estava organizado na trama: não se transformou ele mesmo em alguém corajoso, empreendedor, nem seguro. Não era esse o "acordo". Não era esse o equilíbrio da trama. Portanto, é ridículo pedir ao outro que mude quando nós mesmos não estamos mudando nem um milímetro do roteiro.

O que aconteceria se nossa protagonista tivesse feito outra escolha? Se tivesse se relacionado com um inimigo para lutar no ringue? Ah, o motivo de consulta seria outro. Porque se o "acordo oculto" tivesse sido que duas potências se enfrentassem, possivelmente, nessas brigas haveria muito bom sexo. Gritos e paixão. Loucura e êxtase. Fúria e fluídos. Em que momento apareceria o desequilíbrio? Ao diminuir a atração sexual. Seja pelo nascimento dos filhos ou porque o fogo iria se apagando. O motivo da consulta da mulher seria, nesse caso, a pretensão de que seu parceiro seja amável, compreensivo e carinhoso. Percebem que ridículo é o cenário quando o vemos de maneira completa?

Entretanto, a mulher vai querer se consultar dizendo que não consegue acreditar que o próprio marido seja tão bruto, buscando a solução adequada para que ele compreenda que ela deve ser bem-tratada porque, se não for bem-tratada, ela não terá mais alternativa a não ser abandoná-lo, já que a culpa toda, claro, é dele, porque é bruto e insensível.

Enfim, vimos que todos falamos a partir da luz, a partir daquilo que reconhecemos de nós mesmos. Nossas opiniões são meros roteiros escritos desde os tempos remotos pelos discursos enganados daqueles que nos deixaram uma personagem como legado. Por isso, não servem para nada. Quanto menos escutemos os consultantes, melhor. Não serve para nada escutar aquilo que as pessoas dizem, sobretudo quando estamos muito seguros disso que opinamos. Não serve. Não há nada a ser feito. O ponto de vista pessoal sempre é cego. Em todo caso, o profissional poderá perguntar sobre "o que dizem os outros" (o casal, os filhos, os pais, os irmãos, os vizinhos, os empregados, os inimigos). Poderemos construir uma biografia humana apenas se incluirmos as vivências, percepções, pensamentos ou dificuldades das outras pessoas que se vinculam com essa a quem estamos acompanhando em sua busca pessoal. Assim, teremos um panorama mais completo sobre o indivíduo e seu modo de vincular-se. Em todos os casos, a construção da biografia humana importa na medida em que buscamos a sombra. Quer dizer, o que a pessoa não conhece de si mesma.

Nesse sentido, ficar fascinados com parte do relato que a pessoa terá muito prazer em repetir inúmeras vezes nos afasta da nossa tarefa. E como detectar o que é importante e aquilo que não é? Porque as pessoas dizem muitas coisas. Como saber, então, que é aquilo que precisamos saber? Em princípio, tentamos abordar as experiências reais ocorridas durante a primeira infância. O problema é que os indivíduos organizam suas lembranças a partir daquilo que lhe foi nomeado. Por isso, insisto, é importantíssimo saber que tudo aquilo que um indivíduo diz não é próprio. São os profissionais que têm que detectá-lo, colocar humor, demostrar, cada vez mais, quão apegados estamos aos discursos enganados alheios. Apropriar-se do lugar honesto do si mesmo é uma tarefa muito complexa. É necessário despojar-se com dedicação e consciência de todos os disfarces. Sempre falamos pela boca de alguém? Sim. Em todos os casos há alguém influente em nossa infância que nomeou as coisas, conforme sua própria visão. O interessante é que o que foi nomeado passa a formar nossa identidade, independentemente do que tenhamos experimentado. O que acontece com as vivências prazerosas? Lembramos delas? Não, necessariamente. Apesar de ter vivido experiências prazerosas, na medida em que não tenham sido nomeadas, não passam para a consciência. Se não passam à consciência, temos a sensação de que não existiram. Isso é algo muito comum com relação ao pai que tivemos. Na maioria dos casos, as mães, donas dos discursos, ainda que tenham sido brutalmente agredidas e violentadas pelo nosso pai — contaram-nos com riqueza de detalhes as atrocidades que ele fez. Por isso, recordamos perfeitamente as cenas nas quais nosso pai cumpria com perfeição o papel de sádico e malvado.

Mas não só não podemos recordar as surras que a mamãe nos deu — porque ela mesma não as nomeou —, além do que nunca nomeou a ternura do nosso pai, a paciência do nosso pai, ou as férias com ele e o fato de que trabalhou a vida toda para manter sua família. Quero dizer, se a nossa mãe não nomeou jamais a ternura do nosso pai, não nos lembraremos dela, ainda que tenha sido a única pessoa ao longo da nossa infância que nos acolhia em seus braços ou nos acalmava quando tínhamos medo ou nos levava para a cama na hora de dormir. Refiro-me a isso quando afirmo que as experiências prazerosas, se não foram nomeadas pelo dono do discurso, não passam para a consciência. Portanto, não têm identidade. E esse é um dos tantos propósitos na construção da biografia humana: devolver a entidade a cada uma das experiências reais. A realidade dos fatos é soberana. Se acontecer, é verdade. Essa é a verdade que vamos procurar e tentar encontrar. Então, as lembranças são confiáveis ou não? As lembranças, sim. Mas a interpretação dessas lembranças, não. Por isso, será importante desmontar o relato automático. Parece fácil, mas não é. Nossas lembranças estão tingidas do que foi nomeado; portanto, requer pacientemente realizar o trabalho da indagação pessoal, de autoescuta e de introspecção. Às vezes, precisamos que a pessoa que está nos ajudando a construir a nossa biografia humana nomeie outro tipo de fato para podermos nos reconhecer neles.

Nesse sentido, os profissionais, mais uma vez, funcionam como detetives. Temos que ter várias hipóteses para ir experimentando até acertar em cheio. Essas são as pistas que oferecemos aos nossos consultantes, até que as peças encaixem. Quando encaixam, algo análogo acontece com a totalidade do ser. O indivíduo não tem dúvidas. Sente que em si mesmo adquire um sentido completo e organizado. Simplesmente organiza-se internamente como se fosse um movimento mágico.

Há pessoas que não assumiram nenhuma personagem durante a infância e adolescência? Bom, até agora não as vi. Precisaríamos de mães suficientemente conscientes de si mesmas, de modo tal que pudessem observar de maneira limpa seus filhos e acompanhá-los, com liberdade e generosidade, no surgimento de suas potencialidades. Em teoria é possível. Nesses supostos casos, nós encontraríamos crianças tão amadas e amparadas que não deveriam precisar de nenhum refúgio nem de nenhum mecanismo de sobrevivência. Acredito que precisaríamos de algumas gerações para ver algo semelhante transformado em realidade. De qualquer jeito, por agora, as coisas são assim: cada um está localizado em um lugar em cima do cenário, vendo apenas uma pequena porção da realidade, a partir de um único ponto de vista. Por sorte contamos com alguém — nesse caso seria um terapeuta treinado, um guia, um professor, um sábio — que possa observar de fora a totalidade da representação.

Esse é o propósito de construir uma biografia humana: convidar cada indivíduo a observar seu cenário completo de fora do campo de ação.

Quem pode aprender esse sistema e, no futuro, se transformar em "terapeuta" para acompanhar outros indivíduos a construir suas biografias humanas? Quais requisitos devemos ter? Nenhum. Qualquer pessoa que está disposta a, antes, rever sua própria biografia, seus preconceitos, suas dores, suas misérias e suas zonas escuras e se interessa por essa metodologia poderá aprender, treinar e exercitá-la a seguir. Já expliquei a não importância que dou a todo tipo de diplomas, certificados, doutorados ou avais legais. Não me interessam, carecem totalmente de valor.

Quem quiser treinar-se pode tentar. Talvez exista uma ressalva, mas não estou totalmente certa disso ainda: seria ideal contar com, além de inteligência e sensibilidade, um pouco de experiência de vida. Ou ao menos estar próximo dos 28, 29, quer dizer, o primeiro retorno de Saturno no céu. É verdade que contei com profissionais jovens excelentes, brilhantes e despertos. Mas nunca com menos de 28 anos.

Quais são os principais obstáculos na construção da biografia humana? Depende de cada caso. Há profissionais que têm a fantasia de que se não existem lembranças confiáveis não saberemos por onde começar a pesquisa. Entretanto, costuma ser um desafio interessante. Insisto que se o pensarmos com alma de detetive saberemos que às vezes contamos apenas com um lenço manchado de sangue como única testemunha de um crime. Todo o resto dependerá de se fazer muitas e muito boas perguntas e de traçar linhas invisíveis entre os fatos aparentemente incongruentes.

Por isso, quando não há lembranças e só aparece uma e outra vez aquilo que já detectamos que é a voz de alguém, teremos que colocar palavras para tudo que o indivíduo não conseguir nomear. Isso requer uma boa dose de percepção e criatividade. Assim como fazemos quando uma criança pequena chora: "Você caiu", "você está com dor de barriga", "você está com fome", "você está com sono", "você quer este brinquedo", e dependemos da reação da criança para saber se "acertamos em cheio". Do mesmo modo, teremos que nomear possíveis vivências infantis até acertar. É como um jogo. É uma *mise-en-scène*. Lógico que o fato de que pessoas não se lembrem de absolutamente nada da infância é um indício fidedigno de que as experiências foram terrivelmente devastadoras. Muito mais do que suspeitamos. Talvez não possamos sequer imaginar nem tocar com o pensamento esse nível de sofrimento. Justamente, a consciência "esquece" para nos proteger. Esse mecanismo está detalhadamente descrito em meu livro *Vícios e violências invisíveis*.

O esquecimento como mecanismo é uma das melhores ferramentas de proteção com a qual contam os seres humanos. Por que trazer as lembranças à consciência, então, se esquecê-las foi algo bom? Porque uma coisa é ser criança e outra coisa é ser adulto. Quando éramos crianças precisávamos nos salvar, negando ou esquecendo aquilo que nos aconteceu. Mas, uma vez que crescemos, essas experiências esquecidas atuam de maneira própria sobre a totalidade da nossa vida, como se fossem os fios que induzem os movimentos das marionetes. Somos "manipulados" ou "movimentados" por algo que permanece oculto para nosso entendimento.

Mas, ao chegar à idade adulta, já não mais podemos confiar o futuro de nossa vida aos "fios" que não conduzimos, transformando nossa existência em algo caótico e incontrolável.

Agora que somos adultos contamos com recursos emocionais, afetivos, econômicos e sociais que não tínhamos quando éramos criança. Por isso, este é o momento. Agora, sim, podemos olhar cara a cara o horror, o abuso, a mentira, o desamparo da loucura, porque podemos decidir fazer algo com tudo isso.

O que encontramos mais frequentemente nas histórias infantis quando estamos decididos a investigar? Abandono e abuso emocional. Refiro-me ao abandono em todas as suas formas, especialmente no fato de que a criança não encontra suporte nem físico nem emocional na medida em que o teria precisado. Mais enlouquecedor ainda é o abuso. O abuso emocional acontece quando uma mãe infantil — ou faminta desde épocas remotas — precisa nutrir-se emocionalmente do filho. Quando nossas lembranças estão baseadas em tudo aquilo que acontecia com a nossa mãe (porque ela nomeava o que lhe acontecia constantemente), as crianças desviam sua atenção, preocupação e energia em direção à mãe. Entretanto, teria que ser o contrário. É a mãe que tem que desviar sua atenção e energia em direção às necessidades da criança. Uma criança apoiando a mãe ou seus progenitores estabelece uma desordem ilimitada. Nada de bom pode acontecer se partimos de um desequilíbrio primigênio. Em um mundo ideal e organizado, os pais apoiam, criam, amam, e ajudam seus filhos. Os filhos não apoiam nem sustentam, nem se preocupam nem facilitam a vida dos pais. É um desastre quando isso acontece. Ainda que seja a coisa mais banal e cotidiana com a que nos encontramos na maioria das histórias familiares. Repito: é um desastre e essa catástrofe será paga pelas gerações futuras. O abuso emocional dos pais — fundamentalmente da mãe — com relação aos filhos é uma verdadeira calamidade ecológica, sobretudo pela invisibilidade com a que atua. Nota-se quando uma mãe abandona um filho. Mas uma mãe, aparentemente preocupada, que inunda todo o espaço afetivo com suas inquietações, confunde, crendo que suas obsessões são signos de uma maternidade consciente. Nada mais distante. Uma mãe que ocupa com seu si mesmo todo o campo emocional obriga a criança a ficar à sua mercê. Isso é um desastre, pois mina para sempre a *psique* da criança. Os casos de abuso emocional — muito frequentes — são os que temos que detectar e desativar infrutuosamente. Costuma ser complexo porque, nesses casos, os filhos são os primeiros e mais ferrenhos defensores da mamãe, que sofreu tanto. Entretanto, esse é um propósito fundamental em toda a biografia humana: devolver ao indivíduo sua própria infância. Seu próprio lugar de merecimento no amor. Seu próprio valor.

Como podemos nomear aquilo que o indivíduo não lembra sem que se sinta mal? Pode acontecer de o indivíduo se sentir atacado se falarmos mal de sua mãe? Em primeiro lugar, ninguém fala mal de ninguém. Lógico que nossa mãe fez o melhor que pôde. Além disso, ela carrega uma biografia humana muito pior que a nossa. Todos temos nossas razões e não se trata de culpar alguém. Simplesmente temos que olhar todo o cenário para resgatar a criança que o consultante foi.

Porque essa criança não aparece no mapa. Não tem lembranças próprias, nem voz nem vez. Uma vez que dispusermos de certos rascunhos do mapa, nomearemos com palavras simples isso que virmos. Requer certo treinamento. Não é interpretação. Não é juízo. É descrição dos verdadeiros estados emocionais infantis. Por outro lado, vale recordar que aquilo que se nomeia — descrevendo a verdade do coração desse indivíduo — nunca será mais duro nem mais difícil nem mais angustiante do que aquilo que esse indivíduo já viveu quando era criança. Ninguém vai passar mal se dissermos as coisas como são. O mal-estar é prévio. Nada do que dissermos poderá doer mais do que o desamparo já sofrido.

Mas haverá alguma maneira específica para sermos realmente cuidadosos com o consultante? Sim, claro. É indispensável colocar toda a nossa humanidade e compaixão a serviço da pessoa que consulta. Na verdade, para que o indivíduo possa "tocar" ou compreender sua própria história, depende de algo mágico — que, às vezes, se produz e outras vezes, não — que é o encontro humano entre profissional e consultante. Uma brisa de compaixão, de entrega, entendimento e abertura espiritual permitem que a metodologia que estamos usando atue concretamente e dentro de um formato definido, para que cada indivíduo se sinta em sua própria casa. Há um profissional responsável que nos leva pela mão em direção à nossa própria escuridão. Não é confortável, mas temos a certeza de que estamos em um lugar justo. As palavras são exatas. As lembranças e as sanções internas coincidem. Isso pode ser dolorido, mas ao mesmo tempo sentimos alívio e paz.

Pelo contrário, acho que o que muito machuca são as interpretações dos profissionais "psi". Lamentavelmente sou testemunha de inumeráveis situações nas quais o indivíduo fica prisioneiro de afirmações questionáveis.

Os consultantes assumem como próprios os discursos enganados dos terapeutas. Que não são nada além de opiniões baseadas em seus próprios preconceitos ou pontos de vista pessoais.

Logo, desmontar essas interpretações, muitas vezes, é mais difícil do que desmontar os discursos enganados maternos.

Se a pessoa tem um problema pontual, é útil revisar toda a biografia? Claro que sim. Nenhum problema é pontual.

Dito de outra maneira: nenhum problema está desconectado das totalidades do nosso cenário. É certo que todos gostaríamos de perguntar algo e sair da consulta com a solução nas mãos. Mas isso é fantasia. É como se fôssemos ao cinema e pretendêssemos ver os últimos cinco minutos do filme e logo garantir que o compreendemos inteiro. Parece bobo e pouco confiável, certo? Entretanto, isso é o que fazemos com relação à compreensão das nossas problemáticas. Mais cedo ou mais tarde teremos de nos fazermos responsáveis por nossos atos.

O que fazemos com toda a informação que aparece sobre nós mesmos no transcurso da construção da biografia humana? Poderá fazer mal ao indivíduo biografado?

Essa "nova" informação é parte do processo de conhecimento pessoal. Se acreditarmos que tínhamos uma infância perfeita e descobrimos que o nível de abandono emocional no qual estivemos — apesar de a nossa mãe nos ter inculcado a devoção em relação a ela e à preocupação com ela — então, poderemos nos compreender um pouco melhor. Suspeitamos de que esse abandono infantil tenha a ver com nossos medos adultos. Ou com nossa impaciência quando as coisas não são exatamente como pretendemos. Ou, inclusive, com a impossibilidade de cuidar dos nossos filhos pequenos. Somente compreendendo a criança que vive no nosso interior podemos acessar nossas carências e nossos medos e, a partir dessa realidade emocional ver quais recursos temos para melhorar nossa vida de adultos. Desde a realidade emocional. Não desde o ideal ou as fantasias que organizamos.

É certo que muitas pessoas estão cansadas de sofrer. Já não têm força para resolver o passado. Entretanto, isso que nos dói já aconteceu. Nada pode ser mais dolorido do que os maus-tratos, o abandono ou o abuso durante a infância. O fato de recordar, ordenar, compreender e ressarcir-nos no amor nunca pode ser pior. Ao contrário, habitualmente traz alívio e compaixão. Enfim, acompanhar processos de busca da sombra é uma arte. Requer interesse, amor, serviço e generosidade. Mas também uma mente ágil e perspicaz. Recorde que ansiamos encontrar algo que ninguém viu. Portanto, não podemos adormecer em teorias desgastadas nem repetir o que aprendemos em casos anteriores, já que cada biografia humana é um novo desafio e, como tal, será único.

Um artista não poderá pintar duas telas iguais. Um detetive não encontrará dois crimes idênticos. Na abordagem das biografias humanas acontece o mesmo. A abordagem da infância e adolescência de um indivíduo e a escolha inconsciente de uma personagem constituem o terreno básico sobre o qual vai transcorrer o resto de sua vida. Por isso, é tão importante compreender com lucidez e inteligência a plataforma sobre a qual vai se apoiar toda a estrutura vindoura. Não é possível construir um belo edifício se o esqueleto de ferro e todos os suportes não são perfeitos, ainda que essa estrutura não seja vista por ninguém, já que permanece no interior das paredes. Quando um edifício está mal construído, as paredes racham, os telhados quebram e os canos estouram, não havendo outra solução a não ser abrir — dolorosamente — as paredes. Deve-se bater, derrubar, cortar e revisar o interior. Se pretendermos apenas "remendar" superficialmente, já sabemos que em pouco tempo as rachaduras voltarão a aparecer. Mas, quando se trata de boas construções, podemos renovar, mudar ou refazer sem correr perigo. Não importa o que vamos modificar, simplesmente teremos a liberdade de ação porque contamos com uma base sólida.

Com as biografias humanas acontece o mesmo: uma vez que dispusermos uma ordem lógica e verdadeira no traçado de cada cenário, é fácil perceber as opções que teve o indivíduo. Lógico que continuaremos investigando e abordando sobretudo aquilo que tenha acontecido, cronologicamente. Mas geralmente não é necessário entrar em detalhes. Em palavras de detetive: se encontramos o assassino, temos provas do crime e o caso está resolvido, alguns detalhes simplesmente confirmarão os acontecimentos, mas não mudará substancialmente a investigação. Continuando com a "montagem" da biografia humana, para completar as peças do nosso quebra-cabeça é importante entender como o consultante vinculou-se amorosamente. As relações amorosas costumam indicar o nível de intimidade emocional que toleramos. Também colocam em jogo nossos personagens de maneira muito evidente. Por exemplo, um indivíduo refugiado na depressão, certamente se vinculará a alguém que a acione. Quanto mais reclama das exigências de seu parceiro, mais confirmaremos que prefere permanecer em sua personagem de passividade e inércia. Se nosso consultante é um "trem-bala" a toda velocidade, que vai deixando feridos pelo caminho, à medida que vai nomeando as doenças recorrentes de todos os seus filhos, confirmaremos que está preso a sua personagem--refúgio de não parar mesmo que seus filhos apresentem cada vez mais sintomas contundentes. Dentro das relações afetivas íntimas, é interessante confirmar a personagem em ação. Por isso, é importante abordá-las. Não para ouvir as queixas que nosso consultante tem sobre seu parceiro, pais, filhos, irmãos, mas para constatar de que modo ele movimenta as peças de seu cenário.

Em algumas biografias humanas teremos que seguir o fio do dinheiro, em outras o fio da sexualidade, em outras, o das mentiras e segredos familiares, em outras a falsa moral religiosa ou a repressão sexual. Quase sempre é necessário investigar o modo como o indivíduo plasmou sua vocação ou seus atributos pessoais, às vezes em forma de desejos, outras em forma de ordens.

Quando um adolescente ou jovem não tem desejo nem atração ou vocação para nada, está fora da ordem natural. Alguém lhe sugou a energia. Lamento ser repetitiva, mas quase sempre foi a mãe quem lhe roubou a vitalidade original. Essa realidade vai coincidir com a sua personagem.

Talvez se converta em alguém submisso, sem desejo próprio, sem força nem vitalidade, sem interesse e pouco ligado à vida. Aqui já temos uma hipótese plantada. Em um caso assim, é evidente que o indivíduo tem que compreender que sua mãe lhe subtraiu o mais valioso, que é sua própria torrente de energia e que é urgente recuperá-la. Ainda que, nesse ponto, o que o indivíduo fizer com essa "nova" informação vai pertencer ao seu livre-arbítrio. Nós mostramos panoramas completos e verdadeiros. O indivíduo adulto decide o que ele fará com isso que está vendo agora. Nós não opinamos nem sugerimos o que ele tem de fazer.

Há outras biografias humanas nas quais o indivíduo teve uma vocação muito clara, mas no passado não foi capaz de aplicá-la, seja porque os pais lhe impediram, porque a situação econômica era adversa ou porque não cumpria com os requisitos familiares. Algumas pessoas, com a intenção de deixar de sofrer, esquecem para sempre desse caudal de desejos genuínos.

Nesses casos, no transcurso da biografia humana, naturalmente reaparecem. É lógico. Se a verdade se acomodar, é óbvio que os desejos pertencentes ao si mesmo aflorarão como na primeira vez. Costuma ser um momento de regozijo, de voltar a estar em contato com algo puro e belo como o encontro com o primeiro amor. Algo parecido. Logo a pessoa decidirá o que fazer com esse "reencontro". Às vezes, abre alguma porta que coincide com muitas outras que abriu seguindo por caminhos aparentemente distantes.

Logicamente que em toda biografia humana é indispensável abordar a vida sexual do indivíduo. Começando pela infância e adolescência, quer dizer, abordando a quase certa falta de corpo materno. Nesse terreno, quase todos nós compartilhamos o mesmo vazio. Nossas mães não nos tocaram. Não nos abraçaram o suficiente nem nos protegeram com seu corpo quente. É nessa instância que começa a brotar, ou ser reprimida, a sexualidade. Em geral, as meninas congelam e os meninos se dividem, separando corpo e pensamento. Logo, crescemos assim: afastados das sensações corporais e com muito desconhecimento e inexperiência nas costas. Portanto, vendo o nível de repressão, autoritarismo e ignorância emocional, não será muito difícil imaginar como acessamos a vida sexual genital. Muitos de nós, sustentando o frio interior. Outros com mais paixão sexual, mas o coração dividido.

Ao construir a biografia humana, aquilo que o consultante relata com relação à sua vida sexual também será enganoso, ao menos que o cotejemos com o resto das peças que fazem parte do cenário e que coincidam com as experiências reais. Insisto em que a vida sexual é uma maneira de expressar nossa realidade. Tem que encaixar, caso contrário o que indivíduo conta é isso: uma história. Os homens mentem mais sobre as proezas sexuais porque socialmente elas são valorizadas. As mulheres também mentes bastante, ainda que não no âmbito social, mas sim no seio do vínculo com seu parceiro. Em quase todos os casos, a vida sexual não é fácil. Porque nossa vida de relações não foi fácil. Portanto, "isso" que acontece na cama confirmará nossas suspeitas quando estamos traçando as linhas das personagens e suas circunstâncias.

É preciso sempre abordar a vida sexual? Sim, sempre. Em primeiro lugar porque a sexualidade já está na sombra. Depois de séculos de obscurantismo e repressão, ainda com a proclamada e aparente "liberdade sexual" atual, esse é um setor de nossa vida que mantemos oculto. Por outro lado, nossa sexualidade é reflexo da nossa potência, nossos desejos, nosso amor. Portanto, é um guia perfeito para buscar verdades internas.

Por outro lado, com raras exceções, os indivíduos não falam espontaneamente sobre sua sexualidade durante as terapias, ao menos que o motivo da consulta esteja relacionado a alguma disfunção sexual específica. Então, como bons investigadores, interessa-nos explorar justamente aquilo que o indivíduo considera importante.

Surpreendentemente, ao entrar na realidade das experiências sexuais, conseguimos obter informação muito valiosa para as biografias humanas. No caso das mulheres, a educação repressora e o autoritarismo fizeram estragos. Pessoalmente, continua me chamando atenção a enorme quantidade de mulheres jovens sem desejo, atravessando, inclusive, experiências de maternidade sem gozo nem prazer, sem orgasmos nem encontros íntimos com seus parceiros sexuais. Um verdadeiro genocídio da potência feminina. Claro, também é importante mostrar isso, para que cada mulher tome logo suas próprias decisões com respeito aos aspectos de seu si mesmo que lhe foram roubados.

Vimos que cada biografia humana tem um fio, uma trama, um roteiro com certa lógica. Alguns estão marcados pelo desamparo, outros pela violência, outros pela pobreza econômica, outros pela cultura do trabalho ou pelo pós-guerra. Em qualquer caso, há um cenário para observar, organizar, plasmar em um mapa ou em uma imagem. As vidas contam com uma ordem cronológica (para o âmbito afetivo as datas não têm muita importância, mas para os fatos materiais o tempo dividido em dias, meses, estações e anos ajuda a nos organizarmos mentalmente). Logo chegaremos à atualidade do consultante. É interessante comprovar que, quando cronologicamente chegamos ao presente, acontece de perderem força as problemáticas das quais o indivíduo tinha urgência em resolver, quando chegou para sua primeira consulta.

Em alguns casos, porque o que foi abordado é muitíssimo mais complexo, árduo e profundo do que a insignificância de um assunto pontual e passageiro. Em outros casos, o indivíduo está olhando todo o seu mapa a partir de muitos pontos de vista diferentes, portanto já está fazendo algo diferente em sua vida cotidiana, talvez se vinculando de um modo aberto e compreensivo com seu parceiro, filhos, pais ou àqueles que participarem de seu cenário afetivo. Quer dizer, já está em processo de mudança. Ou ao menos está exercitando uma profunda introspecção.

Isso já é revolucionário em si mesmo, ainda que o indivíduo não perceba nesse momento. Em geral, chegando a esse ponto e com uma visão total sobre o mapa, o indivíduo já não pergunta buscando soluções e alianças. Não pergunta ao terapeuta o que fazer porque entende que ele mesmo fez tudo. Se não gostou dos resultados, não tem mais que fazer o mesmo de novo.

Esse momento — o de abordar a atualidade do indivíduo olhando todo o seu território como se assistíssemos a um filme juntos, comendo pipoca —, é simplesmente fabuloso. Vê-se tudo. É tão fácil, tão evidente, tão claro, tão óbvio. Por que nunca antes o tínhamos visto assim? Porque estávamos dentro do campo. Agora, fomos convidados a olhar de fora. Como os que transmitem os jogos de futebol: da cabine, veem o campo completo. Os jogadores não podem ver o campo completo e tem uma vista parcial. É assim. Claro que quando subimos até a cabine e observamos o futuro de nossa vida com todos os atores que dela participaram, somos tomados de um sentimento de compaixão com relação a nós mesmos e a todos aqueles que fazem parte do nosso cenário vivencial. É impossível não admitir a perfeição de cada jogada. Ainda que algumas tenham nos ferido pessoalmente. Entretanto, já não interessa, porque vemos como dispuseram as cartas e como alimentamos o jogo desde tempos remotos. Há tudo para ver, tudo para compreender.

Acontece algo mais: às vezes olhamos nossos cenários e, ainda que existam alguns detalhes de que não gostamos, se mudássemos o jogo, perderíamos alguns benefícios. Dito de outro jeito: mais frequentemente do que imaginamos, as pessoas preferem nada mudar! É possível? Sim, claro. Mas, por acaso, não fizemos consultas terapêuticas porque tínhamos algum problema? Sim, mas pretendemos solucionar esses problemas sem mudar o jogo. Ao avaliar esforços, movimentos a favor dos outros, mudanças de paradigmas e um contato permanente com as necessidades do próximo, finalmente chegamos à conclusão de que não estamos tão mal.

Nesses casos, às vezes, os profissionais se encontram em situações ingratas. Porque há muitos indivíduos que estão confortáveis onde estão e por isso decidem não mudar em nada. Estão em seus direitos. Nesses casos são os profissionais que sentem certa tristeza, porque sabem que os que estão pagando o preço são os filhos: crianças abandonadas. Crianças que cuidam de seus pais. Crianças que estão cansadas de ficar doentes para ter cuidados. Crianças que têm sintomas de todo tipo. Compreendemos que as crianças estão presas e que dependem de que seus pais façam — ou não — movimentos a favor deles. Acontece que esses adultos olharam seus mapas e decidiram continuar do jeito que estavam. O que podemos fazer como terapeutas? Pouco e nada. No máximo voltar a olhar o mapa completo com o adulto em questão, mostrar com clareza e veemência o lugar de desamparo no qual ficam as crianças, desejar um futuro justo para essas crianças e oferecer nossa disponibilidade para quando o indivíduo tenha vontade novamente de rever sua trama.

Estou dizendo que, quando não somos nós os que sofremos, dificilmente mudamos. É raro que façamos esforços para modificar nossos mecanismos de defesa se os que sofrem são os outros. Inclusive quando se trata de nossos próprios filhos. Os terapeutas podem escolher testemunhas e podem nomear tudo o que veem. Mas a decisão sobre o que fazer com isso que existe pertence a cada pessoa. Não é melhor nem pior uma coisa ou outra. Estamos tocando em um tema crucial: o altruísmo. Essa virtude faz referência ao fato de fazer mais pelas necessidades dos outros do que pelas próprias. Dito assim parece fácil, mas a incapacidade de alcançar altruísmos reside no grande drama dos tempos atuais.

A maternidade e a paternidade são, em minha opinião, funções altruístas por definição. Tudo é a favor da criança. Nada é a favor dos pais. Em uma relação saudável, os pais oferecerão às crianças tudo em troca de nada. Durante esses períodos da criação de bebês e crianças pequenas, somos testemunhas da enorme dificuldade que os adultos têm de manifestar altruísmo. As mães queixam-se de que não têm tempo para elas mesmas. Os homens reclamam de que não recebem cuidados de sua mulher. Ambos, porém, estão de acordo que a criança demanda muita atenção e que deveria conformar-se com menos. Portanto, faremos o necessário para que a criança compreenda que terá de frustrar-se, ater-se aos limites que lhe serão impostos e aceitar o mundo como um lugar hostil e que, no máximo, se sentirá melhor quando crescer.

As funções de "maternagem" e "paternagem" deixam à mostra nossas deficiências. Se não temos filhos pequenos podemos esconder nossa falta de altruísmo já que não há instâncias tão exigentes em termos afetivos. Mas, diante da presença dos filhos, isso nem sequer se soluciona com boa vontade. Todas as mães e pais garantem que querem dar o melhor aos filhos. Mas, diante da demanda real e concreta da criança, simplesmente não podem. Por quê? Porque estão ainda famintos de carinho, amparo e proteção que não receberam quando foram crianças.

Quando abordamos as biografias humanas de homens e mulheres que têm filhos pequenos, ao observar os mapas completos, saberemos se eles têm sobra emocional para oferecer aos filhos, aquilo que não possuem nem conhecem. Pode-se aprender? Claro! Como? Tendo compaixão, em primeiro lugar, pela criança desamparada que fomos.

Se pudermos reviver intensamente essas emoções enviadas à sombra, talvez possamos compreender depois nossos filhos e nos colocarmos em "seus sapatos". Mas se nós nos apegamos a nossa personagem de sobrevivência, permaneceremos protegidos cuidando que nossos sentimentos infantis não apareçam, enquanto que, ao mesmo tempo, instauraremos uma prudente distância com relação às vivências internas dos nossos filhos. Podemos escolher uma dessas opções uma vez que tenhamos compreendido o nosso mapa.

Nesse sentido, as manifestações das crianças pequenas são bons fios condutores na construção das biografias humanas. Não porque queiramos resolver um determinado sintoma neles. Mas sim porque isso que manifestam é verdade. Não interessam as interpretações nem os discursos enganados da mãe ou do pai. Isso que acontece com as crianças é verdade. As peças têm que encaixar com a realidade.

Quando não há crianças pequenas no mapa, teremos outros indicadores: doenças, conflitos, perdas, depressões, guerras afetivas. Esses sintomas também são expressões de uma verdade. Em todos os casos, a tarefa do profissional que acompanha o processo de construção da biografia humana organiza, mostra, dispõe as peças que faltam, sintetiza com uma imagem, acompanha durante um lapso de tempo até que o indivíduo possa cotejar com fatos concretos o que está olhando, com novos olhos sobre sua própria trama. Isso é tudo. Logo, quando o indivíduo pede ajuda ou suporte para fazer movimentos, logicamente, podemos acompanhar. Porém, nossa tarefa não é forçar a mudança. Nem sequer desejar a mudança. O desejo ou a decisão de mudar ou modificar as coisas nesse cenário será — ou não será — patrimônio do consultante.

Os profissionais devem exercitar o desapego. A vida dos consultantes não nos pertence. As decisões não nos competem. Ninguém deve concordar conosco. Não temos por que aconselhar nem sugerir nem incitar a fazer nada em particular. Nós mostramos as consequências de certos movimentos históricos. Por exemplo, podemos explicar o que acontece com uma criança quando ela não é suficientemente amparada pelos adultos que a educam. O que acontece com uma criança "exigida". O que acontece com uma criança "abusada" pela sua própria mãe. O que acontece com uma criança reprimida. O que acontece com uma criança que não conta com ninguém por perto em seu mundo emocional. Esses são conceitos relativos às feridas provocadas — contrárias à natureza — dos seres humanos. Claro que as explicaremos.

Sobretudo porque cada indivíduo pode constatar as consequências do desamor no futuro de sua própria história. Compreender cabalmente as consequências nefastas do desamparo e da violência é nosso direito. Rever as causas e consequências das nossas histórias de vida sofridas, também. Compreender todas as opções que os adultos têm disponíveis para oferecer uma vida mais amável a nossos seres queridos é esperável. Oferecer apoio para que cada indivíduo exercite maneiras leves, saudáveis e amorosas para vincular-se, desconhecidas até então, é valioso e desejável. Podemos oferecer tudo isso aos indivíduos que procuram compreender-se mais e sofrer menos.

Por outro lado, os benefícios que podem aparecer se farão presentes — ou não — nas experiências cotidianas de cada um. Portanto, não vale a pena aconselhar nem induzir a fazer nada em particular. Somente podemos oferecer ampliação dos pontos de vista e sobretudo acrescentar a visão da criança que esse indivíduo foi um dia. Isto é, creio eu, a maior descoberta na experiência de construir a própria biografia humana. Essa nova perspectiva é uma ferramenta que o indivíduo terá disponível para sempre. Logo, tendo adquirido muitos pontos de vista, tendo exercitado novas maneiras de olhar, pensar, sentir e relacionar-se, aproximando-se os mundos emocionais próprios e alheios, cada um estará em condições de decidir como quer continuar vivendo.

Nesse sentido, o profissional deveria ocupar um papel relativamente invisível. É um facilitador, nada além disso. Alguém que abre as portas para que o indivíduo as atravesse e logo decida se continua por esse caminho ou não. Por isso é importante que nós, os profissionais, pratiquemos o desapego com respeito às pessoas a quem acompanhamos e também com respeito aos processos, às vezes maravilhosos, dos quais somos testemunhas.

Por último, vale a pena perguntar por que alguns profissionais se dedicam a "isso" e qual é o sentido de estar fuçando o sofrimento de tantas pessoas. Penso que os que trabalhamos acompanhando processos de busca de sombra e não podemos fazê-lo porque confiamos que mais cedo ou mais tarde a verdade se manifestará.

Amamos a verdade porque ela nos faz livres. Confiamos que acompanhar o descobrimento do propósito transcendental de cada vida é um feito verdadeiro em si mesmo. Por isso nos enfiamos nos pântanos escuros da alma humana. Porque confiamos em que aí se escondem inesgotáveis tesouros de cada um de nós.

A inteligência coletiva

Meu propósito é que tenhamos um olhar ampliado se pretendemos acompanhar processos de indagação pessoal, sob o sistema da biografia humana. Que contemplemos mais e mais. Sempre podemos aumentar a lente para observar cenários mais complexos. O único perigo é percebermos que estávamos errados. Ou seja, que não acontece nada. Em todo caso, teremos que nos retificarmos algumas vezes até encontrar o fio lógico que sustenta a trama geral.

A humanidade — e o pensamento humano — foram evoluindo porque vivemos um intercâmbio de virtudes, capacidade, ferramentas, moralidades, costumes, ideias, aprendizagens e experiências. Parecemo-nos às formigas: temos um cérebro coletivo. Todos aproveitam os acertos e desacertos do próximo. Porém, quando os indivíduos (ou as comunidades) se transformam em seres rígidos e se fecham em suas próprias ideias, defendendo-as com paixão, em verdade o que se está fazendo é usar o "medo" como proteção contra o desconhecido. Assim, perde-se a possibilidade de acessar a imensa quantidade de opiniões que se abrem a cada passo. De fato, ao longo da História, as épocas menos prósperas têm sido aquelas nas quais os indivíduos se recluem em ideias ou situações fixas, proibidas ou contrárias à troca com o diferente.

Pessoalmente, eu aposto no vínculo com o diferente, com o "outro lado", com aquilo que nossa cultura e nossa identidade não nos permitem vislumbrar. Adoro viver nesse tempo de acesso à internet. A rede facilita a troca sem restrições. É um sistema altamente democrático porque quase qualquer indivíduo neste mundo pode utilizá-lo. Conecta mais e melhor aqueles que são diferentes. Entre muitíssimas outras aplicações, a Internet nos permite acessar uma imensa biblioteca virtual, todas as culturas e todos os pensamentos. Óbvio que não podemos confiar em tudo o que circula na Internet, claro, mas não é essa a questão. O importante é a infinita gama de possibilidades de troca e interposição de diferenças.

Esse cruzamento nos aproxima e nos permite ir além.

O que isso tem a ver com a metodologia de construção das biografias humanas? Justamente, quando estamos refletindo, precisamos ir além do evidente. Sempre há algo maior, um degrau mais alto, uma totalidade que inclui nossa pequena porção de realidade. Ver mais e melhor será possível quando ampliemos o campo de observação. Nesse sentido, que tentemos acessar algo que não está disponível a olho nu acredito que seja um bom primeiro passo. Abordar uma "biografia humana" é um "lugar" possível para começar a fiar um pensamento: uma vida. Uma vida humana de um só indivíduo. Um entre milhões.

É importante a vida de cada pessoa? Para cada um de nós, não existe algo mais importante do que a própria vida. Porém, mais interessante ainda é que pensemos além de cada um de nós e que consideremos o propósito da nossa existência.

Se permanecermos vítimas de nossos medos, a vida escapa sem termos oferecido ao próximo nossas virtudes. É importante refletir e tentar aprender com os antropólogos, os historiadores, os arqueólogos, os filósofos, aqueles que examinam e refletem sobre a evolução do mundo e dos seres vivos para além do nosso bairro (nossa aldeia moderna). Essa compreensão "ampliada" nos oferecerá um ponto de vista realista sobre nossa pequena realidade cotidiana. Abordar o devir da história dos seres humanos. As diferentes civilizações, os desafios e as ferramentas que utilizamos para sobreviver e para encontrar um propósito transcendental são ensinamentos necessários. Saber como nascemos em outros milênios, como foi nossa relação com o universo, como adoramos nossos deuses, como amamos, como entendemos o "outro lado" e como usamos os recursos da terra só pode nos dar um panorama alentador e com rumo sobre nosso devir individual.

Apesar de vivermos um período de interconexão virtual, as pessoas se apegam a ideias antigas. Pior do que isso: as ideias da mãe, ainda que não sejamos conscientes disso. Acontece que propor a um indivíduo um percurso pela sua biografia humana não significa que vá resolver como desmamar seu filho nem vai salvar seu casamento nem devolver a alegria de viver a um depressivo crônico. Não. Isso é uma insignificância. Cada biografia humana tem que devolver ao indivíduo um olhar amplo, aberto, global e transcendente de seu si mesmo. Terá valido a pena que cada pessoa tenha abordado algum tipo de indagação pessoal honesta e profunda quando tenha a certeza de que seu novo "saber" só é válido se opera em benefícios do bem comum.

Para isso, todos os que queiram rever sua biografia humana, utilizando esta metodologia (ou qualquer outra) terão que saber que o fim não é o bem-estar de um só indivíduo. Conhecer-se a si mesmo serve para que o conhecimento universal cresça. O propósito é sempre maior.

Pois bem, se pretendemos "crescer" ou "conhecermo-nos melhor" temos de fazer alguma coisa com o medo. Porque ele nos paralisa. Deixa-nos fechados em nossas covas de cristal, em edifícios inteligentes com elevadores velozes e monitores de segurança, mas que são covas. O que nos impede de sair dali? O medo real que sentimos como consequência do desamparo atroz que vivemos durante a infância.

Por isso é tão importante abordar isso que nem sequer nos lembramos. "Isso" que não lembramos é a enorme quantidade de experiências desgarradoras da infância. Um profissional treinado tem de ser capaz de dar voz à criança que fomos. Então, para "inventar", imaginar ou supor uma quantidade de acontecimentos que esse indivíduo registra, tem de ter um amplo conhecimento da vida e entesourar várias experiências de muitas vidas.

Mas, onde buscar aquilo que não conhecemos? Como obter registros confiáveis de experiências diferentes? Nesse ponto, penso que o intercâmbio intelectual com pessoas muito discrepantes ou diferentes é a maior vazão. Para isso temos que estar dispostos a deixar nossas crenças arraigadas, nossos modelos e conclusões.

Ao menos por um tempo. Logo veremos se servem ou não servem. Se somam, se entorpecem, se enriquecem, se nos divertem. Estudar, conhecer, escutar, observar, ler, aprender o diferente é o que, na minha opinião, nos dará maior perspectiva.

Pessoalmente, nunca estive na África nem na Ásia. Quer dizer, conheço somente o "Ocidente". Tomara que eu consiga conhecer outros continentes antes de despedir-me desta vida. Porque se eu não conhecer esses territórios distantes, terei pensado a partir de uma lente muito parcial, portanto, imatura, pouco confiável. O que será do mundo nos próximos cinquenta anos? Impossível imaginar.

Quando eu era criança, inclusive adolescente ou jovem, a Internet não existia ou ao menos a maioria das pessoas não tínhamos conhecimento algum sobre o assunto. Aqui estamos, respirando virtualmente a cada dia. Se as coisas podem mudar tanto, talvez tudo o que eu penso, escrevo e defendo hoje, dentro de alguns anos ou de algumas gerações, já seja obsoleto. E então? Não tem problema. Certamente servirá para que outras pessoas, graças a esses pensamentos aqui descritos, pensem algo muito melhor e mais adequado para o bem-estar de todas as pessoas. Não estou apegada aos meus pensamentos. Somente proponho pensar cada vez mais, sem medo. Nesse sentido, cada indivíduo que está disposto a indagar mais sobre si mesmo tem de ser uma porta que se abre para o desconhecido e, em vez de tentar achar referências conhecidas, teremos que estar dispostos a voar rumo a novos lugares, inalcançáveis e prontos para serem apreendidos.

Cada acesso a uma biografia humana é uma só vida, mas também é a manifestação análoga de muitas vidas, inclusive de todo o universo. Assim como na íris do olho, na orelha, na palma da mão ou do pé está contido todo o corpo humano, do mesmo modo, em cada indivíduo, está contida a humanidade inteira. E na humanidade está contido o movimento dos astros no céu. Por isso, não importa por onde começamos. O propósito é compreender mais e mais e chegar a significados transcendentais.

Por isso insisto que a solução que cada indivíduo deseja para sua própria vida é um detalhe. Claro que todos têm direito de viver melhor, sofrer menos, e não ter tantos problemas. Mas o interessante é descobrir que, quanto mais transpessoal seja nosso interesse de nos compreendermos melhor e de compreender os cenários nos quais se tecem nossas histórias, menos problemas teremos ou mais facilmente se diluirão nossos conflitos.

Cada um de nós nasceu de um pai e de uma mãe. Cada um de nossos pais também nasceu de um pai e de uma mãe. E se, além disso, temos irmãos, já temos um alto nível de entrelaçamento. Em um minutinho podemos montar um enorme entrelaçamento de ascendência e descendência. E isso somente com os laços sanguíneos.

Se, além disso, acrescentamos os laços de amizade, as relações ocasionais, os professores, inimigos, vizinhos, companheiros de estrada; crenças, fúrias, deuses, mortes, perdas; os antepassados e seus legados, heranças; os abortos provocados ou espontâneos, os desejos, as guerras pessoais e sociais, a violência, as doenças; os abusos, enganos, o dinheiro e as terras; os presentes ou os ensinamentos, só pra nomear uma mínima porção do humano, já teremos um sólido tecido que nos pertence, que vibra e que faz com que funcionemos de uma determinada maneira. Tudo isso é o que teríamos que abordar para entender uma pequena parte de nosso si mesmo. Quero dizer, o nível de entrelaçamento que temos é muitíssimo maior do que aquilo que registramos. "Uma" biografia humana o contém. Fica claro, porém, que nenhuma biografia humana, em si mesma, é "uma". Logo, teremos que ampliar nosso olhar, sempre mais e mais.

Entendo que dito dessa maneira parece inabordável, tudo é tão imenso que uma vida inteira não seria suficiente. Além disso, temos de ir ao trabalho, ganhar dinheiro, pagar impostos, mandar as crianças para a escola, ter tempo para ir ao cinema, fazer sexo de vez em quando, dormir, assistir à televisão, enfim.

Para que complicar nossa existência? Não pretendo que abordemos "tudo" para entender por que a mulher está insatisfeita. Mas, ao menos que saibamos que na vida cotidiana costumamos observar cenas demasiadamente parciais, e que é esperável que aprendamos a ampliar mais e mais nossa visão. Na medida em que sejamos capazes de contemplar um plano, poderemos logo acessar outro mais complexo e, assim, sucessivamente.

Pelo menos, recordemos que não somos "um". Mas sim que "somos com o outro". E que esse "outro" de quem não gostamos ou desvalorizamos ou desprezamos possivelmente tenha muito a ver com a gente. Se pudéssemos ter esta visão sempre presente, viveríamos nossa vida com mais agradecimentos e confiaríamos que aquilo que nos acontece é perfeito e está a serviço do nosso destino.

A verdade é que compartilhamos inteligência coletiva, e é graças a esse fenômeno de fusão de uns com os outros que conseguimos evoluir.

Conseguimos saber mais, viver melhor, ter um mundo mais amável e gerar melhores recursos materiais e espirituais para nossa descendência. No mesmo sentido, creio que atravessar a experiência de organizar a própria biografia humana, ou interessar-se por esta metodologia, ajuda as pessoas a terem o hábito de olhar o tempo todo para cenários completos.

Esse exercício nos induz a escutar de uma maneira diferente as notícias na TV, a avaliar as reclamações dos nossos amigos com outra disponibilidade, a apoiar o amigo como apoiamos a um aliado e não como o advogado do diabo, a pedir conselhos àqueles que dizem aquilo que não gostamos de ouvir. Ampliar, ampliar, ampliar a perspectiva. Sempre podemos aumentar o grau das lentes para observar totalidades e, assim, sermos mais compassivos conosco, e compassivos com todos. Porque, vamos admitir, todos temos nossas razões. Nós e os outros. Sempre.

Os desenvolvimentos das biografias humanas que compartilharei com meus leitores nos capítulos seguintes são exemplos comuns. Essas pessoas descritas poderiam ser qualquer um de nós. Não somos excepcionais. Pelo contrário, somos todos bastante iguais. O objetivo é aproximar esta modalidade a todo o público, dando prioridade à honestidade intelectual. Convido a que cada indivíduo assuma sua vida adulta tornando-se responsável pelos seus atos. Não há nada para aconselhar ao outro, mas, sim, ao contrário, é um espaço para olhar juntos, contemplando "totalidades".

Assim, tampouco nos compete — uma vez que temos observado juntos um cenário determinado — dizer ao outro quais movimentos ele deveria fazer. No máximo, traremos as vozes daqueles que mais sofrem para dentro dessa trama tal como ela se apresenta.

Como nos meus livros anteriores, os "casos" são totalmente verdadeiros. Mudei sexo, profissões, datas, quantidade de filhos, lugares geográficos e toda referência que garanta o anonimato. Entretanto, acontece algo curioso: há pessoas que, ao ver-se refletidas nas histórias, me escrevem perguntando como eu fiquei sabendo o que havia acontecido com elas e por que tornei público um assunto tão particular. É engraçado porque, obviamente, eu não só não conheço essas pessoas como não escolho casos que "alguém me contou". Não preciso deles, pois já contamos com milhares de casos reais no seio da minha equipe de trabalho. Tenho exemplos suficientes para escrever uns cem livros, se eu quisesse. Mas algumas cenas são tão comuns que existem pessoas que se sentem mencionadas, crendo que estou contando aos quatro ventos coisa de suas vidas. Bem, não é assim. É divertido porque, às vezes, coincidem os nomes: por exemplo, invento que uma mãe se chama Patrícia e as crianças, Manoel e Joaquim. Pronto! Acontece uma coincidência! Então, furiosa, me escreve uma Patrícia com filhos com esses mesmos nomes, que tem uma história idêntica, tentando descobrir quem me contou suas intimidades. Lamento confirmar aos meus leitores que nós somos tão iguais e vivemos acontecimentos tão parecidos — ainda que acreditemos que nosso drama é o pior —

que não tenho mais remédio senão explicar que não há nenhuma identidade verdadeira. Apenas pego situações banais daqui e dali, com o único fim de explicar uma metodologia, de maneira o mais possível fácil de entender.

Pensemos que quando vamos ver um filme, também nos identificamos com as personagens. Mas nem suspeitamos de que, em Hollywood, soubessem do nosso pequeno drama particular. Fazendo a ponte, com relação aos casos que descrevo, acontece a mesma coisa.

Só espero que os casos esmiuçados mais adiante ajudem os leitores a acessar facilmente a metodologia de indagação pessoal que proponho, permitindo abrir as comportas dos territórios afetivos machucados, e desejando um encontro genuíno com o ser interior de cada um dos leitores.

Uma escola de detetives

Estou pensando em mudar o nome da minha escola: acho que vai se chamar "Escola de Detetives". Porque é isso o que pretendo ensinar: como encontrar pegadas fidedignas que deem conta da realidade do território emocional dos indivíduos, tanto passado como presente.

Estamos tão acostumados, no âmbito psicológico, a ter interpretações para cada coisa, que essa proposta, apesar de parecer fácil, é extremamente complexa. A princípio, o que mais complica a observação limpa é o peso de todos os julgamentos com os quais todos olham para qualquer situação. Justamente porque cada um de nós carrega uma mochila de discursos enganados e uma lente embaçada pelo roteiro da nossa própria personagem. Falarei disso mais explicitamente nos próximos capítulos. Por agora é importante saber que, se não aprendermos a olhar o que existe sem acrescentar nossos julgamentos, nunca chegaremos até a verdade.

A realidade é a realidade. Cada cenário propõe algumas cenas que podem acontecer, mas desmente outras impossíveis de serem realizadas. Como já descrevi em livros anteriores, os profissionais que acompanham esses processos de indagação pessoal atuam como detetives. Não como psicólogos. Os detetives pretendem investigar uma coisa que ninguém sabe. Os psicólogos, por outro lado, escutam e logo interpretam levando em consideração isso que escutaram. Isso, a meu critério, é algo que nos mantêm enganados.

Insisto que, nós, profissionais terapeutas, temos que nos acostumar a escutar pouco. Imaginemos nosso consultante como se fosse um suspeito de assassinato. Se perguntarmos diretamente ao indivíduo sentado no banco dos réus se foi ele o autor do crime, o que ele dirá? Que não, claro!

Não é necessário perguntar-lhe, porque já conhecemos suas respostas. Se formos bons detetives teremos boas pistas à nossa disposição, umas mais evidentes do que outras. Continuaremos procurando evidências. As pistas mais firmes se confirmarão e outras serão descartadas. À medida que organizarmos as cenas e que essas nos conduzirem ao fato traumático, teremos cada vez menos necessidade de fazer perguntas ao suspeito, porque as cenas se manifestarão por si mesmas. Volto a pedir desculpas pela comparação odiosa, já que a maioria das pessoas que procura ajuda espiritual está muito longe de cometer assassinatos. Entretanto, quero ser contundente em demonstrar que a "escuta" raramente é confiável. Isso porque os discursos são enganados; logo, a escuta e a validação daquilo que o indivíduo diz não fará mais do que dar por certo o que é falso.

Entendo que este ofício de investigar as vidas emocionais das pessoas — perguntando pouco e organizando muito — requer treinamento e uma alta dose de intuição. Também é necessário acessar o conhecimento de muitas, muitas instâncias da vida humana. Seria ótimo que o profissional já tivesse passado por diversas experiências pessoais de amor e desamor, que tivesse atravessado fronteiras culturais, ideológicas e morais, que tivesse interagido em diferentes âmbitos e que fosse uma pessoa aberta e permeável. Isso porque os indivíduos que procuram ajuda podem ser muito diferentes de quem os vai atender e temos que ser capazes de compreender as lógicas desses cenários completos, ainda que não tenham nada a ver com nossas idiossincrasias ou nossa maneira de viver.

Em uma Escola de Detetives é difícil ensinar, porque contamos com exemplos de casos que tenham sido investigados, mas sempre aparecerá uma informação nova, diferente, com minúcias e segredos, que deverão ser desvendados usando a lógica, a criatividade e a intuição.

Vou transcrever uma aula da Escola de Detetives.

Um aprendiz traz o caso de uma consultante que o preocupa. Nós a chamaremos de Denise. Ela tem 45 anos, dois filhos homens, de 20 e 18 anos, e acaba de se separar do companheiro de toda a vida. Está brava com ele e com a vida em geral. Denise diz que quer compreender-se melhor. Também diz que quer ser capaz de perdoar seu ex-marido. Ela é treinadora de voleibol em um colégio. Propomos, então, fazer um breve percurso pela sua biografia humana, procurando saber em princípio qual foi a qualidade de "maternagem" recebida quando criança. Soubemos que sua mãe era de família alemã, que emigraram para a Argentina. Seu pai também. Procuramos lembranças e logo aparece uma enorme rigidez e disciplina por parte da mãe. Também muito desprezo com relação ao pai. Denise é a mais velha de quatro irmãos, entretanto não pode contar quase nada em referência aos seus irmãos. A mãe dizia que ela era muito "brava". Aqui, afiamos as primeiras reflexões de detetives: há possibilidades de ser muito brava em um clima de hostilidade, disciplina e rigidez? Poucas. Talvez a mãe dissesse que era brava, mas isso não se confirmasse na prática. Para confirmar, perguntaremos a Denise o que ela fazia para ser tão "brava". Ela não lembra. Por outro lado, ela lembra os castigos severos de sua mãe. O olhar da mãe era suficiente para congelar qualquer movimento. Também recorda as brigas atrozes entre a mãe e o pai. Muito bem, nesse panorama, a única certeza dos detetives é de que ela terá sido uma menina um tanto inquieta. Uma menina comum. Afinal, já sabemos, por definição, que as crianças "se mexem", certo?

Então, em princípio, estabeleceremos que "o não ficar quieta" dessa criança levará os pais a nomeá-la como "brava". O aprendiz que traz o "caso" confirma essa informação. Acrescenta ainda que Denise, desde muito pequena, era levada a praticar muitos esportes. Sua infância passa entre a escola (alemã) e o clube (alemão). Tudo a duzentos metros, no máximo, de sua casa. Aqui temos um esboço da cenografia: a mãe decide como e onde Denise deve usar essa energia. Não está errado. Existem outras crianças que não são conduzidas a nenhum âmbito no qual possam canalizar essa vitalidade e acabam recebendo castigos ou "implodem", adoecendo ou tendo um comportamento problemático. Tentamos obter mais imagens da infância, mas só aparece a disciplina do esporte, nenhum indício de ternura, carinho ou afetividade. Continuaremos indagando sobre sua adolescência. O que pensamos como detetives? Que a aproximação sensual com relação aos rapazes será, no mínimo, difícil. Por isso, não perguntaremos qualquer coisa do tipo: Quantos namorados você teve? Não. Primeiro revisaremos nosso "caderno de anotações detetivescas" e diremos à Denise que o panorama está bastante desolador, frio e pungente. Ela continua sem ter lembranças dos irmãos, mas, por outro lado, lembra perfeitamente das suas participações em competições esportivas e a solidão na qual permanecia apesar de destacar-se entre seus colegas. Também acrescenta com certo orgulho que ela não precisava de mais nada, ficava satisfeita em ganhar algumas medalhas.

Aos 24 anos, já trabalhando como treinadora de voleibol, tem seus primeiros encontros "amorosos" — se é que podemos chamá-los assim — com outro professor da sua idade. Fica grávida de imediato. Obviamente ela não sabia nada sobre os mundos afetivos. Perguntamos sobre a qualidade desse vínculo com esse rapaz, mas não pode dizer quase nada sobre ele. Ainda que tenha sido seu companheiro durante os vinte anos seguintes. O que temos até agora? Minimamente, uma mulher congelada, dura, fria, distante e grávida.

Podemos rascunhar um desenho. Podemos explicar que estamos procurando algo quente, acolhedor, leve, protetor, mas não aparece. Talvez possamos mostrar-lhe a imagem de um general (ou uma generala) na guerra, alguém com sua roupa passada, erguida, estoica, rude. Entendo que estamos abordando a vida de uma mulher, mas a energia é masculina. Talvez o desenho represente uma mulher em sua roupa de general, fazendo pose, orgulhosa de sua posição e endurecida.

O aprendiz que traz o caso para que o estudemos em conjunto, conta-nos que, quando ela ficou grávida, sua mãe simplesmente disse: "Agora você terá que se sacrificar mais." Foi tudo. A proposta — inconsciente — da mãe era: vamos brincar de ver quem é que consegue ser mais fria. Aconteceu algo mais que, sem olhar o mapa completo, não é compreensível: ambos jovens, com a gravidez nas costas, decidiram mudar para um lugar ao sul do país, isolado, frio e sem vizinhos ao redor. Por quê? Porque havia uma casinha que um tio-avô tinha deixado de herança. Parece insólito se o pensarmos de fora do contexto. Qualquer um de nós — nesse caso, qualquer mulher — concluiria: "Agora que eu terei um bebê, quero ficar perto dos meus afetos". Mas os detetives olham os cenários com suas lógicas correspondentes. De fato, nesse contexto de frieza, Denise e o seu vistoso parceiro procuraram algo "conhecido" para obter segurança: o "conhecido" é isolamento, secura, deserto, solidão, austeridade.

Nesse ponto, os detetives poderiam mostrar à Denise quais podem ter sido as vivências do ponto de vista do bebê que nasceu em tais condições. Porque, se perguntarmos ingenuamente: "Como foi o primeiro ano do bebê?" Denise diria: "Perfeito, era um bebê que comia e dormia." Mas os detetives olham para o cenário completo e compreendem que um bebê que espera ternura e acolhimento obrigatoriamente sofrerá nesse contexto, encontrando-se com uma mãe jovem, congelada e rígida. Fazendo pose. Nem é necessário discutir a imagem que temos dela. Alguém pode imaginar essa generala com um bebê nos braços? Não encaixa, certo?

Então, assim continuaremos nossa investigação, cada vez mais afunilada. Olharemos juntos como "não encaixa" a suavidade de um bebê com a rigidez de uma jovem que cumpre, a ferro e fogo, as ordens do discurso materno. Quando fica grávida do segundo filho, voltam para Buenos Aires e, ambos, Denise e seu marido, trabalham como treinadores em diversas escolas. Obviamente, Denise não terá lembranças das infâncias de seus filhos. De fato, diz que não se lembra de nada. Por mais que insistamos.

A GENERALA

No grupo de aprendizes, surge todo tipo de pergunta: "Será que ela recuperou o vínculo com a mãe?"; "Abandonaram a casa na qual viviam no sul?"; "Será que ela se dava bem com o pai que não aparece na cena?"; "Tinha amigas?"; "Relacionava-se com as mães de outras crianças?"; "Ela desejou ter filhos?"; etc. Nesse ponto, quero demonstrar que a curiosidade às vezes pode não ser favorável. Ser detetive não necessariamente é compatível com ser curioso. Querer saber os detalhes alimenta nossa sensação de controle, mas não nos oferece pistas sobre a investigação. Por isso, as perguntas que formularemos serão aquelas que servem para nossa busca. Entendo que precisamos de muito treinamento detetivesco para discernir que tipo de perguntas são mais eficazes e quais aquelas que nos afastam da nossa investigação.

A questão é que se passam vários anos sem muitos acontecimentos. Entretanto, explicaremos à Denise que, vindo de uma estrutura tão hostil e criando identificação com a figura da mãe, a ponto de assumir o rigor, a disciplina e a frieza que ela herdou, a chegada de cada um de seus filhos deveria ter sido uma oportunidade valiosa que, aparentemente, ela ainda não havia aproveitado. Quero dizer, esses são os momentos nos quais o destino nos envia sinais do "nosso outro lado". No caso de Denise, obviamente era o lado da ternura e do carinho. Entretanto, ela não o levou em consideração. Sua "personagem" de generala não lhe permitiu.

Continuamos investigando mais. Como imaginamos a vida do casal e a sexualidade na vida dessa personagem? Evidentemente, não muito afetuosa. A vida sexual, a princípio, é por definição desorganizada, caótica, explosiva, fogosa e alegre. Entretanto, diante dessas palavras Denise se refugiou na alta valorização da disciplina. Do outro lado, imaginamos que tem sido cada vez mais implacável com seus filhos e, claro, com seus alunos. Dizemos isso a ela. Efetivamente o aprendiz confirma que teve problemas com as autoridades no colégio no qual trabalha, pela tensa relação e os maus-tratos em relação aos adolescentes que treina. Nós não julgamos se isso é bom ou ruim. Não decidimos quem tem razão. Apenas olhamos a imagem da generala. Imaginamos seus códigos, suas razões, sua ira, sua frieza e sua identificação.

O aprendiz que a atendia aceitou que essa imagem lhe caía perfeitamente. Acrescentou que o marido a tinha abandonado fazia relativamente pouco tempo. Ela havia ficado furiosa, mas não demonstrava tristeza nem medo nem angústia nem dor. Outra vez olhamos a imagem de todos juntos.

Os filhos cresceram e, ainda que lhe perguntemos sobre suas vidas, é pouco ou nada o que a mãe pode contar sobre eles. Isso é impactante.

O que fazemos com tudo isso? Em primeiro lugar, acredito que nos compete sentir — a nós, os detetives — a dor dessa menina acocorada sob o temível traje de generala. Tamanho é o medo instaurado desde sua primeira infância que ela não se atreveu a mover um centímetro daquilo que a mãe lhe inculcou. Perceber a totalidade de um indivíduo, desde seu passado até o presente, incluindo seu provável futuro, é o movimento de zoom que, insisto, é importante que conservemos. Olhamos globalmente, logo vemos os detalhes para, em seguida, podermos voltar a olhar panoramas mais amplos.

Quero reforçar que, se tivéssemos ouvido tudo aquilo que Denise tinha a dizer, não teríamos podido acessar um panorama real. Portanto, não teria servido para a protagonista. Denise teria colocado suas razões e, se bem descritas, todos teríamos escutado amavelmente o que cada indivíduo entende e explica do seu próprio ponto de vista. Mas a biografia humana não acontece em um contexto de amizade, mas sim quando a colocamos em mãos de um detetive que vai olhar para tudo o que indivíduo não consegue perceber de si mesmo.

No caso de Denise, ela sabia que estava furiosa porque seu marido a havia deixado. Por ora, isso é tudo o que entendia sobre si mesma. O acesso ao panorama amplo dos desdobramentos de sua vida lhe permitirá compreender o preço que o outro tem de pagar para se submeter às ordens e à rigidez da generala implacável, se pretende vincular-se a ela. E, nesse caso, parece que "o outro" se cansou. Ou encontrou alguma coisa mais leve em outro lugar. É compreensível. Denise mudará alguma coisa: Não o sabemos. Tampouco nos compete. Não é melhor uma coisa que a outra. Há sofrimento? Sim, muito. Não só supomos que seus filhos sofrem, que seu esposo sofre (e que inclusive deixando o casamento esse senhor vive intensas situações de desamor), mas que, além disso, estamos colocando sobre a mesa o sofrimento sombrio de Denise. Não interessa quanto ela se refugie em seu traje de generala, o que permanece dentro dela é medo. Medo infantil. Terror. Espanto. Pesadelos. Escuridão. Morte.

O que acontece se Denise não gosta daquilo que lhe mostramos? Não acontece nada. É adulta. Pode interessar-se por esse novo olhar sobre si mesma, que aproxima parte de sua verdade interior, ou pode não querer tocar nesses aspectos; mas agora sabe que eles são parte dela. Disso não tem dúvidas. O que mais devem fazer os detetives? Terminar uma tarefa e ir para casa. Sem pretender que alguém faça aquilo que nós consideramos positivo, saudável e benéfico.

A semente do sofrimento humano

Para abordar a biografia humana de um indivíduo, temos que começar por algum lugar. Ainda que seja um recorte fictício, sempre proponho começar pelo nascimento. Em qualquer caso, é importante lembrar que esse nascimento está ligado ao nascimento da própria mãe, uma geração atrás, e assim sucessivamente.

Contudo, ao revisar o devir de nossas vidas e tornar a tocar, hoje, a dor que acompanha cada respiração, desde que temos lembranças, é porque alguma vez essa dor teve um começo. Acredito que a cena está no nosso nascimento: é muito simples. Para produzir sofrimento em um ser humano, basta separar o corpo de um recém-nascido do corpo da sua mãe.

Se todo ser humano quando nasce precisa e, portanto, espera entrar em contato com a mesma qualidade de conforto que experimentou durante os nove meses no útero de sua mãe, o fato de não encontrar calor, suavidade, ritmo cardíaco reconhecível, braços que o amparem, palavras que o acalmem, nem corpo que o proteja nem leite que o alimente, mas, ao contrário, deparar-se com um inóspito berço vazio e sem movimento, simplesmente torna essa experiência aterrorizante e hostil. O que faremos diante dessa hostilidade? Temos duas opções.

A primeira é não fazer quase nada, permanecermos passivos, inclusive com o risco de morrer. Assim vamos nos transformando em passivos ou dominados. Ocupar o papel passivo da pessoa dominada tem certas vantagens — que costumam ser mais invisíveis que as vantagens do dominador — ou seja, a princípio, não assumimos nenhuma responsabilidade sobre aquilo que nos acontece, porque está claro que a culpa é do outro (do dominador).

Quando somos crianças, não temos possibilidade de escolher conscientemente. Apenas sobrevivemos de modo espontâneo, conforme nossa energia, nosso lugar na família, nossa personalidade ou nosso "eu misterioso" nos permitir.

Uma maneira muito frequente que também assume a realidade de não sermos nutridos por nossa mãe enquanto permanecemos dominados é a imperiosa necessidade de nossa mãe nutrir-se dos filhos. São as crianças que satisfazem buracos emocionais da mãe e para isso é preciso estar atento e saber tudo o que acontece com ela e do que ela precisa. Nessas ocasiões, ninguém nos vê na qualidade de crianças, quer dizer, ninguém atende a nossas necessidades, que deveriam ser prioritárias. A vitalidade infantil é sugada pelo adulto. O adulto é alimentado energeticamente; portanto, a criança fica sem força emocional, sem desejo, sem originalidade e sem sentido. Foi dominado e viverá durante um período crítico somente em benefício do adulto no qual deveria nutrir-se para alcançar seu máximo esplendor.

A segunda opção é reagir, enfrentar e lutar para obter aquilo de que necessitamos. E o que é necessário para enfrentarmos a situação?

Colocar em jogo nossas capacidades de agressão, vitalidade, força e domínio. Podemos fazer "isso" quando somos recém-nascidos? Claro.

Façamos o teste de colocar dez bebês chorando juntos. Poderemos ganhar uma ou outra batalha. Em todo caso, se "decidimos" nos enfrentar, não perderemos a oportunidade de botar pra fora nossas "garras". Dizíamos então, que o bebê, diante de uma situação tão hostil quanto é a de ele necessitar do corpo "protetor" de sua mãe, vai reagir. Seja transformando-se em passivo (dominado) ou agressivo (dominador). Vai compreender fidedignamente que a vida é um lugar duro e adverso. É fácil provar que está sendo gestado ali um guerreiro. Alguém que já tem medo e que sabe, a partir de suas entranhas, que tem que lutar o tempo todo para sobreviver. Que não conseguirá nada se não brigar. Sabe que está só e depende de sua força e de sua "garra" para não morrer. Também pode ser gerado um mártir. Um soldado de primeira linha que sirva para ser morto no começo do conflito. Todas as guerras precisam desses soldados como "bucha de canhão".

Está claro que o sofrimento está presente em ambos os tipos. Tanto na criança que satisfaz a si mesma para não morrer como naquela que afronta até o limite de suas forças. Sofremos por falta de amor, por falta de suavidade, ternura, solidariedade. Sofremos pela decepção, porque tínhamos chegado ao mundo preparados para amar, mas o mundo — encarnado por nossa mãe — recebeu-nos com rajadas de fúria e violência.

Qual é o sentido de tudo isso? Para que nossa civilização faria algo assim? Precisamos de crianças sofredoras? Efetivamente, sem guerreiros não há dominação dos mais fortes sobre os mais fracos, dos adultos sobre as crianças, dos homens sobre as mulheres, dos povos poderosos sobre os povos fracos. Sem guerreiros não há patriarcado. Precisamos de um sistema que o garanta por meio das sucessivas gerações. Esse sistema acontece a partir do momento do nascimento de cada indivíduo. Toda criança separada de sua mãe assim que nasce, se for menino, se transformará em um guerreiro, e, se for menina, em uma futura progenitora de guerreiros. Podem ser guerreiros ativos e guerreiros passivos. Qual é o problema? Como continua o processo que se dá dia após dia? Simplesmente vai sendo tecido um abismo entre a criatura humana — que nasce ávida de amor e com total capacidade para amar — e a realidade do vazio que a cerca.

Quero dizer exatamente isto: não é cultura nem condicionamento. Trata-se do desenho original da espécie humana: todas as crias de mamífero humano nascem com sua capacidade de amar intacta e, obviamente, esperando ser amparadas, nutridas e cuidadas, já que o início da vida é a única maneira de viver o amor. O impacto de não receber algo que era natural durante a vida intrauterina

— traduzida na experiência permanente de contato corporal e alimento, de ritmo e movimento, sob a cadência da respiração da mãe — é feroz.

A questão é que o bebê fará tudo o que está ao seu alcance para obter aquilo de que precisa: estar grudado ao corpo da mãe. Como vai consegui-lo? Na verdade, muitos não o conseguem nunca. Mas choram até cansar, adoecem, têm alergias, sofrem acidentes domésticos ou infeccionam os próprios órgãos.

Desgraçadamente, na maioria dos casos, na medida em que o corpo manifesta aquilo que não pôde ser dito em palavras — porque ainda não dispunham de linguagem verbal — as crianças são atendidas somente em suas manifestações físicas. Talvez, sejam levadas a consultas médicas, submetidas a exames, a algumas agulhadas e controles, sem que ninguém perceba que aquilo que precisam é apenas permanecer nos braços do adulto protetor.

Se observarmos essa cena do ponto de vista do bebê que fomos, é uma grande desilusão. À medida que vamos crescendo, as coisas não melhoram. Ainda que, ao crescermos, vamos afinando as ferramentas de sobrevivência.

É verdade que cada criança vai desenvolver recursos diferentes, mas há algo que todos nós compartilhamos: a certeza de que o mundo é perigoso e temos que estar sempre em alerta. Também estamos convencidos de que temos que atacar primeiro, que há predadores em qualquer lugar e que a fome emocional não vai acabar. Algumas crianças aprendem a agredir quem quer que seja: mordem os peitos de suas mães, mordem outras crianças, cospem, batem e machucam. Contamos com a experiência real com respeito à necessidade de nos defendermos permanentemente das agressões externas, quer dizer, da solidão e do vazio. Outras crianças usam diferentes estratégias. Por exemplo, adoecem. Esquentam seus corpos, pedem desesperadamente alguma carícia. Às vezes essa carícia chega, mas acaba assim que recuperamos a saúde. Os adultos examinam os corpos cansados das crianças, mas não veem seu verdadeiro desamparo ao constatar que eles próprios não estão dispostos a dar colo e permitir que a criança fique nele, eternamente abraçados.

Algumas crianças decidem não incomodar, com a secreta esperança de que, se elas não ficarem bravas nunca, serão finalmente reconhecidas e amadas por suas mães. Outras se enchem de comida, açúcar, televisão, barulho, brinquedos ou estímulos auditivos e visuais, com o objetivo inconsciente de não sentir a pontada sangrenta da solidão. Há também as crianças que anestesiam diretamente todo vestígio de dor. Tornam-se imunes ao contato. Deixam de sentir. Tecem uma couraça de ar ao seu redor, a ponto de não tolerar muito a aproximação de pessoas. Podem crescer e se desenvolverem assim: afastadas das emoções e com diversas estratégias para se sentirem seguras: habitualmente refugiadas na mente. Transformam-se em jovens inteligentes, cínicos, velozes, irônicos com relação àqueles que os rodeiam, desapegados e críticos.

Ficamos tentando imaginar o que aconteceu conosco a partir do momento em que saímos do ventre de nossa mãe até nos transformarmos nas pessoas que somos hoje. Quero dizer, em parte, é assim que se constituem nossas personagens, estas que logo vamos tentar desvendar, organizando nossas biografias humanas. É isso o que temos que desmontar. A interpretação falsa que nossa mãe nos outorgou com relação aos nossos mecanismos de defesa, esses que nos ajudaram a sobreviver. Isto é, queridos leitores, o discurso materno. É disso que se trata. Não só como nossa mãe nomeou suas tristezas, necessidades ou desejos, mas também como nossa mãe nos nomeou.

Do mesmo jeito que nossa mãe nos viu nos manifestaremos: com raiva, com dor, violência, queixas. Queixas inumeráveis. Com doenças ou problemas que queremos resolver agora. Entretanto, é necessário recordar as experiências pelas quais passamos desde a avidez por dar e receber amor até a solidão e esse frio interior que nos habita.

A partir da vivência do desamparo e da falta de corpo materno, (nem sequer estou me referindo às crianças que foram ameaçadas por seus pais ou que levaram surras, gritos, humilhações, castigos, mentiras, abusos emocionais ou físicos... que, admitindo ou não, são maioria) somente pode aparecer uma reação. Mais ativa ou mais passiva, mas uma reação. Essa reação, essa resposta, será, no mínimo, da mesma intensidade da agressão ou da retração da carga recebida. As crianças aprendem precocemente que ninguém é digno de confiança. Que estão sozinhas. Que, a princípio, devem se defender. E que, se aparece algo apetitoso, o melhor a fazer é "pescá-lo" o mais rápido possível e comê-lo, antes que venha outra criança faminta e o roube.

Quero mostrar que esse sofrimento primário — que não vem com o desenho original do "ser humano", mas que é fruto e entra na lógica da nossa civilização patriarcal de dominação — é a semente de todo sofrimento posterior. Isso se organiza no dia em que nascemos. Se acham exagero isso que descrevo, basta visitar qualquer instituição médica na qual se assistem partos e observaremos se há algum bebê aconchegado ao corpo da sua mãe, único lugar no qual um recém-nascido deveria estar assim que saísse do ventre materno.

Na realidade, esse sofrimento impresso no dia em que nascemos, abandonados a uma distância corporal e a uma solidão inaudita para a criança, foi organizado no dia em que nossa mãe nasceu e, por sua vez, foi organizado também no dia em que nossa avó nasceu, e assim em um *continuum* instalado através de muitas gerações nascidas dentro de uma dinâmica de dominação. A separação do corpo da criança do corpo da mãe é tão usual, tão comum, está tão aderida a nossas mentes como "algo normal" que nem a questionamos. Entendo que, se viemos de corpos congelados há muitas gerações, já não sabemos onde temos que buscar o "começo" do sofrimento.

Entretanto, o "início" volta a manifestar-se com cada criança que nasce. Cada novo bebê, em sintonia com o desenho original da espécie humana, vai pedir corpos maternos para viver no amor. Quer dizer, é possível cortar o encadeamento transgeracional de sofrimento, com uma só decisão de fazê-lo. Com a consciência que nos permita tomar "essa" decisão.

A questão é que os meninos e as meninas vão crescendo afiando os dentes. Prontos para atacar. Prontos para se defenderem. Ou, ao menos, prontos para permanecerem camuflados de tal modo que não sejam vistos pelos predadores. Distanciados das nossas emoções ou de qualquer fraqueza afetiva.

Outro modo invisível de não se conectar com nossas próprias emoções infantis é ficarmos inundados pelas vicissitudes afetivas de nossas mães ou de adultos próximos.

Tal é a necessidade de a mãe ser olhada, amparada e abraçada por todos na qualidade de filhos pequenos que não há outra opção a não ser cobrir essa responsabilidade. É interessante, porque algumas crianças acreditam que "amadurecem" quando se tornam capazes de compreender cabalmente tudo aquilo que acontece com sua mãe: mas isso não é maturidade, isso se chama abuso materno. Cada vez que, quando crianças, olhamos e damos suporte à nossa mãe para que "ela" não sofra, estamos falando de abuso materno. Retomarei esse assunto em capítulos posteriores e oferecerei imagens que servem para uma maior compreensão.

Por agora, interessa-me esclarecer que, inclusive conhecendo tudo sobre minha mãe, apoiando-a, resguardando-a, acompanhando-a, não é maturidade emocional o que conquistamos. A maturidade afetiva é conquistada individualmente. A maturidade caminha junto com o conhecimento de si mesmo. Na maioria dos casos, dependendo das mães infantis — porque, do mesmo modo, elas mesmas cresceram sem cuidados e amparo —, as crianças vivem a infância sem saber seu lugar de crianças, afastados de suas necessidades essenciais e com a trama familiar de pernas para o ar. Está tudo ao contrário. Nós não podemos fazer nada para endireitar a situação enquanto formos crianças, quer dizer, enquanto formos dependentes dos adultos que deveriam nos proteger.

E o que tem a ver o abuso materno com os guerreiros de que o patriarcado precisa? O interessante é que nos transformamos em soldados rasos das nossas mães. Lustramos suas botas. Atendemos a suas mais infantis e sombrias necessidades deslocadas.

E, nesse permanente cuidado, perdemo-nos de nós mesmos, advindo daí, espontaneamente e sem aviso, nossa ira, nosso cansaço e nossa exaustão, diante de qualquer outro indivíduo que tente "tomar de nós alguma substância emocional". Imaginemos quando, anos mais tarde, esse indivíduo tiver um filho pequeno. Está claro que não haverá "resto emocional" disponível. Aí podemos observar bem o *continuum* do desamparo: crianças que nutrem suas mães eternamente, e, quando essas crianças se tornam adultas e chega sua vez de criar os próprios filhos, as novas crianças ficarão desamparadas e famintas, já que os pais se ocupam de nutrir os avós, até a nova geração, na qual essas crianças famintas nutram seus pais, e assim sucessivamente. O que é importante deixar claro é que a dinâmica do abuso deixa desamor em gerações inteiras, quando a infância é o único momento da vida no qual deveríamos ser puro recebimento. É o momento no qual deveríamos estar rodeados de cuidado e proteção para entesourar suficiente maturidade e generosidade na vida adulta.

As modalidades guerreiras são muitíssimas e as mais variadas. Vamos descrevê-las ao longo deste livro, usando exemplos concretos para que seja mais clara e direta a compreensão dessas dinâmicas, que são, em todos os casos, mecanismos de sobrevivência consequentes do desamparo vivido na infância de cada um de nós.

O guerreiro é a única peça absolutamente necessária para a dominação. Sem alguém que garanta, por meio da força, a autoridade e a superioridade de uns sobre os outros, esse poder não se perpetuaria. Para uma civilização baseada nas conquistas, temos que fabricar futuros guerreiros o tempo todo. De fato, não é por acaso que separamos as crianças de suas mães. Isso tem um propósito específico. Por isso é pertinente que olhemos a realidade da nossa sociedade, ampliando o zoom em direção a um olhar global, em lugar de achar que séculos de história podem ser modificados com um punhado de vontades.

Precisamos muito mais do que isso. Basicamente, é necessário que lembremos qual é o tipo de civilização que queremos para nós e para nossos descendentes.

Separar as crianças recém-nascidas de suas mães não é ingênuo, tampouco casual ou um erro. Enquanto todos nós contribuirmos para que tudo continue dentro do mesmo sistema, dando opiniões preconceituosas e repetindo como se fossem mantras as mesmas ideias obsoletas, não haverá oportunidades verdadeiras para uma mudança total de perspectivas.

Uma criança transformada em um guerreiro estará sempre pronta para matar ou morrer. Em nossa moderníssima sociedade tecnológica, podemos estar tão cegamente alinhados como os soldados de qualquer momento histórico. Do mesmo modo, gerar exércitos massivos de soldados anestesiados e desconectados de suas próprias emoções faz de todos nós seres dominados. Se vivemos sem desejo, vitalidade, nem sentido transcendental, vamos seguir qualquer indivíduo mais expressivo.

Repetiremos opiniões, vamos acreditar infantilmente em qualquer ideia e organizaremos nossas vidas copiando caminhos já traçados, ainda que não vibrem nem remotamente com nosso ser interior. Podemos ler qualquer jornal de qualquer país durante períodos eleitorais e constataremos como é fácil identificar-se com todo discurso dito com veemência e cheio de promessas de bem-estar. É a mesma coisa, em maior escala.

A apropriação da verdade

A organização da biografia humana tem um propósito fundamental, que é o de que a verdade se manifeste. Por isso é tão importante separar o joio do trigo, e rever o que é discurso enganoso e o que é verdade. A verdade tem de estar associada à realidade e costuma coincidir com o que o coração dita.

Para que uma civilização consiga se organizar com base na dominação do mais forte sobre o mais fraco, alguém precisa se apropriar da verdade. Ao longo da história, foram inumeráveis as guerras entre os seres humanos para impor sobre os outros uma maneira de pensar e organizar a vida. As discussões acaloradas e as lutas sangrentas com o único objetivo de impor nossas crenças ou razões não conheceram limites. Este é um ponto fundamental em nosso pensamento: não vamos tentar ter razão. Não nos interessa ter razão. Somente nos interessa compreender a natureza da conduta humana para acompanhar cada indivíduo a compreender-se cada vez mais.

Na abordagem das diferentes biografias humanas, além de desvendar os discursos enganados das mães e de organizar as interpretações equivocadas dos fatos ocorridos no seio das famílias, constatamos que é comum que se considerem as crianças como não aptas para acessar a verdade dos fatos. Os enganos, os segredos e as mentiras são comuns na maioria das histórias de vida. As crônicas familiares estão atravessadas por falácias e coisas ocultas de todo tipo. Fatos negados, escondidos, encobertos, caluniados e adulterados. Vamos pensar assim: quem tem informação e não a compartilha detém poder. Nas guerras, o mais valioso para a vitória é a obtenção de dados que o adversário não tem.

Nas relações pessoais, acontece o mesmo. Dizemos que, em uma civilização baseada na dominação, a melhor maneira de instaurar o poder é começando pela dominação as crianças. Por isso é tão comum supor que elas não devem saber o que acontece. E mais, o melhor é deixá-los isolados de qualquer tipo de informação. Supor que as crianças não compreendem, ou que não têm por que saber das coisas dos adultos, é um costume arraigado. Entretanto, "coisas de adultos" costumam ser as situações que eles mesmos experimentam cotidianamente, quer dizer, coisas que lhes são incumbidas.

Deixar o outro sem acesso ao que acontece equivale a tê-lo como prisioneiro. Porque dessa forma, o outro não pode tomar decisões com relação a nada. Por isso, é evidente que há um propósito específico cada vez que alguém decide que o outro não deve ficar sabendo de uma determinada realidade.

É frequente a suposição dos adultos de que as crianças não compreendem situações complexas. Inclusive pensam que explicar-lhes que o avô está a ponto de morrer seria "trazer-lhes um problema" e estariam "estragando a infância feliz" da criança. Entretanto, esse hábito tão enraizado, que até parece ter boas intenções, no fundo, não as tem. Se compreendermos o fenômeno da "fusão emocional" (exaustivamente descrito em meus livros publicados anteriormente), saberemos que as crianças vivem em estado de fusão, quer dizer, respiram dentro do mesmo território emocional que a mãe, no mínimo. Também do pai, irmãos, pessoas afetivamente próximas. Na verdade, estamos todos ligados, mas as crianças têm a honra de não terem ainda construído muitos obstáculos nem couraças que bloqueiam a certeza com relação àquilo que sente sua mãe, seu pai, sua babá, o vizinho da frente. Se a criança vive dentro do território emocional da mãe — insisto, também em seu entorno, mas a mãe é o território principal —, significa que a criança experimenta, percebe, sabe, respira, sente o cheiro, intui e flui dentro desse território que lhe é próprio. O território da mãe e o da criança é o mesmo. Não há nada que a mãe sinta que a criança não sinta. É impossível. É como se colocássemos dois indivíduos em uma pequena piscina com água a quarenta graus. Ambos vão sentir o calor. É impossível que um dos dois não sinta nada. A fusão emocional é assim. A criança está dentro da mesma piscina da mãe, sente a mesma temperatura que a mãe.

O fenômeno de "fusão emocional" — que, diga-se de passagem, sei que algum dia será ensinado nas faculdades, talvez quando eu já não mais estiver neste mundo físico é indispensável de ser compreendido; caso contrário, não poderemos abordar nada com respeito à organização psíquica dos seres humanos. Aceitaremos então que é ridículo supor que não podemos dizer a uma criança que seu avô está morrendo.

Em primeiro lugar porque elas já sabem. E, em segundo lugar, porque, quando elas percebem nossos disfarces, sofrem. Por quê? Porque estamos deturpando a realidade. Estamos dizendo que não acontece isso que está acontecendo. Voltando ao exemplo anterior, é como se a criança sentisse a água quente e nós insistíssemos em dizer que a água está gelada. Não somente vamos instalando o engano, como também o princípio da loucura, que não passa de uma distância importante entre o discurso e a realidade. Essa criança crescerá com a certeza de que toda água quente, na verdade, provoca frio.

O engano tem diversas "medidas". Vai desde as "mentirinhas amenas" até um tamanho de deturpação que não pode ser tolerado pela psique do indivíduo. Nesses casos, a única saída é a "loucura". A desorganização psíquica em seus diferentes graus foi descrita por mim amplamente em meu livro *Amor ou dominação. Os estragos do patriarcado* e está absolutamente relacionada com a distância entre palavra e realidade. Saibamos, pelo menos, que nenhuma criança nasce louca. Ao contrário, a loucura é uma maneira possível e saudável de enfrentar a mentira.

Sobre essa questão não tenho mais paciência para a condescendência. Os adultos se justificam entre eles, encontrando "exceções" com relação às realidades "muito complexas" que, supõem, não se podem explicar a uma criança porque ela nunca a compreenderia. Falso. Uma criança não é emocionalmente menos inteligente do que um adulto. Inclusive, podemos afirmar o contrário. As crianças construíram menos muralhas entre a identidade e o si mesmo, apenas porque têm menos anos de vida e não tiveram tempo suficiente para se distanciarem de seu ser interior; portanto, estarão em contato espontâneo com suas realidades emocionais. Esse é o ponto de encontro entre a certeza interna de uma criança e a explicação simples que um adulto pode lhe oferecer para que palavra e realidade coincidam.

Lamentavelmente, porém, nossas infâncias estão repletas de enganos. Não só aqueles acontecimentos que nossos pais decidiram ocultar, mas, sobretudo, pelo acúmulo de pontos de vista parciais, pelas crenças e os preconceitos que nossos pais sustentaram, que nos transmitiram como única lente por meio da qual é possível acessar o entendimento.

Quase todas as famílias estão atravessadas por uma multiplicidade de segredos e mentiras, que minaram nossa inteligência, nossa capacidade de adaptação e uma percepção razoável e coincidente dos fatos. Se tentarmos estabelecer a história, não muito longínqua, de nossos pais e avós, encontraremos uma infinidade de contradições, já que muitos relatos pertencentes à história oficial e do contexto familiar não fazem o menos sentido. O que chama atenção é que as pessoas continuam insistindo que o pai morreu de um infarto aos 34 anos ou que o avô era um homem tão bom que aceitou cuidar de alguns meninos do povoado que, conforme as más línguas, eram filhos ilegítimos, mas ninguém pôde comprová-lo. Ou ainda, que a mãe nasceu com seis meses de gestação nos anos 1930 e que o amor da avó a salvou. Quero dizer que precisamos avaliar com ênfase e determinação o discurso oficial, assumindo suas contradições e mentiras, porque a realidade crua não se sustenta por si mesma. Preferimos andar no asfalto dos lugares comuns e das crenças estúpidas desde que não saiamos do nosso conforto habitual.

No entanto, para que nos serviria continuar acreditando que nossa mãe nasceu aos seis meses de gestação? Se em nossa família há uma linha de mulheres devotas, castas, puras, moralistas, reprimidas e preconceituosas, quem será o malvado nessa história? Quem se atreve a colocar em dúvida a virgindade da avó Matilde na hora do casamento? E quem se importa, sobretudo, se a avó Matilde estava feliz? Entretanto, o discurso é mais forte. Porque se, apesar da educação excessivamente repressiva que sofremos, acontece que a avó foi a que menos acatou os bons costumes, como sustentarmos agora a falsa moral e a repressão sexual que são pilares de nossa vida? O que fazemos com essas contradições? Como encarar a evidência de que os seres humanos estão desenhados para sentir atração sexual e que a repressão selvagem contra a natureza humana tende a buscar o caminho original?

O problema é que, se temos que revisar a autenticidade daquilo que foi dito pela avó Matilde, pela nossa mãe, por todo o clã de tias devotas, por nosso próprio registro de repressão e aquele que exercemos sobre nossos filhos, logo nos veremos na obrigação de desmontar toda a cadeia de suposições éticas e nos encontraremos em uma situação tal de incômodo que finalmente decidiremos nada colocar em dúvida. Nossa mãe nasceu aos seis meses de gestação e pronto. É muito frequente nos processos de construção das biografias humanas que o consultante fique enfurecido quando, ao apresentar as cartas de um cenário provável, o profissional coloca em dúvida algumas suposições do discurso oficial. Não vale a pena discutir. Simplesmente observar. A realidade se manifestará, indefectivelmente.

Entretanto, não é tão grave que o consultante, ofuscado, defenda sua mãe. É compreensível, já que teria de estar disposto a "desmontar" a construção fictícia que lhe deu refúgio. A coisa vai ficando complicada porque vamos constatando que todo o sistema de comunicação familiar deveria ser alterado. As mentiras têm pernas curtas, ainda que se possa viver imerso em situações mentirosas durante gerações. Porque não é só a gravidez da avó que foi oculta, ou as histórias amorosas extraconjugais do avô ou o suicídio de um pai de quem não temos lembranças, mas que passou para a história como alguém que morreu do coração (todos morremos do coração, afinal). Acontece que as dissimulações continuarão aumentando de tal modo que aqueles que detenham o poder da família possam viver com certa liberdade de ação. Com esses "sistemas", respira-se, vive-se e se aprende cotidianamente. Se a mãe rouba dinheiro do pai, que é um bêbado e que joga todo o salário no bar, e os filhos são testemunha, eles têm o aval para mentir, enganar ou falsificar as coisas. Nossa própria mãe nos ensina a mentir. Assim, aprendemos a viver sob essas regras, que também nos oferecem benefícios imediatos.

Quando a realidade foi permanentemente deturpada e quando temos lembranças fidedignas confirmando que aquilo que nós percebíamos acontecer não era o mesmo que os adultos diziam, aprendemos que podemos acomodar a realidade ao nosso gosto. Para isso, teremos que treinar, mentir, manipular, enganar, seduzir, iludir... com o objetivo de ajeitar as situações a nosso favor. Esse funcionamento é muito mais frequente do que imaginamos. Justamente, no processo das biografias humanas, o trabalho mais difícil é a "desmontagem" das crenças e discursos arraigados que repetimos de modo automático.

As crianças são vítimas habituais dos enganos, sobretudo porque os adultos têm a crença enraizada de que elas não devem saber o que acontece. Logo, o grau de desconexão e de irrealidade com o qual se aprende a viver não deveria ser surpresa para ninguém.

Os sistemas de mentiras e enganos formam uma rede difícil de desarticular, em especial quando a olhamos de maneira global. Em cada história individual é possível fazer esse trabalho minucioso: o de comparar as experiências reais e palpáveis de uma criança com os discursos deturpados que escutaram e aceitaram ao longo de toda a sua vida. Acredito que esse seja um trabalho inadiável: a remontagem do "quebra-cabeça" com relação àquilo que realmente aconteceu, descartando aquilo que foi relatado, mas que não encaixa na lógica do cenário real.

Insisto em que crescer e desenvolver-se em um sistema de mentiras e segredos nos deixa em um estado de abandono absoluto, porque não há referências confiáveis. Logo, não só as outras pessoas não são confiáveis, assim como nós mesmos não o somos. Nossas percepções, menos ainda. Nossas emoções, tampouco. Quando nos tornamos adultos e, em meio a uma crise vital, pretendemos nos debruçar sobre a nossa própria realidade, não contamos com nenhum sinal seguro.

Esse é outro dos motivos pelos quais perguntamos sem cessar o que fazer. E, pior ainda, acreditamos em qualquer um. É provável que passemos toda a nossa vida com um alto grau de confusão, sem suspeitar que essa confusão, presente em cada ato cotidiano, tem sua origem em mentiras instaladas desde a nossa primeira infância, e que, em algumas ocasiões, foram sustentadas por vários membros da nossa família, dentro de um pacto de silêncio constrangedor. Acontece, às vezes, em casos de adoção, nos quais a família inteira foi testemunha do processo, mas nega à criança, que sistematicamente pergunta sobre sua origem, a possibilidade de ter acesso à verdade. Paradoxalmente, os vizinhos sabem, as professoras, os colegas da escola, mas a criança adotada, que seria, no caso, a maior interessada. Essa atitude de sequestrar o acesso à verdade banalizou-se em nossa sociedade, até o ponto em que a maioria das pessoas vem de histórias familiares onde os segredos e mentiras são comuns, mas não temos nenhum registro consciente disso. Tampouco temos noção do alcance dos estragos emocionais que essas falácias e esses enganos deixaram sobre nossa construção psíquica.

Por isso, mais uma vez, insisto em que o propósito da construção de uma biografia humana é, em princípio, abordar a verdade. A verdade deve coincidir com as vivências internas do indivíduo e com o cenário no qual acontece sua vida de relações. Não se trata de dividir o mundo entre bons ou maus. Ou entre justos e pecadores. Não. Temos que encontrar a lógica, nomeando com palavras reais aquilo que aconteceu e que ainda acontece. Observar um cenário real permite ao indivíduo adulto tomar decisões conscientes. Isso é tudo. Uma tarefa complexa, despojada e, a meu ver, amorosa como poucas.

O poder do discurso materno

Por onde começar? Como detectar a organização do discurso, tão alheio quanto próprio? É possível que nossa mãe não nos tenha imposto nenhum discurso?

POR ONDE COMEÇAR?

Habitualmente os indivíduos pedem consultas psicológicas supondo que têm "urgências inadiáveis". Por exemplo, alguém preocupado com seu filho de 15 anos que, se não mudar o comportamento, será expulso da escola. Ou talvez a esposa do consultante diagnosticada com um tumor no seio e ele querendo saber como acompanhá-la. Um casal, em pleno desacordo sobre absolutamente tudo, quer saber como tomar decisões em comum com relação à educação dos filhos. Outro não entende por que é sexualmente infiel à sua mulher se ele a ama. Uma mulher não tem vontade de viver. Outra, mais velha, está preocupada com a filha deprimida e dopada depois da ingestão de tantos remédios antipsicóticos. Uma mulher jovem quer desmamar seu filho. Outro senhor mais velho procura sentido para sua vida.

Enfim, todos procuram ajuda. O engraçado é que pretendem receber essa ajuda em formato de "solução", embrulhada em um pacote com um laço. Poderíamos oferecê-la. Claro que poderíamos dizer ao indivíduo em questão alguma palavra bonita e com sentido comum. Mas, no nosso caso, vamos sempre propor trilhar a experiência de construir sua biografia humana. Para que ter todo esse trabalho? Que preguiça! Esse indivíduo dirá: "Já fiz terapia a minha vida inteira." Entretanto, se não é capaz de olhar seu próprio cenário de fora do seu minúsculo ponto de vista, não temos outra opção. Por outro lado, como podemos ajudar alguém que não conhecemos? Pelo menos, devemos observar mais de perto essa vida, olhar juntos tudo aquilo que sejamos capazes de ver e, logo, olharemos ainda mais e, dessa forma, depois de tanto olhar, esse indivíduo estará em melhores condições para tomar decisões, quaisquer que sejam, a favor de si mesmo e de seu entorno.

Bom. Por onde começamos? Minimamente, pela infância do consultante. Se fosse possível, incluindo algum panorama com relação aos seus pais, avós ou família de origem. Não é muito importante o fato de a mãe se chamar Josefina e o pai Manoel. O importante é saber de que região do mundo provêm, qual é o nível socioeconômico, se são do campo ou da cidade, que religião ou que conjuntos morais sustentaram. Precisamos de um panorama que nos ofereça uma pincelada grossa com relação à cenografia sobre a qual se desenvolverá nossa trama.

Uma vez que, em determinado momento, estabelecemos o nascimento do nosso consultante (já que é possível que tenham nascido cinco irmãos antes do nosso protagonista), acima de todas as coisas, no transcurso dessa infância, procuraremos o nível de "maternagem" que ele recebeu. Por quê? Porque a consciência — e, portanto, as lembranças — vai se organizar conforme o amparo ou o desamparo que recebeu. Se recebeu amparo suficiente — algo difícil de encontrar em nossa civilização —, as lembranças fluirão com simplicidade. Porém, muito provavelmente não foi essa a realidade infantil do consultante. Portanto, as lembranças estarão tingidas daquilo que tenha sido nomeado durante a infância. Quase sempre vai aparecer o discurso da mãe.

Aqui está a dificuldade mais importante. Todos estamos acostumados a "falar" nas terapias, a contar aquilo que nos acontece. Os profissionais "psi" estão acostumados a escutar o que o consultante diz. Entretanto, como detetives, teremos que "desarticular" os relatos, porque estão organizados conforme aquilo que a mãe falou e repetiu ao longo do tempo. E então? Que perguntas fazemos? Como perguntamos?

Vamos começar pela infância. A resposta mais frequente será: "Bem, tudo normal." Essa informação não nos serve. Para todos nós, aquilo que vivemos durante nossa infância é "normal", porque o mundo familiar era "todo o mundo que conhecíamos". Portanto, os profissionais têm que formular perguntas mais específicas, relacionadas aos cuidados recebidos: quem o acompanhava na hora de dormir? Quem preparava a comida que você mais gostava? Quem lia histórias para você? Quem sabia quais eram seus medos? Quem levava você à escola? Quem o ajudava quando você tinha algum problema? Quem estava com você no seu tempo livre? Quem brincava com você de maneira criativa? É possível que não exista nenhuma lembrança — o que é uma informação importante — ou talvez apareçam imagens confusas e contraditórias. Se não há nenhuma lembrança, é porque não houve companhia nem empatia nem compreensão nem carinho nem disponibilidade por parte de nenhum adulto próximo. Se a criança pequena não recebe ajuda, suporte, amor, presença, carícias, compreensão e olhar compassivo, não obterá sozinha "isso". Isso se chama "desamparo" durante a infância. O que acontece é que ninguém nomeia o desamparo. Como não é nomeado, não pode ser organizado pela consciência. Quer dizer, uma criança não tem consciência do seu desamparo, ainda que vibrem em seu interior o medo e a solidão. Esse "não nomeado" vai parar na "sombra". Na sombra, porém, o desamparo não deixa de existir.

Claro, essa investigação não costuma ser linear, costuma estar repleta de contradições. Por exemplo, o consultante não tem lembranças de ninguém que o levasse à escola, mas se lembrará caso tenha caminhado sozinho. E se voltava sozinho. Mas também diz: "A mamãe parou de trabalhar quando eu nasci, para cuidar de mim." Então, temos de mostrar: "Se você era filho único, se a sua mãe não trabalhava, por que você ia sozinho à escola aos 6 anos?" Algo não encaixa. Isso é frequente, porque a realidade emocional de uma criança raramente é análoga ao que a mãe dizia.

Por enquanto, há uma criança de 6 anos que vai sozinha à escola e uma mãe que disse ter deixado de trabalhar para cuidar do filho. Podemos perguntar-lhe, então, por esse período da vida: você gostava de ir à escola? Tinha amigos? Lembra-se de alguma professora em particular? É possível que o consultante responda: "Eu era muito tímido, por isso não gostava de ir. Às vezes, tinha manchas roxas na pele e ficava vergonhado. Além disso, tinha um grupo de crianças que tirava sarro de mim." Muito bem. A próxima pergunta, então, será: "Quem sabia da existência de um grupo de crianças que praticava abuso contra você?" Aí, teremos a primeira surpresa. O consultante percebe, aos 40 anos atuais, que ninguém conhecia seu sofrimento. Ir à escola todos os dias, com apenas 6 anos, e ainda com medo, é uma catástrofe. Isso se chama desamparo. Chama-se solidão. Começamos a nomear a distância entre o discurso materno: "Minha mãe deixou de trabalhar para cuidar de mim." E a realidade que ainda vibra em seu interior: "Eu sentia muito medo." Nesse caso — muito comum — fica claro que a mãe costumava repetir sempre: "Eu só me dediquei a você", coisa que do ponto de vista da mãe, deveria ser verdade. Porém, a partir da realidade e da necessidade de amparo da criança, não. Aqui estamos vislumbrando os dois pontos de vista (o da mãe e o da criança em questão). Quero destacar que, no transcurso da construção da biografia humana, interessa-nos resgatar o ponto de vista da criança que o consultante foi.

A questão é que era uma criança sem irmãos e muito sozinha e uma mãe que não sabemos o que fazia. Portanto, teremos que perguntar. O que fazia sua mãe? Cuidava das coisas da casa? E o seu pai? Era comerciante e trabalhava muito? E como era a relação deles? "Ruim, porque meu pai era violento." "Você lembra?" "Não, mas sei que bebia e logo batia em minha mãe." "Lembra-se de alguma cena?" "Sim, lembro da minha mãe sempre chorando". "Lembra de seu pai bêbado?" "Não, porque meus pais se separaram quando eu tinha 3 anos." "Ah, 3 anos?!"?

Aqui nos encontramos, mais uma vez, com a contundência do poder do discurso materno. Aquilo que a mãe disse transforma-se automaticamente na lente pela qual aquela criança fez contato com a realidade. Uma realidade deturpada. Esse é o ponto fundamental. Nesse caso o adulto organiza as lembranças da sua infância a partir daquilo que sua mãe nomeou e relatou durante muitos anos, inclusive depois que o pai desapareceu da cena. É óbvio que o contexto está maculado pelo ponto de vista dela. Esse ponto de vista, no entanto, é subjetivo. Porém, vamos tentar construir a cenografia da maneira mais objetiva possível.

Voltando ao nosso protagonista, perguntaremos: "As lembranças das cenas do seu pai batendo na sua mãe são suas?" E ele responderá: "Não são lembranças próprias, mas eu acredito na minha mãe."

Muito bem, acontece que não se trata de ter fé na palavra da mãe, mas de olhar com a maior honestidade possível o cenário real no qual crescemos. Por agora, as lembranças estão tingidas daquilo que a mãe nomeou durante a infância. Por outro lado, se o pai se separou dela aos 3 anos do consultante, é pouco provável que o ponto de vista do pai tenha tido lugar nessas cenas. É claro ainda que a mãe chorava e também dava nome à sua própria dor. Também sabemos que o consultante estava sozinho. Portanto, teremos que continuar perguntando, levando em consideração a cronologia dos fatos.

Por que é importante acompanhar a cronologia? Porque a consciência vai "pular" as lembranças que não pôde abordar. Acontece que aquilo de que o indivíduo não lembra é o que mais nos interessa. Para saber o que é que ele não lembra, às vezes, certa disciplina na nossa investigação — considerando a cronologia dos fatos (datas, idades, circunstâncias específicas) — vai nos ajudar a não ignorar pistas importantes.

Continuemos com nosso exemplo. Faremos perguntas mais restritas: "Se os seus pais se separaram quando você tinha 3 anos, e a sua mãe não trabalhava, quem mantinha economicamente a sua casa?" "Acho que meu pai." "Sua mãe se casou novamente?" "Não." "Ela nunca mais conseguiu confiar em alguém."

Quem disse essas frases? A mãe, logicamente. Na mente da criança, o pai é malvado e imperdoável, enquanto a mãe é boa e sofre. Entretanto, ninguém está nomeando o que acontece com a criança, ainda que ela saiba tudo o que acontece com sua mãe. Isso é importante, porque a mãe não nomeava a solidão dessa criança, nem as dificuldades infantis, nem os desejos reprimidos, nem os medos ou o que for que essa criança tenha vivido. Nomeava, com riqueza de detalhes, os seus próprios estados emocionais. Isso já nos dá um panorama.

Poderíamos desenhar uma imagem de infância mostrando essa criança olhando para sua mãe e sabendo de todo o seu sofrimento. É preciso que isso seja dito, ao consultante.

Também podemos trabalhar com a imagem da página 105 (ainda que pareça impactante).

Então, o consultante comove-se e diz: "É exatamente isso. Acontece que eu nunca tinha pensado assim." Já confirmamos — porque o consultante o consentiu — temos uma criança engolida por sua mãe; que obviamente olha para sua mãe, mas, inversamente, não é suficientemente olhada por ela.

Nesse ponto, como detetives, pensemos em como poderia continuar a história. É bastante fácil com um pouco de treinamento. O que pode acontecer com uma criança que não é olhada e que satisfaz qualquer necessidade materna? A princípio, pode estar em perigo, porque não há ninguém ao redor que tenha disponibilidade emocional suficiente para cuidar dela. O que acontece com uma criança em perigo? Tudo. Podem ser desde pequenos obstáculos até grandes abusos.

Como estamos inventando um caso qualquer, não o farei muito dramático, mas sim relativamente convencional. Teremos que perguntar o que aconteceu com o consultante quando era criança, abordando com seriedade seus pequenos ou grandes sofrimentos, dos quais sua mãe nunca ficou sabendo.

O DEVORADO PELA MAMÃE

Mas o que perguntamos? Uma alternativa é perguntar como o consultante foi resolvendo as relações com as crianças do colégio, com seus professores, com os estudos, com as atividades que ele gostaria de ter feito. Então, perguntando pacientemente, se lembrará de um grupo de crianças da escola que lhe roubavam o lanche e os materiais escolares. Perguntaremos se a mãe sabia dessa situação. "Não, nunca pensei em contar isso para minha mãe." Continuamos confirmando. É terrível que uma criança pequena esteja submetida aos maus-tratos de um grupo de crianças maiores, mas muito pior é que a mãe não saiba e que a criança tenha decidido que não teria o direito de preocupá-la com suas miudezas.

Sobre tudo isso falaremos com o consultante. Pouco a pouco, começarão a aparecer lembranças em cascatas, agora que já nomeamos a solidão e o pouco olhar recebido. As cenas vividas encaixam com a palavra solidão e com a palavra medo. Como encaixam, a consciência pode "trazê-las", porque há um lugar onde organizá--las. Como antes não haviam sido ditas, a consciência não podia "lembrá-las".

Nossas memórias da infância assemelham-se a um quarto intransitável devido a uma imensa montanha de roupa desarrumada. É impossível achar algo nessa bagunça. Mas, se decidirmos colocar uma estante com uma etiqueta com a palavra "calças", possivelmente poderemos procurar as calças que estejam no meio da montanha de roupas. A princípio, encontraremos duas ou três. Vamos dobrá-las caprichosamente, as arrumamos e voltamos a olhar a montanha de roupa. Aos poucos, estaremos mais treinados para continuar descobrindo novas calças que aparecem entre as cores dos tecidos. Assim, vamos organizando. Dias depois, colocaremos uma estante com uma etiqueta com a palavra "blusas de mangas compridas". Surpreendentemente, iremos reconhecê-las em meio a essa bagunça de tecidos coloridos. Pegaremos uma por uma, dobraremos e arrumaremos tudo em sua estante correspondente.

Logo, faremos o mesmo com as meias, as gravatas, os chapéus. À medida que aparece uma estante e uma etiqueta, será cada vez mais fácil detectar as peças de roupa que, na bagunça, esperam para serem acomodadas em seu lugar.

A consciência funciona da mesma maneira. Quando o terapeuta oferece uma estante com uma etiqueta, por exemplo, uma a que nomeia: "Medo do escuro", a princípio não encontramos nenhum medo, mas, quando detectamos um, há um lugar organizado (uma estante) que permite que apareçam todos os demais. Justamente, oferecer um conceito verdadeiro ajuda o indivíduo a "entrar em contato" com vivências que, ao não serem nomeadas durante a infância, não teriam "nenhuma estante" na qual pudessem ser capturadas. Agora, sim. Por isso é habitual que, uma vez iniciado o processo de nomear certas realidades internas, como a distância que, sendo crianças, sentíamos em relação ao mundo dos adultos, as lembranças apareçam "aos montes". Lembramos mais e mais cenas relacionadas com nossa solidão, isolamento e tristeza. Porque agora podemos arrumá-las nas suas "estantes correspondentes".

Voltando ao nosso caso, conto-lhes que vamos passar com o consultante por vivências ocorridas durante a infância: relativas à escola, à solidão, à mãe, às palavras da mãe, ao entorno, observando quando as outras peças continuam encaixando no quebra-cabeça das vivências infantis, a partir do abandono e do desamparo experimentados.

Há uma pergunta que a essa altura é fundamental: "O que sua mãe falava de você?" "Que eu era muito bonzinho, muito inteligente e que seria médico." Nesse instante, a mãe vestiu-lhe um traje. Para responder ao desejo dela, ele teria de ser bonzinho. E inteligente. Ou, ao menos, estudioso, mas perguntaremos só para confirmar: "Você era bom aluno?" "Sim, nunca tive problemas, minha mãe nunca teve que me explicar ou me ajudar com as lições de casa." A mãe deveria estar feliz com esse filho tão bonzinho que não trazia problemas e que, além disso, permitia a ela "mostrá-lo" com orgulho.

Claro que — ainda que seja difícil percebermos agora — a mãe estava ocupada consigo mesma e não com a criança. Estamos dizendo que a mãe estava feliz com esse filho, mas que essa criança não estava feliz com sua vida.

Bom, continuando a cronologia, chegou o momento de abordar a adolescência. Durante esse período geralmente a "personagem" acaba de se formar. As pessoas "saem para o mundo" com seu traje, e cumprem seu papel da melhor maneira possível. As perguntas que formulamos devem ter relação com o discurso materno, quer dizer, com o traje que a mãe colocou na criança.

Como expliquei anteriormente, entendo que a adolescência é um segundo nascimento. Pela segunda vez na vida é produzida uma explosão de vitalidade, que coloca o jovem diante da evidência de sua própria potência. É um momento no qual se manifesta o ser essencial do indivíduo, sempre e quando a mãe não tenha usado a infância da criança para extrair-lhe o mais valioso e mais genuíno de seu interior. O ritmo vital verdadeiro do jovem manifesta-se principalmente por meio dos seguintes âmbitos: o desejo sexual genital e a vocação. No decurso da construção da biografia humana é importante abordar ambos os aspectos, mas sempre seguindo alguma hipótese. Sejamos bons detetives e pensemos antes de fazer qualquer pergunta ao nosso protagonista. Brinquemos. Com relação à vocação, o que vai acontecer? É possível que a criança já tenha resolvido essa questão, já que a mãe tinha dito que era inteligente e que seria um excelente médico. Bom, "resolvido" nesse caso parece uma piada. Aqui não há vocação verdadeira. Há submissão ao desejo materno.

Lembremos que a mãe queria um filho médico. É provável, então, que ele "escolha" a carreira da medicina. Entendemos que nessa biografia humana, porém, não há "escolha". Aqui, quem escolhe é a mãe, única merecedora de tais privilégios. É possível inclusive ao nosso protagonista garantir que ele sempre gostou de medicina. Não vamos contradizê-lo, porque, efetivamente, sente que a escolha foi própria. Suponhamos, então, que faz a faculdade sem sobressaltos, cumprindo à risca os desejos da mãe. Nesse caso — se está libidinosamente tão atrás da mãe —, as coisas se complicarão no terreno afetivo e no vínculo com as mulheres, porque aí elas entram em franca competição. De qualquer maneira, ainda que partamos dessa hipótese, sempre teremos que verificá-la, tentando olhar as cenas da maneira mais completa possível. Até agora, sabemos que a mãe olhava para si mesma, que o consultante era uma criança solitária, que não tinha irmãos nem o pai presente, que gostava de ler... e não muito mais. Abordaremos vocação e constataremos que não houve fissuras. Logo, abordaremos relações de amizade ou amorosas, sabendo que ele chegará a essas instâncias com pouco treinamento e, além disso, preocupado com mamãe.

Se as respostas são vagas quando pretendemos nos informar sobre as relações com mulheres, vale a pena perguntar o que era mais preocupante em relação à sua mãe durante os anos de estudo. Então, talvez ele diga que nessa época sua mãe adoeceu. Temos que entrar em detalhes. Talvez ele explique: "Minha mãe começou a ter crises de pânico e teve que ser medicada. Foi complicado porque mudaram várias vezes a medicação, passaram muitos anos até que foi diagnosticada sua bipolaridade."

Isso significa que confirmamos nossa hipótese. A mãe — que já tem um filho adulto — continua praticando sua fagocitose. O jovem permanece emocionalmente abusado por ela, só lhe fica libido disponível para os estudos e, logo, para o trabalho. Nesse ponto, voltamos a olhar a imagem da enorme boca de jacaré engolindo esse doce rapaz.

Até aqui é uma história muito comum e corriqueira. Um jovem com muito boas intenções, inteligente, cavalheiro e sozinho.

Este é um panorama que vamos compartilhar com nosso consultante. Não há nada novo para ele, mas talvez seja nova a maneira de olhar para o próprio cenário. A imagem, então, vai se encaixando em seu interior.

Em algum momento, ainda que tardiamente, ele vai começar a ter experiências com mulheres. Tentaremos abordar cada uma dessas experiências para localizá-las na trama geral.

Se fizéssemos uma hipótese, que mulheres vão atraí-lo? Talvez as dependentes, necessitadas, com grandes conflitos pessoais, que ficam fascinadas pela paciência e pela escuta de um homem carinhoso, amável e dócil. Afinal de contas, que mulher não se apaixonaria por um homem que escuta? Aí temos o nosso herói, começando a ter relações amorosas e descobrindo as delícias do amor.

Nesse ponto temos que mostrar-lhe algo importante! O consultante só é amado à medida em que escuta e está a serviço das dificuldades da mulher em questão. De quem nos faz lembrar? Da sua mãe, claro, que também ama o filho, mas que o mantém submisso a seus desejos.

Suponhamos que ele se case com uma mulher, uma colega do hospital. Depois de histórias extenuantes com mulheres que dependiam muito dele, encontrou em sua parceira atual aquilo que procurava. Alguém relativamente autossuficiente que não precisa pegar energia dos outros para viver uma vida equilibrada. Estão bem, têm interesses em comum, vivem uma vida tranquila. Ambos gostam de trabalhar, pesquisar e praticar esportes. Têm uma rotina simples a agradável. Muito bem. Chegamos ao momento atual. Por que ele faz terapia? Porque há três anos decidiu ter filhos, mas sua mulher não fica grávida. Fizeram exames correspondentes e só aparece pouca mobilidade de seus espermatozoides, mas nada muito alarmante. A princípio, não há motivos fisiológicos que denotem alguma patologia. Sua mulher insiste em começar um tratamento para fertilização assistida, ele resiste um pouco, já que teriam que gastar muito dinheiro com isso.

O que faremos nesse ponto? Olhemos o mapa completo (vamos lembrar que estamos trabalhando com a imagem de uma criança engolida pela mãe). Perguntemos como está a mãe do consultante atualmente. Então, ele relatará que está pior do que nunca, que o pressiona para ir morar com ele e com a esposa e que as únicas discussões que tem com sua mulher são por causa desse assunto. Conversamos sobre as rotinas cotidianas e ficamos sabendo que nosso protagonista começa a visitar a mãe todos os dias, antes de voltar para casa. Também nos conta que dá dinheiro para que uma pessoa cuide dela durante o dia, outra que a acompanhe à noite e outra, ainda, cuide dela aos finais de semana.

Por acaso, está errado que o filho único cuide da mãe doente? Vai abandoná-la? Não. Além disso, não é nossa função julgar o que cada um faz. Cada um faz da sua vida o que melhor lhe convier. Entretanto, para além de todo conflito moral, é necessário compreender que essa mãe — depressiva desde tempos remotos — abusiva e "sugadora" de toda a energia vital de seu filho (um filho único, que nem sequer divide essa tarefa com mais irmãos indivíduos), hoje o deixou desprovido de libido para gerar uma criança.

Temos certeza? Não, é apenas uma ideia. Temos um homem de 40 anos, que, conforme sua consciência, sempre fez o correto: é trabalhador, é honesto, é inteligente. Hoje deseja ter um filho com sua esposa e não pode engravidá-la. Toda sua energia vital — de um modo cego, não consciente, pouco visível — está fagocitada pela sua mãe, que continuará usando e monopolizando seus recursos financeiros, afetivos e emocionais até deixá-lo vazio e exausto.

Nesse ponto, o consultante pergunta o que deve fazer. Não sabemos. Mas pelo menos colocamos todas as cartas sobre a mesa. Ele as olha, põe a cabeça entre as mãos enquanto repete: "É assim, é assim, é assim."

Talvez o trabalho tenha terminado. Ou talvez ele queira continuar. O que fizemos foi comparar o discurso materno que o deixava totalmente preso no desejo dessa mãe *versus* a vivência de seu ser essencial, de seu interior, ou como quisermos chamá-lo. Uma vez feito isso, cada indivíduo estará em melhores condições para tomar decisões pessoais. Olhando o panorama completo. Embarcar em um tratamento de fertilização assistida para conseguir engravidar pode não ser a primeira medida a levar em consideração. Talvez seja o momento adequado de conversar honestamente com sua esposa sobre as realidades complexas que agora também a comprometem, mais do que ele havia pensado.

Possivelmente, ele possa olhar a si mesmo e reconhecer a perda da energia que o submete há tanto tempo, satisfazendo sua mãe. Faça o que fizer, se resolver olhar para o cenário completo, provavelmente terá mais oportunidades de mudar o jogo a favor de todos, inclusive a favor de sua mãe.

Esse exemplo inventado — que utilizei para explicar como detectar o discurso materno e compará-lo com a realidade interior — é um entre milhares possíveis. Cada indivíduo traz um universo de relações. A arte está em sermos capazes de descobrir a "trama interna" em vez de nos fascinarmos e de elaborarmos intepretações dentro das histórias aprendidas que todo indivíduo carrega na mochila da "história oficial".

COMO DETECTAR A ORGANIZAÇÃO DO DISCURSO ALHEIO TANTO COMO A DO SEU PRÓPRIO?

Todos observamos a realidade como um espelho de cristal, determinado e subjetivo. De fato, não há "olhares objetivos". Mas compete a nós compreender por meio de que tipo de lente olhamos, porque disso dependerá "aquilo que vemos". Em todos os casos, essa lente foi "instaurada" durante a infância. Por isso é tão importante observar os acontecimentos sem perder de vista a cor da lente por meio da qual o consultante lembra, sente ou faz contato.

Por isso, antes de tentar resolver um problema pontual, é necessário revisar essa lente. Quando somos crianças, as palavras ditas por alguém organizaram nossa psique. Ou a enlouqueceram, se "isso" que foi nomeado foi muito distanciado das nossas vivências concretas. Mas, inclusive nesses casos, será um alívio nomear com novas palavras os acontecimentos passados porque, finalmente, vamos poder compreender os motivos do nosso mal-estar eterno, da sensação de estarmos descolados ou da nossa confusão permanente.

Todos os indivíduos carregam consigo uma história de distância entre o nomeado e o vivido? Lamentavelmente, é raro encontrar casos em que isso não aconteça. E, a meu ver, não vale a pena abordar outras questões antes de saber com clareza a partir de que lente cada indivíduo olha a si mesmo e ao próximo.

A totalidade das crenças, pensamentos, juízos, preferências e os modos de vida também se organizam a partir de uma quantidade de suposições, ditas por alguém durante a primeira infância. Inclusive se temos a sensação de termos estado historicamente do outro lado da calçada com relação aos nossos pais, de não ter coincido jamais com seus pontos de vista nem sua maneira retrógrada de viver. Se esse for o caso, nossos pais de alguma maneira nomearam nossa oposição, nossa rebeldia ou nossa expulsão. Portanto, também teremos um nome. É frequente que nossos pais nos atribuam a personagem do "rebelde sem causa", então logo cremos ao longo da nossa vida adulta que passamos nossa existência lutando por grandes causas. Assim, nos apresentamos em sociedade: como revolucionários, às vezes, ostentando certo orgulho por nossa valentia e ousadia. Mas pode acontecer que, buscando detalhadamente em nossa vida, não apareça nela nenhum indício de coragem nem de heroísmo. Pode ser que, simplesmente, continuemos repetindo o discurso enganoso da nossa mãe e do nosso pai, acreditando que somos "isso" que eles nomearam.

Em todo caso, é fundamental descobrir se isso que nomeamos hoje, com respeito a nós mesmos, coincide com a realidade ou se continuamos repetindo o que escutamos até a exaustão durante a infância. Nesses casos, tentaremos montar o quebra-cabeça da nossa vida com base em um percurso genuíno, honesto e pessoal.

O discurso instalado sempre pertence à mãe? Na maioria das nossas histórias, sim. Mas em alguns casos opera majoritariamente o discurso paterno. Ou o da avó, se foi uma figura muito importante ou se foi quem dirigiu os altos e baixos familiares. Também é possível que em algumas famílias existam irmãos divididos, que uns estejam mais alinhados com o discurso da mãe e outros com o discurso do pai. Nesses casos, com certeza, foram travadas batalhas afetivas ao longo de muitos anos e cada um dos progenitores tomou, para benefício próprio, a algum filho como refém. Por isso é compreensível que uns tenham ficado em uma trincheira e, outros, na trincheira da frente, com o consequente ódio rancoroso entre os irmãos. Logo daremos exemplos concretos para maior compreensão.

Saber pela boca de quem fala cada um — quer dizer, compreender que lente e que discurso foi adotado sem saber — é indispensável para desenhar logo as cenas completas e os fios por onde passarão os assuntos importantes em cada família. É essencial saber que, em quase todas, travam-se guerras, algumas mais visíveis que outras. É preciso, portanto, observar de que lado cada personagem joga, porque, com esse dado fundamental, compreenderemos por que se pensa o que se pensa da avó, do irmão, da mãe e do professor, assim como de todas as suas opiniões políticas, econômicas ou filosóficas.

Logo perceberemos que nossas "opiniões pessoais" são muito pouco pessoais. Geralmente, se encaixam no discurso de nosso "eu enganado", ainda que acreditemos que as pensamos em sua totalidade. Cada personagem não só tem um papel a cumprir, como também ocupa um lugar determinado no cenário, com um roteiro pronto para seguir.

É POSSÍVEL QUE NOSSA MÃE NÃO NOS TENHA IMPOSTO NENHUM DISCURSO?

Entendo que todos amamos a nossa própria mãe. Nossa mãe costuma ser uma exceção à regra e supomos que ela — que foi tão bondosa — não nos impôs nenhum discurso. É difícil para nós reconhecermos qual personagem adotamos; ainda mais complexo é detectar o motor de nossas ações e compreender que papel assumimos nessa rede. Por acaso, não pode acontecer de termos ficado presos? Em todos os casos somos submissos do discurso materno? Não há exceções?

Para não termos ficado nos lugares escolhidos pelo discurso materno, teríamos que ter sido criados em liberdade e ter permanecido fora das projeções dos nossos pais. Para que isso acontecesse teríamos que ter contado com pais dispostos a observar a si mesmos, percorrendo a própria sombra e encarregando-se responsavelmente de seus perfis menos brilhantes e valorizados.

No mundo ideal, eles teriam compreendido que indagar sobre a própria história emocional, questionando-se sem medo sobre suas origens em termos afetivos, era uma obrigação, se tivesse sido verdade que eles queriam nos transmitir uma vida menos condicionada. O que significa indagar sobre a própria história pessoal? Reconhecer a sombra, com ajuda. Estar dispostos a adentrar os territórios doloridos e esquecido da consciência. Confrontar os fatos ocorridos durante as infâncias, sabendo que depois — sendo adultos — encontrariam os recursos suficientes para viver em busca do sentido profundo de cada existência.

Se, ao revisar sua própria história, nossa mãe tivesse conseguido reconhecer que, na sua vez, foi criada por uma mãe infantil, egocêntrica e pouco capaz de oferecer-lhe um lugar afetivo na vida, talvez ela não tivesse podido evitar tanta dor. Entretanto, é provável que tivesse conseguido compreender sua mãe, compreendendo a si mesma, para logo tomar uma decisão. Nessa instância, talvez pudesse decidir amadurecer para nos criar — a nós e aos nossos irmãos — em lugar de pretender, sendo já adulta, ainda continuar a ser nutrida.

Se nossa mãe, em algum pedaço de sua vida, decidiu olhar para a sua própria realidade assim como ela é, então isso significa que tomou posse da vida adulta. Logo, possivelmente, tenha adotado uma atitude permanente de abertura e introspecção, talvez buscando mestres ou guias que a iluminassem, atenta àquilo que seus amigos, familiares ou colegas de trabalho lhe diziam, especialmente quando isso que lhe diziam não era bonito.

Também terá estado atenta a nós — seus filhos —, denunciantes implacáveis e noturnos da escuridão da alma.

Então, sim. Se essa foi a intenção permanente da nossa mãe, talvez tenha estado em condições de garantir que vivia no limite de sua capacidade de consciência para criar seus próprios filhos. Porque as crianças só precisam de pais que questionem a si mesmos da maneira mais honesta possível. Se os adultos observam os mapas completos e os próprios automatismos organizados no desamor, são logo capazes de olhar com maior abertura e sem tantos preconceitos. E em lugar de interpretar cada atitude das crianças, em vez de fechar-se em personagens que as acalmam, poderiam nomear aquilo que acontece, cuidadosamente, com palavras claras e simples. Também poderiam compartilhar com as crianças o que acontece com os adultos, entendendo que todos somos parte de um complexo universo emocional.

Assim, o coração de adultos e crianças, as vivências internas, as sensações, as percepções, todos teriam um "lugar" real onde se manifestarem, em vez de ter de se encaixar em um cenário já definido de antemão. Se isso tivesse acontecido, ou seja, se quando éramos crianças, em vez de escutar: "Você é preguiçoso igual a seu pai", tivessem perguntado: "Você não tem vontade de ir à escola?"; "É porque as crianças se incomodam?", tudo teria sido muito diferente.

Nesse caso, não teríamos vestido o traje do "preguiçoso, que não obedece aos pais", e nenhum outro traje. Talvez algum problema nos inquietava e não sabíamos como resolver nem comunicar. Mas, se tivéssemos tido a sorte de contar com um adulto que nomeasse aquilo que acontecia e que soubesse nos ajudar a encarar o assunto que era muito complexo para nós, não teríamos precisado usar nenhum traje: nem o de preguiçoso nem o de corajoso nem o de resoluto.

Claro está que questionar-se requer um treinamento cotidiano e um questionamento pessoal permanentes. É trabalhoso e exige comprometimento. Pode levar anos para aplicarmos essa tarefa de maneira automática. Talvez o leitor ache exagerado pretender algo assim da nossa mãe — coitada —, que veio do pós-guerra e teve uma vida sacrificada. Mesmo assim, é preciso compreender que obrigatoriamente, sem autoquestionamento disponível, ela se viu obrigada a aplicar sobre nós uma extensa gama de discursos enganados com os quais ela conseguiu sobreviver.

Quero destacar que não interessa se nossa mãe "fez tudo certo". Não interessa se foi uma mãe fenomenal, cálida, consultante, sofrida ou justiceira.

O que teríamos precisado, para sermos criados em consonância com nosso ser essencial, e em conexão profunda com o nosso si mesmo, é que nossa mãe nos compreendesse. Se não tivemos uma mãe adulta e madura, compreensiva de seus estados emocionais e da sua própria trama, então essa sabedoria ela não pôde derramar sobre nós. Por isso, é pouco provável que nós, desse modo, tenhamos abordado nossa vida em estado de total consciência.

Transformar-se em adulto é tomar a rédeas da própria vida, atravessar o bosque para encontrar e enfrentar os dragões internos, olhá-los nos olhos e decidir, ao final desse caminho cheio de perigos, qual é o nosso próprio.

A partir desse momento, seremos totalmente responsáveis pelas decisões que tomarmos em nossa vida, em todas as instâncias, inclusive pela capacidade de não prender nossos filhos — se os tivermos — nas personagens que nos sejam funcionais.

Olhar para os filhos, olhar para os cônjuges, olhar para os irmãos, olhar para os vizinhos, somente é possível se previamente fomos capazes de olhar para nossos próprios cenários, se tivemos a coragem de questionar os discursos oficiais e se tomamos a decisão de sairmos nus da nossa prisão para nos libertarmos das estruturas infantis.

Então, talvez, possamos perguntar às crianças o que elas precisam de nós, em lugar de impor autoritariamente que elas se adaptem às nossas necessidades e as obriguemos a carregar indefinidamente as pesadas mochilas do desejo alheio.

Sinto muito se alguém se decepciona com isso, mas até agora não conheci indivíduo algum que não carregasse sobre si a incapacidade materna de responsabilizar o filho pelo próprio desamparo.

Por isso — justamente por isso —, os adultos hoje têm uma nova oportunidade. A oportunidade de se indagarem e de acessarem aquilo que ainda não conhecem sobre si mesmos.

O "eu enganado"

Abordar nossa própria construção enganada. É útil a contundência? A fascinação que nos produzem certas personagens.

ABORDAR NOSSA PRÓPRIA CONSTRUÇÃO ENGANADA

Não interessa o motivo aparente da consulta, não interessa a urgência, não interessa se é homem ou mulher, não interessa se pensa que temos todas as soluções e que apenas nós o compreendemos. Só podemos ajudar a um indivíduo se fizermos juntos um percurso honesto da sua vida — e, se for possível, da vida dos seus antepassados e das pessoas próximas —, os integrantes de sua sombra. A "organização da biografia humana" trata disso. Entre os profissionais que trabalham na minha equipe, chamamos a biografia humana carinhosamente de "BH" (beagá). Voltamos às "beagás" muitas vezes, cada vez que nos perdemos em relatos ou queixas que o consultante considera serem indispensáveis para a compreensão de seu problema.

A urgência em resolver algo que nos preocupa na atualidade nos deixa ansiosos e com preguiça de voltar a lembrar de fatos que aconteceram há tanto tempo.

Na Argentina, país onde a maioria das pessoas já passou por uma experiência "psi", temos menos vontade ainda. Nesses casos, pedimos ao consultante que tente definir em poucas frases de que tratava o trabalho terapêutico já feito, para aproveitá-lo e aprofundar ainda mais. Poucas vezes os indivíduos são capazes de ter clareza sobre o que foi realizado. Habitualmente dizem: "Meu terapeuta me acompanhou durante o luto do meu pai" ou "Poucas pessoas me conhecem tanto quanto ele".

Muito bem. Isso não serve para nós. Nos sentimos obrigados a começar pelo começo: as vivências infantis. Que vivências? Aquelas das quais o indivíduo se lembra? Não. Porque as lembranças estão tingidas com aquilo que nossa mãe disse. Entretanto, teremos que procurar, como detetives, o nível de "maternagem" recebido. O real, não o relatado. Essa busca conjunta requer mais arte do que inteligência. Mais treinamento do que ideias elaboradas.

Supondo que decidimos começar a construir nossa biografia humana, aparece em primeiro lugar uma dificuldade comum: responderemos a partir da nossa personagem já formada. Que já tem um "discurso enganoso", montado. O principal obstáculo, quando pretendemos organizar uma biografia humana, é que a identidade, o papel no qual nós "nos reconhecemos" é liderado pelo nosso "eu consciente", pela nossa personagem. Falamos de nós mesmos, de certa maneira, crendo que "isso é o que somos".

Por exemplo: sou uma secretária executiva: eficiente, pontual, inteligente, proativa, impaciente, exigente e responsável. É possível que todos esses atributos sejam certos. Mas não é isso o que nos interessa, mas sim o outro lado, ou seja, aquilo que se produz quando ponho em funcionamento minha faceta exigente e eficiente. Procuraremos os sofrimentos das pessoas do nosso entorno. Por exemplo, se estou muito orgulhosa com meus bons resultados no trabalho, não terei tolerância diante da inaptidão dos outros, do descuido e da distração. Também é muito provável que, para "alimentar" minha personagem, eu me cerque de pessoas especialmente desatentas ou esquecidas. E, dessa maneira, garanto meu poder no reino da eficiência. Se essa for a minha personagem, provavelmente eu ache entediante o universo afetivo; por outro lado, será mais excitante a autonomia com a qual comando aspectos muito concretos da minha vida. Por que faria terapia? Talvez porque meus filhos têm um comportamento ruim na escola, apesar de serem atendidos por diversos psicólogos. Proativa que sou, quero uma solução já.

Sinto muito insistir sobre o mesmo conceito, mas vamos explicar à nossa enérgica e competente consultante que começaremos perguntando sobre seu nascimento e suas primeiras lembranças da infância. Se formos a consultante, vamos responder: "Eu nasci acordada;" "Quem te disse?", "Como, quem me disse? Minha família inteira disse;" "Alguém o disse primeiro, possivelmente sua mãe;" "Sim, claro, minha mãe a vida inteira disse que eu nasci acordada e que estava atenta a tudo, não perdia nada, era espevitada."

Podemos achar engraçado quando escutamos milhares de relatos, mas os consultantes nomeiam com total naturalidade a personagem que vestem. Ainda que certas personagens possam ter um lado glamoroso ou positivo, concordaremos que é muito pesado para uma criança pequena sustentar esse "estar sempre acordada". Nenhuma criança '"nasce acordada". Quero dizer, não cabe à criança estar em estado de alerta permanente. Ela faz isso porque não tem opção. O discurso materno diz: "Que maravilha, era uma menina atenta e perspicaz", mas nós acrescentaremos: "Também houve uma parcela de descuido, desamparo e incapacidade da sua mãe em cuidar de você quando era bebê." Como sabemos? Se formos bons detetives, saberemos o que se desprende daquilo que a mãe disse. Entretanto, nossa consultante adota a defesa do discurso materno. A partir desse momento deixa de ser discurso materno e transforma-se no discurso do "eu enganado". Ela dirá: "Eu lembro perfeitamente o quão atenta eu era." Sim, não há dúvidas. A mãe colocou o traje, ditou o roteiro e a filha o transformou em algo próprio.

"Continuando nossas investigações, faremos perguntas para confirmar a necessidade que tinha essa mãe de que sua filha pequena assumisse responsabilidades, já que 'nasceu acordada", quer dizer, madura. Efetivamente, aparecerão lembranças nas quais ela era responsável pelos irmãos menores desde muito cedo, brigando por causas justas na escola, sendo líder entre os colegas do colégio, içando alguma bandeira ou defendendo a ferro e fogo as suas convicções. Portanto, terá, certamente seguidores; mas, inevitavelmente, também detratores. É a lei dos cenários completos. Pensando assim, teremos mais interesse pelas perguntas sobre esses detratores que, a princípio, nossa consultante desprezará: "Qual é a importância do que pensam esses idiotas?" Pergunta a personagem-líder. Isso nos interessa porque possivelmente esses "idiotas" passavam exatamente pelo mesmo que passaram os irmãos que estavam na outra trincheira das batalhas familiares durante a infância. Vamos imaginar que a mãe da nossa consultante também era uma mulher enérgica, forte e decidida. Mais motivos para que a heroína esteja identificada com a mãe e acomodada na personagem da "inteligente" que sua mãe lhe deu de presente quando ela — a nossa consultante —, nasceu.

Podemos fazer um teste: perguntamos algo sobre a mãe. Então, os olhos da nossa consultante começam a brilhar relatando alguma cena dessa mãe excepcional (que talvez o tenha sido, de verdade). O que estamos buscando é confirmar que a mãe e a consultante estão no mesmo grupo, no campo das empreendedoras. Talvez a mãe não trabalhe, ainda que desprezasse o pai, que manteve economicamente a família durante cinquenta anos. Porém, devemos saber que o dono do discurso oficial tem o poder da "verdade" (que pode não ser, mas iremos descobrindo aos poucos). Justamente, nesse caso, estamos falando do poder do discurso materno.

Devemos perguntar, então, pela realidade emocional das personagens que ficaram na trincheira dos "não eficientes": pai e irmãos. "Meu irmão mais novo era um desastre. Meus pais já não sabiam mais em qual colégio colocá-lo. O do meio não falava, dizíamos que os ratos tinham comido sua língua. Não se relacionava com ninguém, nem tinha amigos. Hoje é igual, mora sozinho com dois gatos. Meus irmãos são dois 'inapresentáveis'." Muito bem, tudo isso é verdade? Depende do ponto de vista que o abordamos. Está claro que esse é o ponto de vista da nossa personagem audaz e soberba.

Em todas as biografias humanas percorremos cenários sem deixar de lado a cronologia. Chegamos à adolescência. Se fizermos um pouco de "futurologia", é fácil supor que destruiu os desejos de todos. Devemos lembrar que somos detetives. Traçamos certas hipóteses para nossa investigação, mas é preciso confirmar diversas vezes. Efetivamente, teve sua época de *femme fatale*, segura de si mesma, empreendedora, disposta a "pisar cabeças" para alcançar seus objetivos. Com tal personagem, é possível escalar o terreno do trabalho, mas ficamos muito sozinhos no terreno afetivo.

As perguntas que apontam para que nossa consultante faça contato com essa "outra parte" referem-se aos vínculos afetivos íntimos. Aparecerão homens fracos, viciados precisando de salvação, homens seduzidos pela sua expressividade, mas em seguida, ciumentos e competitivos. Como começavam suas relações? Com homens fascinados pela nossa heroína. Como terminavam? Inevitavelmente, com doses importantes de violência. Nossa protagonista parece a Rainha Má do filme "Alice no País das Maravilhas", de Tim Burton: toda vez que não gosta de algo, determina: "Cortem-lhe a cabeça!" Poderíamos mostrar-lhe uma imagem (sobre a importância das imagens na montagem das biografias humanas, vejam os próximos capítulos). O maior obstáculo que encontramos ao entrarmos nas histórias de vida é que essa "personagem" sempre acha que tem razão. O "eu consciente" não leva em consideração outros pontos de vista. Por isso o chamaremos de "eu enganado", porque, de todos os "eus", é o que menos compreende como as coisas são objetivamente. É a parte do si mesmo que se acha mais pronta — como o filho preferido do rei em qualquer conto de fadas —, mas que, apesar disso, sabe nada sobre a vida. O "eu enganado" defende seu próprio ponto de vista, considerando que ele é o único e o melhor.

Insisto que na montagem de uma biografia humana, aquilo que o consultante diz, ou seja, o que o "eu enganado" proclama, não nos interessa. Aquilo que o consultante relata no âmbito de uma consulta terapêutica, espontaneamente, em princípio, é dito pelo "eu enganado" e, como tal, não pode nos dar informação valiosa. Portanto, é o tipo de informação que estaremos obrigados a descartar, ainda que tenha nos impactado ou traga, com riqueza de detalhes, descrições escabrosas ou melosas, para deleite dos nossos sentidos. Para usar o exemplo que estamos inventando, não interessam os detalhes com relação aos lamentáveis episódios provocados por ex-namorados, irmãos, empregados ou pessoas próximas da nossa consultante, se estão entendidos a partir do "eu enganado" de alguém que acredita ser infalível. Já sabemos que, da ótica do "eu enganado", ela considerará "idiota" todo aquele que não seja veloz e eficaz.

Estamos cronologicamente diante de uma mulher jovem, empreendedora, executiva e que trabalha com sucesso. Com os homens, tem relações nas quais é ela quem detém o poder. Sabemos que hoje — abordando a cronologia — tem 45 anos, está casada, tem dois filhos homens em idade escolar e procura terapia porque está preocupada com eles.

Muito bem, tentaremos organizar as informações que temos, para assim investigar o devir dos acontecimentos, com base em certa lógica, para logo chegar à preocupação atual. Com quem ela finalmente irá se relacionar amorosamente? Com um homem fraco como muitos com os quais se vinculou e a quem ela deveria salvar ou depreciar? É possível. Também é provável que se relacione com um homem forte, com quem faça alianças contra todo mundo. Se há muitos inimigos fora, idiotas, inúteis, improdutivos ou inaptos, será mais fácil formar uma aliança forte. Claro que esses movimentos são inconscientes, mas funcionam. Para saber qual terá sido sua escolha, teremos que perguntar-lhe, buscando em primeiro lugar o "tipo" de relação amorosa.

Como com nossa heroína não haverá "meias verdades", ela saberá imediatamente responder se o seu marido é um "gênio" ou um "imbecil". Suponhamos que tenha escolhido a opção do homem forte e decidido como ela. Imaginemos que esse senhor é um alto executivo empresarial e que se conheceram no ambiente de trabalho.

Lógico, no transcorrer dos encontros para a organização da sua biografia humana, nomearemos o desamparo no qual viveu toda sua infância, a obrigação de amadurecer com 6 ou 7 anos, a responsabilidade de assumir certas decisões muito cedo e, sobretudo, a crença de que ela, sendo menina, era a única neste mundo que poderia fazer tudo como sua mãe precisava.

Se conseguirmos "tocar" essa menina necessitada por fora do discurso do "eu enganado", teremos começado um trabalho interessante. Se não o conseguirmos, não. Quero dizer, a função é mostrar os benefícios e também as desvantagens ou os preços a pagar de cada personagem que assumimos, porque o custo é algo que todo indivíduo sente, mas não pode vislumbrar. Todos pagamos nossos preços, ficamos mal, mas sem saber o que fazer para nos sentirmos melhor. Justamente, o custo de sustentar a personagem é sofrido interiormente porque não podemos detectá-lo com clareza.

Nesse exemplo, o custo a pagar pode ter sido uma enorme solidão, uma grande desconfiança e a crença de que o mundo está formado por inúteis que nunca poderão nos ajudar. É muito difícil viver acreditando que o mundo gira porque somos nós que o movimentamos. A partir dessa perspectiva, jamais pensaremos em confiar no outro, nos associar ao outro, delegar a outros. Tudo isso pertence à "sombra" do indivíduo. Passamos a vida desprezando os outros, mas não somos capazes de falar sobre a angústia que nos invade enquanto cotidianamente cavamos uma cova entre nós e o resto do mundo. Construímos um abismo. Ficamos sozinhos deste lado de cá do mundo. E, lógico, acusamos os demais de não serem capazes de pular até o nosso território.

Suponhamos que essa é a situação que nossa consultante começa a vislumbrar. Quando nomeamos a distância entre ela e quase todos os outros, aceita, balbuciando um "nunca tinha pensado nisso", ou um "pode ser, acho que sim". Então, podemos desenhar uma imagem simples, na qual estão situados no alto de uma montanha ela e seu esposo, aliados, de mãos dadas e olhando com desdém para o resto da humanidade. É um lugar que dá poder. Também é um lugar solitário. Ninguém pensa no fato de que esses dois deuses precisem de algo. Todos aqueles que estão nesse mapa dos pequenos súditos incapazes, não têm nada a oferecer ao rei e à rainha desse território. Há distância. Endeusamento. Inveja. Incompreensão. Rancor. Desconhecimento. Imaginemos uma montanha alta, dois indivíduos em seus tronos, lá em cima, e o resto do mundo aqui embaixo. Um bom exercício para nós é pensar o que será que se sente "lá em cima" e o que será que se sente "lá embaixo", porque ambos os sentimentos serão válidos, conforme o lugar no qual cada um está localizado no "mapa".

Pessoalmente, chegando a esse ponto, trabalharia sobre o tema "gênios *versus* idiotas". Porque o "eu enganado" dessa consultante está claramente orgulhoso de sua própria "genialidade" e lamenta ter que suportar cotidianamente todas as personagens secundárias dessa peça de teatro, na qual atuam com papéis de idiotas, ignorantes e lerdos. Enquanto não observar como ela dispôs os papéis de cada um, não compreenderá o que é que ela, inconscientemente, gera nos outros e, portanto, tampouco poderá mexer as peças do jogo que ela mesma ajudou a estabelecer. Tendo claro esse panorama, podemos abordar logo o nascimento dos filhos, a criação, o vínculo com eles, as mudanças no vínculo afetivo com o esposo e as dificuldades cotidianas. Nesse caso, trata-se de uma mulher que trabalha e que tem sua identidade organizada em torno do sucesso no trabalho e da distância emocional. Portanto, podemos imaginar que, ao tornar-se mãe, aparecerão muitas dificuldades antes impensáveis.

Se fizéssemos "futurologia" saberíamos que as crianças pequenas vão se transformar em uma "dor-de-cabeça", simplesmente porque ela está muito mais treinada para circular em mundos trabalhistas do que em territórios emocionais sutis e difusos.

O nascimento e a convivência com crianças pequenas, sempre, é um período difícil para todos, mas para nossa consultante o será ainda mais. Todos sabemos que a criação e a permanência com elas não se resolvem com eficiência, nem com ações concretas e muito menos com velocidade. Se levarmos em consideração a sua personagem, podemos supor que ela se sentirá presa a um labirinto sem fim.

Dito isso, teremos que nos deter para formular perguntas muito específicas com relação aos primeiros anos de seus filhos. Por quê? Porque devem ter sido muito desconfortáveis para sua personagem; então, é provável que a consultante queira narrar por alto, dizendo que isso "aconteceu há muito tempo". Ou talvez simplesmente tenha esquecido quase todos os detalhes dos primeiros anos desses

O REINO

bebês. Portanto, nosso trabalho deverá colocar uma ênfase especial nessa parte da história, que se formou como sombra. Como perguntar? Detalhadamente. Parto. Primeiros dias. Puerpério imediato. Amamentação. Automaticamente nossa heroína responderá: "Tudo maravilhoso, Joãozinho era um anjo que comia e dormia." Porém, isso é bem pouco provável.

Desde o "eu enganado" essa personagem chegou ao parto acreditando que tinha tudo sob controle. Vamos assumir, então, que existe um lugar no qual o controle se descontrola. É na cena do parto. Suponhamos que lhe fizeram uma cesárea. Em seguida, vai defender os postulados da modernidade e as cesáreas resolutivas, a circular de cordão umbilical ou a desculpa perfeita para não conectar com isso que lhe aconteceu. Quanto mais a sombra tenha enviado as experiências descontroladas, mais teremos que procurar nesse caminho. Pensemos que a personagem vai tentar, em meio ao caos, voltar ao terreno que domina.

Esse terreno é seu trabalho. Curiosamente, se lhe perguntarmos sobre ele nesse momento — por exemplo, a quem delegou as tarefas urgentes, que coisas deixou organizadas, etc. —, ela dirá que durante a primeira gravidez decidiu abandonar seu antigo emprego em uma empresa nacional para assumir um cargo de maior responsabilidade em uma multinacional com uma projeção de ascensão desejada há muito tempo. Dirá ainda que estava começando a mudança de escritório quando sentiu as contrações do parto. Agora podemos vislumbrar toda a energia de sua libido que precisava desviar em direção aos seus novos projetos de trabalho e a pouca conexão que possivelmente teve com relação ao parto, que se aproximava, e com a presença de um bebê que até o momento não poderia sequer imaginar.

Esse é um momento perfeito para rebobinar as histórias, retomando a ideia do parto maravilhoso e feliz que ela disse ter vivido. Isso, em plena mudança, com projetos de trabalho em seu máximo esplendor, com promessas de eficiência em direção aos seus empregados e pretendendo ter um filho com a mesma energia com a qual assume seu trabalho. Algo não se encaixa. Podemos nomear que imaginamos uma cena caótica.

Silêncio. Segundos mais tarde, pela primeira vez, nossa consultante começa a chorar. Tenta fazer com que não percebamos. Chegamos mais perto, mas ainda sem tocá-la. Incomoda-se. Formulamos algumas perguntas leves. Então, finalmente, começa a gemer, tossir, assoa o nariz e quando tentamos abraçá-la sentimos que todo o seu corpo treme. Ela chora dizendo palavras incompreensíveis, que está cansada, que é muito difícil, que ela sente dor nas costas, que precisa de férias, que as crianças não reconhecem seus esforços, que para os homens é mais fácil e que a vida é injusta. Muito bem, tocamos algo do material sombrio. Ali permanecemos. Buscaremos e tentaremos nomear os acontecimentos de fora do discurso do "eu enganado" que tinha tudo formalmente organizado.

Voltamos para o parto. Sobre a comunicação nula com o médico previsto para atendê-la. Sobre sua busca pessoal, pobre em relação a informar-se sobre o parto, supondo que tudo isso fazia parte de um universo feminino fraco que, absolutamente, não lhe interessava.

Aparece o desprezo por tudo aquilo que é leve, incluindo o que se refere à parturiente. Ela havia se transformado em uma, mas prefere sustentar sua personagem habitual: eficiente e heroica. É submetida a uma cesárea, mas sua personagem, forte e empreendedora, congela seu coração, deixa sua mente em branco e pede para ir caminhando sozinha até a porta da sala de cirurgia. Admirável. Corajosa. Uma vez que o bebê está fora do útero, é mostrado a ela, levam o bebê embora e realizam mecanicamente todas as rotinas hospitalares, mas ela permanece estoica, sem que lhe escorra uma gota de suor sequer, protegida por sua fantasia. Logo continua o "discurso enganoso", dizendo: "Não tive leite, então nem perdi tempo e o bebê começou logo a tomar leite processado, o que foi fantástico!" De agora em diante, todos os "fantásticos" que escutaremos por parte da nossa protagonista teremos de considerá-los com muito cuidado. É o momento de nomear com outras palavras o que aconteceu com ela. Vamos dizer-lhe: "A cesárea certamente foi um choque e, ao ter um filho pela primeira vez nos braços, talvez você o tenha sentido como um estranho, perguntando a si mesma se era uma mãe normal e se tinha algum vestígio do famoso 'instinto materno', já que você tinha sentimentos muito ambivalentes em relação a esse bebê. Talvez muita gente entrasse no quarto trazendo orientações."

Então, surpresa com sua própria debilidade, chorando, ela nos dirá: "Sim, sim, exatamente, mostravam como eu tinha que pegá-lo no colo, em que posição se acalmava. Além disso, doía muito o corte da cirurgia, enquanto meu marido comemorava com seus amigos tomando champanhe e eu tinha vontade de matá-lo. O bebê não gostava quando eu colocava o bico do peito, era uma tortura, no final eu já não queria nem mais pegá-lo no colo porque assim que eu encostava nele, começava a chorar, mas com as enfermeiras se acalmava."

Muito bem, então já vamos nos afastando do "fantástico" de alguns minutos atrás e continuaremos nomeando as realidades prováveis, daqui, do lado de fora da personagem: "É possível que você não tenha imaginado um tempo e o silêncio requeridos para você e o bebê, tampouco a tranquilidade e a calma necessárias para se conhecerem. Também, deve ter sido muito difícil adequar-se a um 'tempo sem tempo' quando você estava começando o trabalho em uma empresa nova. Sua realidade externa estava muito afastada da conexão e das necessidades do bebê." Certamente nossa consultante lembrará — depois dessas intervenções — discussões com o marido, amigas que lhe davam conselhos que não serviam para nada, vontade de sumir daquela situação, e uma opressão no peito, que agora podemos nomear, transportando-a a um caos de sensações que ela havia desprezado antes: sentindo-se inútil, perdida, gotejante, dolorida, desencaixada e desorientada. Um nojo.

Podemos voltar a olhar a imagem da montanha, sua coroa de rainha, acrescentando um bebê em seus braços. Mais do que um bebê, um ser extraterrestre.

No próximo encontro ela virá com o rosto mais relaxado, vestida com uma roupa mais informal e os cabelos soltos. Bom sinal.

Soltou. Lembrou. Tirou por um tempinho a máscara que estava lhe fazendo mal. E, por um momento, confiou em nós. Podemos continuar com nossa investigação e com a ânsia de trazer luz aos acontecimentos que recusou e enviou à sombra. Não será surpresa caso confesse que, depois de cinco dias do nascimento do bebê, já estava no escritório. Claro. Fugiu desesperada em direção ao seu lugar de identidade. Não vamos julgar se foi uma mãe boa ou má, não nos interessa. O que interessa é que, olhando do ponto de vista da sua personagem, fez a única coisa que sabia. Aqui, nossa função muda: teremos que acrescentar o ponto de vista da criança. Somos obrigados a trazer essa voz, relatando com palavras simples tudo o que o bebê de 5 dias, de 1 mês, de 4 meses, de 6 meses, foi vivendo. Com uma mãe desconectada das suas necessidades básicas, deixando-o ao cuidado exaustivo de pessoas idôneas, alimentado, higienizado, atendido, mas sozinho. Não vale a pena falar sobre o contato corporal, nem fusão emocional, nem presença, nem disponibilidade emocional, nem entrega, nem silêncio.

Todos são conceitos desconhecidos — para não dizer, sem importância — para a personagem. Enquanto isso, há um bebê que vai pedir a "maternagem" do jeito que puder. Possivelmente, vai adoecer. Então, diretamente perguntaremos sobre doenças. Nossa consultante a princípio dirá espontaneamente que era "muito saudável", mas, se insistirmos com mais detalhes, ela se lembrará da bronquite, as convulsões por causa da febre alta, as otites, os resfriados intermináveis, as noites sem dormir com as inalações sempre presentes e outras delícias da vida noturna com crianças em casa. Claro, ela tinha que trabalhar; com isso, é possível que não tenha lembranças tão fortes porque a essa altura já tinham contratado uma babá para cuidar do bebê à noite. Então continuaremos nomeando as vivências do ponto de vista do bebê e a enorme distância que só aumentava entre a alma da criança e a alma da mãe. Com paciência, despertaremos as lembranças de pequenas histórias, oferecendo a devida atenção a cada uma, não porque sejam importantes em si mesmas, mas sim para permitir que ocorra certo assentamento emocional, o que para nossa consultante é totalmente novo. Esse novo registro dói. Mas, como é uma mulher extremamente inteligente, fará piadas sobre o que está descobrindo, rindo de si mesma e dizendo que nunca pagou tão caro para sofrer. Sabe que a aproximação ao "outro lado de si mesma" é dolorida, mas é profundamente necessária.

Logo abordaremos o primeiro ano de vida do bebê, depois o segundo. A próxima gravidez e o parto, possivelmente bastante parecido com o primeiro. O nascimento de um segundo menino. Não houve amamentação também. Mais babás. Menos atenção, já que estavam todos treinados sobre o que fazer com o catarro e a febre, as otites e os antibióticos. Ou seja, vamos reparando os detalhes da vida cotidiana dessa família, com uma mãe empreendedora que trabalha muito, um pai, que também trabalha muito, e duas crianças pequenas, que estão sozinhas, que adoecem muito e que sobrevivem como podem.

Sei o que as leitoras mulheres dirão neste ponto: "E o pai? Hein? Por que o pai não se encarregava um pouco?" "Por que ele nem aparece nessas cenas?" Bom, poderia haver um pai que se ocupasse, mas, nesse cenário, o acordo matrimonial estava baseado no trabalho, no sucesso, nas resoluções e na atividade externa. Para que exista certo conforto financeiro. Sinto muito, mas está na hora de aparecer o outro lado de si mesma dessa mulher que se constitui mãe. O que esses bebês traziam era tão intenso — e tão desconhecido para a personagem que ela representa — que essa mulher não soube compreendê-lo de imediato. Suas interpretações eram feitas a partir do ponto de vista da personagem de sucesso. O pai das crianças acompanhou — com sorte — essa maneira de ver as coisas, já que sua personagem é muito parecida com a de sua mulher, além disso nem sequer sofreu cicatrizes porque não teve partos; não teve que aleitar, não teve que fazer maternagem. Portanto, sequer sofreu fraturas íntimas. Simplesmente, no mesmo ritmo, acompanhou o modo como a mãe assumiu a maternidade dessas crianças. Podemos dizer também que dentro do casamento não houve fissuras, já que, mesmo incluindo duas crianças pequenas, o acordo entre as personagens adultas continuou intacto. Eles seguiram trabalhando, vinculando-se por meio da atividade no trabalho e deixando esses dois filhos em um mar de solidão, ainda que, como pais, não tivessem consciência disso.

Vamos supor que nossa consultante deixa passar bastante tempo até solicitar uma nova sessão. Vamos recebê-la com as imagens com as quais tínhamos trabalhado tempos atrás: uma linda rainha olhando do alto de sua montanha maravilhosa. Nossa protagonista quer abordar diretamente o tema que a preocupa: os dois filhos estão se comportando mal na escola, ambos têm psicopedagogas que os acompanham, professoras particulares, psicólogas e fonoaudiólogas. Estão pensando em acrescentar um especialista em brincadeiras. Experimentaram castigá-los, suspendendo uma viagem que as crianças esperavam, mas de nada adiantou.

Como seis meses se passaram desde o nosso último encontro, teremos que detectar qual é o grau de consciência — ou de aproximação com a sombra — que consultante manteve durante o período no qual não nos vimos.

A princípio, conta fatos cotidianos, mas logo começa a chorar dizendo que não aguenta mais e que sabe que tem que mudar alguma coisa. Bom. Estamos encaminhados.

Para sermos diretos, vamos nos concentrar em revisar a vida dessas duas crianças desde o nascimento até a atualidade, desde seus respectivos pontos de vista. Reconheceremos a solidão, os pedidos feitos nessa história em relação a uma maior presença materna, mais disponibilidade, mais brincadeiras, mais silêncio. Examinaremos as ferramentas que essas duas crianças utilizaram para serem ouvidas: doenças, acidentes, brigas, peraltices perigosas, comportamento ruim, machucarem-se um ao outro, ameaçarem-se, ameaçar as crianças no colégio, roubar, maltratar outras crianças, desobedecer. Enfim, mais ou menos são essas as possibilidades que as crianças têm para dizer: "Eu estou aqui e quero que você fique comigo." Situaremos cada acontecimento na idade cronológica de cada uma dessas crianças. Constataremos, então, que elas querem só uma coisa: que a mãe as veja. Claro, desde o ponto de vista da mãe, ela sentirá que vive para eles, que trabalha para eles, que se esforça para dar-lhes a melhor vida. Mas essas duas crianças, sozinhas, sofrem. Não querem nada daquilo que têm. Só querem ficar na cama da mamãe e do papai.

É tão difícil permitir que duas crianças desesperadas subam na cama dos pais? Habitualmente, parece que sim, poucas crianças o conseguem.

A essa altura, já temos o panorama completo. Nossa heroína, pela primeira vez, se coloca no lugar dos filhos, os compreende e sente compaixão por eles. Então faz a pergunta fatídica: "E o que eu faço?" À qual nós responderemos: "Não sabemos." Tendo isso claro — quero dizer, sabendo que cada indivíduo é responsável por seus movimentos —, começaremos a traçar algum caminho que integre da sombra. A consultante, uma vez que entende sua personagem (que na verdade é seu maior refúgio), a necessidade que tem de permanecer ali, escondida, os perigos de sair da toca, os desafios que tem pela frente, os pontos de vista de seus filhos, de seu marido, de seus empregados, de seus inimigos (se os tiver), poderá decidir se quer movimentar, ou não, alguma peça do seu jogo. Essa é uma decisão pessoal que não compete ao terapeuta. Em todo caso, se ela deseja se arriscar e movimentar algumas peças, o terapeuta poderá acompanhar esses movimentos.

Agora, abrem-se múltiplas opções. É fácil assim? Constrói-se a biografia humana e logo somos capazes de fazer movimentos que nos tragam mais felicidade? Não. Esse é um relato inventado e simples e sem fissuras. Nas histórias reais é muito mais complexo. De qualquer maneira, desde o meu ponto de vista, não podemos abordar nada sem saber qual é a personagem com o qual atua o indivíduo que nos procura, sem ter claro o discurso de seu "eu enganado", sem compreender, pela boca de quem fala, o nível de medo diante da opção de sair do refúgio que lhe dá identidade, vantagens e desvantagens da personagem, e, claro, sem estarmos certos da capacidade intelectual do indivíduo em questão. Quando me refiro a "capacidade intelectual", quero esclarecer que certos indivíduos que foram muito maltratados durante a infância, inclusive sofrendo abusos emocionais ou físico, podem chegar a adotar a personagem daquele que não sabe, não entende, não fica sabendo. Como em todos os casos, a personagem é a roupa que nos permite sobreviver. Com frequência, se a sobrevivência de alguém depende de "não saber", não ficar sabendo de nada, não registrar nada, essa característica fica tão enraizada no seu interior que pode chegar a se transformar em um "idiota". Não que sua mente não seja capaz. É que a alma se vê forçada a idiotizar a mente, justamente para não ser testemunha de atrocidades que — ele já sabe — não vai aguentar.

Nesses casos, é possível tentar o trabalho de percorrer a biografia humana, mas teremos que ficar atentos para detectar se o ser interior desse indivíduo, em algum momento, sente confiança suficiente para abrir minimamente o traje de idiota, que vive em uma nuvem, permitindo que penetremos os recantos de sua sombra.

Tudo é possível e, às vezes, nada é possível. Essa á uma metodologia que requer treinamento, arte, empatia e experiência. Não cai bem a todo mundo. Mas há algo fundamental: trabalhamos permanentemente para desmascarar o "eu enganado" dos consultantes, mas também para não permitir que o consultante acredite ou pense que o profissional "sabe" o que quer que seja ou que é um "gênio". É indispensável deixar claro que essa é uma investigação feita entre duas pessoas. Alguém que sofre, e espera conhecer-se melhor, e alguém que, ao não estar comprometido com a montagem da cena familiar, vai ajudar a ver o cenário de fora. Para ter êxito, vai ter de buscar trazer as vozes de todos os envolvidos. Também estará atento para não fazer parte do cenário do consultante. Se o terapeuta der uma opinião pessoal, já estará colocando o pé nesse cenário. Se ficar angustiado com os relatos, também. Se ficar horrorizado, mais ainda. Por isso, é indispensável ter ouvido muitas histórias e trabalhar permanentemente a sua própria sombra, para que a sua personagem não participe do trabalho realizado no território do outro. Terapeutas devem apenas funcionar como um meio que possibilita e interroga, nada mais. Nada menos. Suas opiniões não têm utilidade, nem suas teorias filosóficas nem suas crenças nem sua moral. Esse é o terreno do outro.

Nessa função, nós terapeutas, somos apenas o canal que se coloca à disposição da busca interior de outro indivíduo.

É ÚTIL A CONTUNDÊNCIA?

O que acontece se o consultante acha muito forte o que diz o terapeuta? Essa é uma fantasia comum. Na verdade, ninguém pode dizer nada mais "forte" ou dolorido do que aquilo que o indivíduo vive em seu interior, sabendo-o conscientemente ou não. De qualquer maneira, não se trata de fazer interpretações a torto e a direito. Não. Mas de nomear tudo aquilo que não foi nomeado. Se o que for apontado realmente se encaixar na vivência interna do indivíduo, ele simplesmente vai concordar que "isso" que sentiu ao longo de sua vida "pode ser dito" com as palavras que o profissional utiliza. E se não encaixar, então, o consultante dirá que não, que não é assim que ele sente. Não aconteceu nada. Se não acontecer nada, isso significa que estamos enganados e que teremos que desviar nossa investigação para outra direção. É um trabalho de detetive. É um trabalho ingrato. Porque, geralmente, nos deparamos com realidades muito mais hostis, violentas, desumanas e ferozes do que pensávamos. Procurar a sombra é sempre dolorido. Permanecer cego, porém, é mais dolorido ainda.

O que acontece se a pessoa começa seu processo de biografia humana e decide mudar muitos aspectos da sua vida, mas nota que seu cônjuge, por exemplo, não está disposto a acompanhar a mudança? Por acaso, não é melhor que façam esse percurso juntos? Não. Esse é um pedido frequente entre as mulheres. Elas arrastam seus parceiros para que venham, escutem, entendam e deem razão ao terapeuta.

Está claro que a proposta de integração da sombra não procura dar razão a ninguém a ser contrário à razão de outros e, sim, totalmente o oposto: propõe compreendermos mutuamente as razões das nossas respectivas personagens e logo decidir se estamos dispostos a deixar essas personagens para vivermos uma vida mais conectada à nossa verdade interior.

Quando a mulher pretende que o cônjuge a acompanhe às consultas, significa que ela continua pensando que "o outro deve mudar". Nada mais longe da verdade. Somente nós, intimamente, podemos mudar. De fato, isso de que não gostamos nos outros, seja em nosso parceiro, pais, irmãos, filhos, vizinhos ou sogros — simplesmente reflete uma porção da nossa própria sombra. Se algo se manifesta — com felicidade ou sofrimento — no cenário, é porque faz parte da nossa própria trama, ainda que não tenhamos registro anterior. Se a trama em seu conjunto nos produz sofrimentos, sempre poderemos mudá-la mudando a nós mesmos e logo o ambiente completo se modificará. É como no jogo de xadrez: quando alguém mexe uma peça, o jogo muda em sua totalidade.

Sobre a conveniência de convencer o cônjuge, por exemplo, para que empreenda essa viagem, só gostaria de acrescentar que se a consultante — no caso, uma mulher — começa a registrar sua personagem e passa a entender seus benefícios, admite o preço que faz os outros pagarem para sustentar-se nesse papel, aceita a voz dos outros, olha o panorama completo e identifica o que seu papel provoca nos outros; talvez, fazendo isso, ela seja capaz de mudar. E quando mudar, soltar, escutar, parar de brigar e surgir espontaneamente uma aproximação mais amável com seu esposo, com carinho, seu marido genuinamente dirá: "Eu também quero fazer 'isso'!"

Acho relevante destacar que muito raramente os homens que atravessam a experiência de construir sua própria biografia humana estão preocupados em convencer suas mulheres ou namoradas a fazer o mesmo. Geralmente, há menos personagens manipuladoras entre os homens do que entre as mulheres, ainda que isso não deixe de ser uma apreciação baseada em registros da minha instituição e que, supostamente, são discutíveis.

Com relação à contundência para compartilhar com o consultante aquilo que vemos em um cenário, não encontro maneira mais nobre e generosa. Temos a obrigação de falar com clareza e simplicidade. Estamos todos tão intoxicados com confusões, enganos, mentiras, segredos, deturpações e lentes empoeiradas que nada pode ser mais saudável que a firmeza das nossas palavras, nomeando estados emocionais realistas. Não se trata de interpretar, mas de nomear cenários completos e verificar até que ponto eles vibram no ser interior de cada indivíduo. Para que esperar, dar voltas, confundir, disfarçar, suavizar ou manipular a informação? Justamente, isso é o que fizeram os adultos quando éramos crianças. Isso foi o que minou nossa confiança em nossos "pressentimentos". Isso foi o que nos distanciou do eixo. Um bom detetive, uma vez que monta o quebra-cabeça e verifica que as peças vão se encaixando com precisão, tem a obrigação de compartilhar essa visão com o dono da biografia humana, o único a quem essa visão de fato compete.

Chama-me atenção que achemos "duro" dizer as coisas "como são" a um adulto (por exemplo, em relação ao desamparo que ele viveu durante sua primeira infância), mas que, ao mesmo tempo, não nos comova ocultar fatos concretos a uma criança quando ela participa deles todos os dias em sua própria casa, embaixo do seu nariz, entre adultos que lhe garantem que isso, na realidade, não está acontecendo. Isso é enlouquecedor e cruel. Por outro lado, dizer a verdade nunca é cruel. A verdade pode ser dura, mas dizê-la permite mudanças.

A FASCINAÇÃO QUE NOS PRODUZEM CERTAS PERSONAGENS

Há um obstáculo frequente para todo aquele que quiser treinar-se no acompanhamento de buscas pessoais: a fascinação causada por certas personagens. Os empreendedores mais do que os depressivos. Os carismáticos mais do que os calados. Os espirituais mais do que os telúricos. Entretanto, é aí que devemos colocar em jogo nossa lucidez. O indivíduo que tenha conquistado, por meio da sua personagem, maior admiração em seu entorno será o mais difícil de desmascarar. Porque está acostumado a receber reconhecimento por seu trabalho ou agradecimentos por sua simples presença. Por que faria terapia uma pessoa tão cativante, então?

Por exemplo, vem à consulta um xamã e mestre de meditação. Um ser encantador que, logicamente, não reconhece nenhuma dificuldade pessoal. Suponhamos que veio porque sua esposa está grávida. Ele pretende fazê-la voltar-se para a espiritualidade e que vá a um médico naturista que, além de tudo, é seu amigo.

Ela não quer saber do assunto, está assustada e não pensa em abandonar médico de costume. Mais ainda, está frequentando o médico da sua própria mãe, das duas tias, da sua irmã mais velha. Nosso consultante, elevado e místico, com um rosto invejavelmente belo e sereno, vem em busca de ajuda. Na verdade, quer saber como ajudar sua mulher.

Aqui podem acontecer duas coisas: a primeira, desabarmos fascinados com este ente espiritual, que além disso vem nos consultar, fazendo com que nossa autoestima aumente consideravelmente; então decidimos escutá-lo e certamente vamos lhe dar razão. Já dissemos, porém, que, se ouvirmos, não estamos organizando uma biografia humana.

Nesse caso, a nossa personagem — refiro-me à personagem do terapeuta — deslizou por um terreno alheio, que é o do consultante. Em apenas um segundo perdemos nosso papel de acompanhantes na busca pela sombra do outro.

Quando um sininho interno nos avisa que estamos nos desviando do nosso propósito, outro sininho que sustenta a excitação nos diz que não devemos ser tão exagerados, que esse ser maravilhoso veio perguntar algo muito simples. Como não lhe dar razão e conversar sobre as maravilhas das profissões naturistas que colaboram com partos incríveis.

A fascinação nos jogou em uma cilada. Esse ser maravilhoso e iluminado irá para casa muito feliz. E mais cego.

A segunda opção é propor a construção de sua biografia humana. Ele? Rebaixar-se a contar intimidades a um terapeuta qualquer que deve ser muito menos espiritualizado? Talvez até se ofenda. Está em seu direito. Sempre poderemos explicar que a mulher em causa é a sua e não a nossa. Ele a escolheu, a ama, convive com ela, a engravidou, junto dela esperam um filho e, talvez, ela até encarne parte do medo ou da inflexibilidade que ele não assume como sendo próprios. Simples assim. Ele, sua sombra e suas projeções, juntos, devem ter algo a ver com esse medo manifesto nas escolhas convencionais de sua mulher. Podemos averiguar isso juntos, porque talvez não devam mudar de médico. Pode ser que ele tenha de assumir a porção de rigidez que lhe cabe e então é provável que sua mulher se sinta mais livre. Não sabemos, mas podemos investigar. Se ele entende que faz parte de uma trama, e que alguma coisa desse cenário o incomoda, poderemos compartilhar a experiência de organizar sua biografia humana com a mesma suavidade, intenção, habilidade e carinho que compartilhamos com a de qualquer outra pessoa.

É possível acompanhar um indivíduo a quem admiramos na construção de sua biografia humana? Somente na medida em que detectarmos que caímos na fascinação e somos capazes de afastar nosso envolvimento pessoal. Se não podemos fazê-lo, melhor passar o caso a um colega. Não é impossível, mas devemos entender o que nos acontece e sermos capazes de olhar esse indivíduo como olhamos a qualquer outro. Se levarmos adiante esse trabalho, procurando a sombra com honestidade e amor, é possível que logo admiremos esse indivíduo ainda mais, graças ao seu compromisso, dedicação, humildade e bondade. Então terá sido um prazer trabalhar com um sábio de verdade.

As imagens a serviço das biografias humanas

Em meu desejo de deixar de prestar atenção nas interpretações e em tantas palavras que circulam quando falamos de sentimentos ou estados emocionais, fui experimentando — a princípio com esquemas: linhas, pontos, flechas ou círculos; e, mais tarde, incluindo imagens — até encontrar algumas sínteses que permitiram maior compreensão entre terapeutas e consultantes.

Percebi que, com frequência, cada um atribuía significados diferentes a cada ideia. O que significa que alguém me ame, seja amável comigo ou que eu seja carinhoso com o outro, que alguém é injusto ou que eu sou bonzinho, que alguém me feriu, que eu tenho razão ou que o mundo é cruel? São todas conclusões subjetivas que não representam exatamente o mesmo para todos. Por outro lado, nesses tempos de cultura audiovisual e de pouca paciência para ler explicações, fui tentando mostrar os cenários completos através das imagens. Isso tem trazido bons resultados. A conduta humana é muito complexa; entretanto, parece que temos que resumir conceitos em 140 caracteres para enviá-los por meio do Twitter. Como verão, tento ajustar-me aos tempos atuais e constato que a utilização de imagens funciona.

Em que momento do desenvolvimento da biografia humana podemos oferecer imagens ao consultante? Em qualquer momento. Dissemos que no começo vamos abordar a infância. Que em geral terá muito mais carências e será mais triste do que aquilo que o indivíduo lembra. Por exemplo, poderemos mostrar a imagem de um deserto, uma criança sozinha. Uma criança com medo. Ou também uma imagem com uma mãe imensa ocupando todo o território sem levar em conta nenhuma criança — ainda que tenha tido cinco filhos. Uma imagem de brigas e bebedeiras entre adultos, sem crianças em volta. Uma imagem da perfeição que mamãe e papai exigiam, usando o desenho de uma fila de soldados erguidos e imóveis. Essas imagens transmitem uma realidade emocional e permitem que o consultante se sinta identificado. Claro, o profissional vai buscar alguma imagem que coincida com os relatos, mas sobretudo com aquilo que o indivíduo não pode dizer, porque não o sabe, mas o profissional intui. De que estamos falando? Do deserto emocional e da falta de carinho, calor e doçura que brilhavam pela sua ausência? Muito bem, então partimos de um acordo mínimo. A infância foi um lugar deserto. Na medida em que terapeuta e consultante estejam em sintonia, poderão traçar algumas hipóteses: talvez cresçam alguns cactos, mas não haverá vegetação exuberante de verde tropical. Não. A lógica é imprescindível para um trabalho de detetives.

As infâncias não diferem umas das outras. Oscilamos entre a solidão pura e a violência mais explícita. Assim, serão abundantes as imagens de crianças sozinhas ou de adultos ocupando todo o território. Talvez trazendo mais guerra, mais abuso, mais agressão e mais álcool.

O verdadeiro desafio estará em escutar o indivíduo enquanto vamos imaginando o que essa criança foi fazendo, mais tarde, quando adolescente, e logo jovem, para sobreviver. Como foi se "montando" para subsistir a essa guerra familiar. Essa personagem, essa trama, esse mecanismo é o que vamos tentar identificar com uma imagem.

Essa será a imagem que vai nos interessar para o resto da biografia humana, porque não só permite que o protagonista da história se salve, mas também estabelece um cenário no qual os demais atores terão a obrigação de se localizarem, respeitando certas regras. As regras que esse "jogo" impõe.

Proponho um "recreio" para treinar a mente. Vou oferecer algumas imagens, de pequenas histórias que encaixam com a figura, para que levemos em consideração como as pessoas próximas se sentem afetivamente quando somos donos dessa imagem.

Até o momento, as profissionais da minha equipe rascunharam alguns desenhos. Às vezes, procurando imagens no Google e imprimindo-as. Para este livro pedi ajuda à talentosa artista plástica Paz Marí, que soube transmitir por meio das imagens e as desenhou, tendo em conta o espírito das cartas do tarô. Quem sabe, talvez, no futuro, contemos com algumas dúzias de cartas para uso dos profissionais que utilizarem a metodologia da biografia humana.

Aqui vai a primeira: **A soberba. O soberbo.**

A SOBERBA

Trata-se de um indivíduo situado no alto de uma montanha. Olha o horizonte. Se atribuirmos a imagem a um consultante, é porque chegamos à conclusão de que se refugiou na mente, dando grande valor ao âmbito intelectual. Acha-se superior. Inclusive é possível que despreze àqueles que não são como ele, exercitando a soberba e os maus-tratos em relação aos outros. Obtém muitos benefícios. É provável que tenha admiradores, na área que for. Pessoas que o adulam e também o temem. Essas pessoas podem ser seu parceiro, os filhos — se os tiver — ou os colegas de trabalho ou estudo. Refugiar-se no alto da montanha nos dá segurança, sobretudo porque nos permite controlar tudo o que acontece. Ter o controle nos alivia. Então, os benefícios dessa personagem são o controle, certo valor dado à inteligência, o apropriar-se de um lugar de superioridade e respeito por parte dos outros. Vejamos algumas desvantagens. Salta aos olhos: a solidão. Não há pares. Parece que ninguém está a sua altura. Essa personagem reclamará de que ninguém a ajuda. Mas como ajudá-la? Por outro lado, parece não precisar de nada. "Ter necessidades" é o que acontece com as pessoas menos valiosas que estão ali embaixo, no pântano das pessoas comuns. Há outras desvantagens: com tanto isolamento e tanta mente, não ficam restos de emoção. Não bate nenhum coração. Tampouco parece haver sangue. Se não há sangue, não há sexo. O ar da montanha é assim: puro e limpo. É possível que cheguemos a essa imagem quando cronologicamente já estejamos abordando a juventude. Já teremos ouvido algumas opiniões favoráveis à inteligência ou teremos detectado cenas escolhidas por algum professor por causa da sua "genialidade". Nós não julgamos se uma coisa é melhor do que a outra. Simplesmente olhamos a lógica. Se um indivíduo está refugiado na pureza da razão, na hora de relacionar-se com alguém escolherá entre duas opções: a primeira, relacionar-se com alguém tão mental quanto ele, com quem vai entender-se bem, compartilhando os mesmos gostos e atividades, talvez objetivos em comum e possivelmente pouca paixão no âmbito sexual. A segunda é relacionar-se com alguém que o aproxima do "outro polo":

um homem ou uma mulher sensível. Conectados com seu mundo interior. Simples. Talvez ligados à terra ou à arte. Claro, o namoro será uma flechada porque o indivíduo leve aproxima o inteligente do universo sutil.

Anos mais tarde, se a consultante for mulher e tiver dois filhos e alguma dificuldade econômica, exigirá de seu parceiro que trabalhe em uma empresa e tenha um objetivo claro para ganhar dinheiro. Ninguém está dizendo o que cada um deve fazer. Somente estamos olhando para aquilo que a personagem, com seu cenário, propõe ao restante dos atores. Se a mulher brilhante e soberba que observa o mundo de cima do alto da montanha sofre, talvez a primeira atitude inteligente seja descer devagarinho dessa magnífica montanha para saber o que os de baixo veem. Isso é o que uma imagem pode fazer quando trabalhamos com ela, em vez de nos enrolarmos em interpretações sobre o que um diz, sobre o que o outro inventa; sobre o que outro trai, e como o mundo é injusto!

Vamos continuar brincando com esta nova imagem: **O lutador. A lutadora.**

Um(a) guerreiro(a) encouraçado(a). Parece uma pessoa corajosa. Está disposta a fazer o que for necessário para ganhar suas batalhas. É provável que sua infância tenha sido perigosa, portanto, aprendeu desde jovem a se defender primeiro e atacar depois. Sente-se seguro(a) sozinho(a) vestindo sua armadura. Vantagens? É capaz de ganhar qualquer discussão, atravessar conflitos, brigar por aquilo que acha justo e ganhar. Sim, vai ganhar. Sabe como fazer isso. Gera suficiente fogo interior para enfrentar o que for. Aqui há bom sexo. Há sangue e paixão. Há adrenalina e vitalidade. Boas vantagens que ninguém vai querer perder uma vez que saboreou os gostos das vitórias e das emoções fortes. Que desvantagens apresenta? O que acontece com aqueles que se vinculam com o(a) guerreiro(a) heroico(a)? Depende se somos inimigos ou aliados. Não há outra opção para entrar nesse cenário. Não há atores indiferentes. Não. Há inimigos tão potentes e temerários como o protagonista ou aliados que não precisam manifestar tanta potência, mas sim acatar ordens e deixar disponível o território para que o dono da ação se mova com liberdade. É provável que se relacione ou se vincule com alguém tranquilo(a), descansado(a), sem tanto desejo próprio e disposto a deixar-se levar pela fagulha de força gerada pelo protagonista. Enquanto ele/ela não mudar as regras do jogo e mantiver o controle, não haverá crise. O problema aparecerá se a consultante é mulher e tem filhos, se precisa suavizar-se e supõe que alguém tomará seu lugar agressivo, se estiver ferida ou doente. Algum dia isso ocorrerá. Nesse momento, teremos que observar quão valorizada está a garra e a vitalidade a serviço de seus desejos.

Pensemos em outra imagem: **A muralha.**

A MURALHA

Se chegarmos à conclusão de que o indivíduo está representado por uma muralha, é porque durante sua infância decidiu ficar recluso para não sofrer. Foi para dentro e se trancou. É provável que tenha estado submetido a violências e abusos dentro de casa, portanto, compreendeu que o mundo é uma selva perigosa e que o melhor é fechar-se em si mesmo. Construiu grandes muros internos permanecendo prisioneiro, porém seguro. Esse fechamento em si mesmo forjou logo uma personalidade reservada, dura, distante e desconfiada.

Vantagens? Sim. O fato de se sentir protegido e acostumado a não mudar. Na medida em que o entorno é sempre o mesmo, a segurança aumenta. Nenhum imprevisto. Nada fora do lugar. Não há surpresas. Logo, um indivíduo adulto que precisa de uma cota de estabilidade, fica preso entre pouquíssima opções.

Desvantagens? O mundo é demarcado, há poucas experiências de vida, poucas relações afetivas, os vínculos se organizam entre pessoas muito próximas. Casam-se com o amigo da vida toda ou com o vizinho. A mente é estreita. As ambições, modestas. Tem medo porque jamais viveu fora dos muros da sua fortaleza. A vida está do outro lado. Aqueles que se relacionarem com essa personagem sofrerão pela sua estreiteza, por sua teimosia e pela incapacidade de ela pensar algo fora do convencional ou do já trilhado.

Vejamos outra imagem: **O conto de fadas.**

Aqui estamos em uma história para crianças. Claro, trata-se de uma fantasia do início ao fim. Fica-se, portanto, infantilizado, inventando ou acreditando em histórias para não sofrer. Se a vida é dura, aqui não ficamos sabendo, já que estamos dentro de uma historinha correndo por um campo de flores. Fomos à Terra do Nunca. Que os outros se virem com os problemas mundanos. Não há nada de errado com esse tipo de refúgio, porque vivemos "felizes". Contamos a nós mesmos nossas próprias histórias, interpretando os fatos a partir de uma ótica fantasiosa. Claro, é possível que na medida em que insistamos com nosso campo de flores, mais vezes nos "decepcionamos" ou "alguém nos traia". Entretanto, se observarmos quem gera essa imagem, é óbvio que há pessoas próximas que passam por momentos difíceis, que nos pedem ajuda, se desesperam, mas só encontram a nossa obstinada felicidade. Quero destacar que as pessoas que decidem viver seu conto de fadas despertam a fúria nos demais. Não só porque é impossível vincular-se com alguém fechado em sua fantasia, mas também porque, essa personagem, não se interessará por nada que não esteja de acordo com a fantasia que criou em sua cabeça. Dito de um modo mais simples: ninguém real existe na fantasia da personagem do conto de fadas. Para os outros, esse cenário é muito difícil. Para o dono da imagem, não. É fantástico. Nesses casos, dificilmente o consultante está disposto a encarar uma mudança porque ninguém quer perder os benefícios da ilusão.

Vejamos outra ideia: **O cavalo selvagem.**

Um cavalo desbocado. Desesperado. Louco. Selvagem. Vai sem olhar nem pensar em seu destino. O cavalo selvagem, assim que é solto de suas amarras, corre em direção a lugar nenhum. Está claro que foi brutalmente machucado, por isso foge. Aprendeu isso e é o que sabe fazer. A capacidade de fugir — assim como outras personagens que adotamos, nos permitiu sobreviver. O que acontece é que em seguida estamos treinados para continuar fazendo "isso" automaticamente.

Um indivíduo que corre desesperadamente, sem se permitir a possibilidade de pensar, avaliar ou discernir, perde boas oportunidades. O motor é o medo permanente e a imperiosa necessidade de escapar.

O que acontece com as pessoas que se vinculam a ele? Dificilmente serão notados. Raramente existe mais alguém nesse cenário. O interessante será perceber que pode se tratar de uma mãe de três filhos, um chefe de família ou um guia responsável por outras pessoas.

Vejamos uma imagem habitual para ilustrar as infâncias, mas que com frequência continua sendo válida para nossa vida adulta: **O deserto.**

O DESERTO

Há indivíduos que aprenderam a viver na mais absoluta austeridade. Refiro-me às emoções, não ao dinheiro; ainda que às vezes a austeridade alcance outras áreas da vida. O mínimo indispensável para viver. A teimosia, a rudeza, a secura, a pedra, a sede. Não somos merecedores de nada e o amor é a instância mais longínqua e inalcançável. Quando as pessoas adquirem o costume de permanecer no deserto, a principal vantagem é a de que não precisamos de nada nem de ninguém. Se não precisamos de nada, o sofrimento será menor, porque não há desejos de nenhuma índole. É um bom truque para nos sentirmos livres. Não desejar nada além do justo e do necessário. Não há carência. Quando a austeridade emocional alcança níveis importantes, as pessoas com quem se vinculam precisam compartilhar o seu deserto. Se o parceiro, amigos, filhos ou pessoas próximas desejam mais água, comida, mais abraços ou mais companhia, achará o desejo exagerado e desrespeitoso. Qual é a medida justa? Cada um de nós ajusta-se à sua própria.

É importante saber que, quando alguém próximo nos pede mais carinho, mais abraços, mais palavras leves, mais abundância, mais conforto e mais descanso, é necessário registrar a proporção entre nossas mínimas necessidades e as necessidades do outro. É óbvio que qualquer oásis vai parecer exagerado se já saciamos nossa sede. Um oásis, para a personagem que encarna essa imagem, é para saciar a sede. Não para refastelar-se descaradamente na luxúria.

Observemos outra imagem: **A proximidade do perigo.**

É a encarnação do perigo. Sabemos que alguém nos espreita. Sentimos sua respiração atrás das nossas costas. Jamais poderemos dormir tranquilos. Usualmente, os terapeutas minimizam as sensações perturbadoras dos paranoicos.

Entretanto, para aquele que sofre, a vivência interna de estar em perigo é muito concreta e real. Provavelmente, a maior predadora tenha sido nossa mãe, durante a infância. Se a pessoa que tinha de nos cuidar foi aquela que menos zelou pela nossa integridade física e emocional, é evidente que o mundo é um lugar perigoso.

Claro, as pessoas próximas podem viver tranquilas, porque se sabem totalmente cuidadas. Nós não deixaremos nada ao acaso.

A solidão é imensa, porque não saberemos como compartilhar nem transmitir o nível de angústia permanente e a sensação de morte que acompanha a nossa vida, a cada instante.

Assim, nos vinculamos, assim desconfiamos, assim somos incapazes de nos entregarmos no amor e assim nos relacionamos em transações calculadas.

Temos a vida associada ao controle. Não há relaxamento nem prazer nem diversão. Somente perigo.

Outra imagem: **A pipa.**

A PIPA

Livre como o vento. Leve. Vai aonde o vento a levar.

Sem direção nem desejo nem objetivos nem projetos. Pode ser divertido por um tempo. Mas não tem consistência. Um sopro e desaparece. Sobe até qualquer desejo alheio, logo, talvez, se queixe porque não gosta de ficar até onde chegou.

Podem ser pessoas muito "tagarelas", gostam de brincar com as palavras, mas, no final, não transmitem nenhum significado sólido nem coerente. Conseguem confundir os outros, já que podem "enrolar" qualquer acontecimento com interpretações de todos os tipos.

Vantagens? A liberdade. Não desejam segurança. Não se apegam. Podem mudar sem fazer tanto drama. São pessoas que amam o futuro e qualquer situação incerta.

Desvantagens? As pessoas próximas sentem-se responsáveis pelo futuro das pipas. Porque o indivíduo que encarna essa imagem não é responsável por si mesmo nem por ninguém. Hoje está aqui e amanhã, ali. Obriga os demais a assumirem um excesso de controle e definir o rumo, já que o indivíduo-pipa entra no caminho de quem quer que seja. Se algo dá errado, não se responsabiliza, porque foi decisão do outro.

Agora, compartilho uma imagem que usamos com inusitada frequência: **O lobo disfarçado de cordeiro.**

A imagem do lobo disfarçado de cordeiro é difícil de ser detectada pelo profissional, já que o engano é o principal vício dessa personagem. Claro, no início da relação, o terapeuta também pode ser enganado! Ainda mais quando a personagem se apresenta como vítima, contando com riqueza de detalhes as penúrias causadas por algum ser horrível que a faz sofrer: seu parceiro, seu empregador, seu chefe ou sua ex-cunhada.

Deve-se ter um ouvido mais aguçado que o do lobo, justamente, para detectar sua melodia. Somente a somatória de acontecimentos pode nos dar uma pista. O lobo aprendeu a passar despercebido, treinou-se para fazer alianças e instruiu-se na arte de alcançar seus objetivos sem que ninguém o note.

Conta com muitos aliados ingênuos. É uma personagem difícil de abandonar, porque quase todos somos "presa fácil" para os enganos. O lobo vestido de cordeiro ganha quase todas as batalhas.

Por último, e somente a critério de exemplo, compartilho a imagem do **Pacotinho fechado.** Se montamos nossa personagem em um pacotinho fechado com um laço, é porque sofremos muito e não estamos dispostos a permitir que ninguém entre em nosso mundo interior.

Claro, tampouco oferecemos nada a ninguém. Somos egoístas. Sentimos tanto medo que não abrimos nem trocamos nada, em nenhuma área da vida. Costumamos organizar nossas rotinas com base em preconceitos obsoletos, ideias preestabelecidas e fixas, até o ponto dos nossos pensamentos diminuírem para caber em poucos centímetros cúbicos. Um pacotinho que não estamos dispostos a abrir. A vida funciona lá dentro. Há pouco espaço. Não nos importa. Que cada um se feche em seu próprio pacote e que não nos incomodem.

Essas são alguns exemplos de imagens. Simplesmente, quero treinar meus leitores a observar como cada cenário "obriga" certos movimentos, de modo tal que sigamos a lógica da trama e não a lógica do que cada indivíduo diz. Porque, como já foi explicado, o que dizemos, não importa. Os discursos são enganadores.

O PACOTINHO FECHADO

Por outro lado, os fatos são a verdade manifestada. Para que esses conceitos fiquem mais claros, oferecerei algumas histórias de vida com suas respectivas imagens. Com algumas nos identificaremos mais do que com outras, mas em quase todos os casos vamos nos lembrar de alguém que conhecemos, de quem gostamos ou a quem detestamos. Quer dizer, que pertencem à nossa trama. Espero que as histórias sejam úteis.

O tornado

Marcela viajou especialmente a Buenos Aires para a primeira consulta — não quis fazê-la por Skype. Vivia em uma cidade mediana da Patagônia, tinha 56 anos e duas filhas adotadas, Marilina e Estefania, de 11 e 12 anos, respectivamente. Estava em pleno processo de divórcio. Tinha feito psicanálise durante mais de vinte anos, mas a leitura do meu livro *O poder do discurso materno* a comoveu e ela decidiu experimentar este sistema.

Marcela queria entender por que se violentava tanto com suas filhas, sobretudo porque, sabendo que isso não era bom, não podia "pisar no freio". Disse isso chorando e visivelmente penalizada. Oferecemos a ela que começasse sua biografia humana pela infância.

Tanto a família materna quanto a paterna eram de classe média. Seus pais casaram-se jovens. Marcela foi a filha mais velha de quatro irmãos. Foi nomeada como a boazinha e inteligente. Viviam bem, mas, ainda que houvesse dinheiro disponível, o pai era muito avarento. Quem disse isso? Já disse antes que as lembranças se organizam conforme o discurso de quem tenha nomeado a realidade. Por isso, para acessar a realidade infantil, precisamos ver por meio da lente de quem estamos abordando a história. Em princípio, parece fácil perceber que o discurso era materno. A mãe não dispunha do dinheiro com a liberdade que teria desejado. Entre a mãe e o pai a violência verbal era um fato cotidiano. A mãe batia nos filhos. O pai menos, mas quando o fazia era brutal.

Perguntamos por sua escolaridade, pelos momentos de amparo, pelas brigas com os irmãos, por algum problema específico dentro da família (na verdade, sempre formulamos muitas perguntas para ajudar na reorganização das lembranças), mas em todos os casos Marcela lembrava tudo o que ela fazia para que a mãe não ficasse tão brava por causa do trabalho que tinha com os filhos menores. Marcela não conseguia lembrar-se dela brincando; pelo contrário, era ela quem observava seus irmãos brincando no quintal da casa. De fato, a mãe repetia: "Cuida dos seus irmãos." Também relatou que ela quase não comia. Isso enfurecia a mãe. Mas, por mais que fizesse esforços não conseguia comer, sentia nojo.

Foi mandada a uma escola de freiras, tanto no Ensino Fundamental quanto no Ensino Médio. No começo de sua adolescência estava terrivelmente magra e feia. Usava óculos. Nunca se atreveu a sair para dançar e, além disso, a aproximação dos meninos lhe causava pânico. Chorando, disse que, agora, tinha percebido que a mãe jamais havia lhe perguntado se estava tudo bem com ela, se estava acontecendo algo.

Seus irmãos menores se divertiam e saíam para dançar. Ela ficava em casa estudando, mesmo que, ao finalizar o colégio, não tivesse ainda nenhuma vocação definida. Até aí, parecia uma infância e uma adolescência bastante comuns, com uma alta dose de violência e muita repressão.

Também lhe tinham atribuído a responsabilidade sobre seus irmãos, o que, aparentemente, assumiu. Assim, ela chegou aos 18 anos sem experiência, sem amizades, sem desejos, reprimida.

Estudou francês e prestou concursos para a educação.

O que poderia acontecer em sua vida de trocas afetivas?

Na qualidade de detetives, imaginamos que poderia acontecer muito pouco ou nada. Quase não tinha traquejo de mundo. Dissemos isso a ela que, efetivamente, confessou que teve muitos amores platônicos. Contou com riqueza de detalhes cada uma dessas histórias inventadas a partir de um olhar, de um sorriso ou uma coincidência em algum lugar, basicamente alimentadas pela sua fantasia. Agora podia compreender que sentia muito medo. Mostramos a ela a imagem de um deserto para ilustrar sua infância. Então, nos despedimos. Voltamos a vê-la alguns dias depois, já que tinha vindo a Buenos Aires somente para essas entrevistas, mesmo que tivéssemos sugerido que aprendesse a usar o computador para possibilitar futuros encontros a distância.

Na segunda reunião, continuamos com a cronologia. Tinha convivido com seus pais e, assim que completou 30 anos, conheceu Horácio, o homem com quem se casou. Conheceram-se por intermédio de uns primos em uma festa familiar. Marcela dava aulas em várias escolas, morava com seus pais e nada muito mais do que isso. Não é que ela tenha gostado muito do Horácio, mas a mãe incitava, já que estava a ponto de ficar como "solteirona".

Horácio era um homem simples. Respondendo às perguntas que a sua terapeuta fazia, Marcela referia ao seu esposo com uma atitude desvalorizada e pejorativa: ele era frouxo. Não aceitava trabalhos que precisassem de um esforço adicional. Não tinha ambições. A pergunta sobre o início de sua vida sexual era obrigatória, certo? Adivinhem o que respondeu? Que não tiveram nenhum problema nesse sentido. Era crível? Não. Somos detetives. Não estamos falando de problemas necessariamente, mas sim de ignorância. Para uma mulher que ainda é virgem aos 30 anos, morando com seus pais, sem manifestar sua vitalidade e com medos eternos, sua vida sexual não terá sido simples. Dissemos isso a ela. Primeiro negou qualquer dificuldade, mas logo, aceitou chorando que não gostava de falar sobre "isso". Aceitou que nunca tivera "apetite sexual" e esse era um problema na intimidade do casal. Ele queria sexo e ela queria que conseguisse bons trabalhos. Prematuramente começaram os atritos e, pouco a pouco, foi crescendo a agressão entre eles. Ela tinha colocado seu interesse no trabalho. Ele manifestava seus interesses nas reuniões e jogos de cartas com seu grupo de amigos.

Ela reclamava que ele nunca estava em casa. Ele reclamava que ela o rejeitava e por isso ia embora. As insatisfações eram mútuas. Nesse ponto, os detetives tinham duas pistas: Marcela "continuaria reprimindo" seus desejos e insatisfações fazendo "o correto" para que seu marido não ficasse bravo, ou então descarregaria sua fúria contida em franca identificação com seus pais. Tínhamos somente que perguntar qual das duas maneiras ela havia colocado em funcionamento. Imediatamente respondeu que sua ira não tinha limites e que uma vez esteve a ponto de incendiar a casa com o marido dormindo dentro. Muito bem, já tínhamos uma primeira hipótese para nossa investigação. Para nós, é claro que a fúria pode permanecer latente até que se estale. Um investigador tem de ser capaz de descobrir o fogo aceso antes que ele exploda.

Anos depois tinham decidido que era a hora de ter filhos, mas ela não ficava grávida. Era lógico: o panorama de distância emocional, a falta de troca afetiva e a insatisfação eram claros. Quando lhe perguntamos por que desejavam ter um filho, não soube justificar. Em parte, respondia a uma expectativa social, em parte, Horácio tinha pedido. Como costuma acontecer, passaram por uma série de exames, operações e tratamentos hormonais. Acho engraçado porque raramente os especialistas se atrevem a perguntar com tato e delicadeza sobre a qualidade dos encontros amorosos. Pouca gente sabe que os orgasmos são fecundantes. Ainda que pareça evidente, poucos de nós levamos em consideração que sem encontros amorosos — e sexuais, claro — é muito difícil conseguir engravidar (se contarmos mais de 25 anos). Ainda que seja verdade que essa lei não rege quando somos muito jovens, engravidamos só de nos olharmos! Mas esses casos de infertilidade são óbvios. Pelo menos, para um detetive tem que parecer óbvio. A questão é que esse casal chegou aos tratamentos *in vitro*. Foram vários e não tiveram sucesso. Mesmo que tenhamos formulado muitas perguntas, Marcela não tinha ânimo para despertar lembranças desse período. Mas podíamos imaginar o desgaste, o desencontro, a frustração que foi crescendo à medida que passavam os anos. Aos 41 anos Marcela disse "chega". Nesse momento, decidiram começar os trâmites para adotar uma criança. Fizemos um resumo sobre a realidade emocional na qual ela vivia naqueles dias e nos despedimos.

Demorou seis meses até marcar um novo encontro. Aparentemente, sua psicóloga a havia desaconselhado continuar com essa indagação. Finalmente decidiu-se, aprendeu a usar o Skype e conectou-se a partir de sua casa. Disse que estava bastante deprimida, tinha ficado sabendo que Horácio estava namorando uma mulher que ela conhecia e isso era muito dolorido. Dissemos a ela que preferíamos continuar com a cronologia, abordando a chegada das filhas e que veríamos mais à frente se esta situação que a angustiava tanto tinha alguma importância.

Os acontecimentos da época na qual queriam adotar uma criança estavam confusos. Não conseguíamos entender quem levava o desejo adiante. No começo, era Horácio quem queria filhos, mas era ela que se ocupava de todos os trâmites. Ela disse isso em tom de queixa. Mas era assim que tinham funcionado desde o começo da relação, portanto, não víamos nada fora do normal. Quando finalmente foram convocados pelo juizado de menores, Marcela tinha 44 anos e sentia-se sem forças para criar um filho. Porém, foi-lhe entregue uma menina de 2 meses. Ela achou a bebê belíssima e em poucos dias puderam levá-la. O médico pediatra tinha recomendando mantê-la no colo o tempo todo; entretanto, algo interno, muito forte, impedia que ela o fizesse. Nós lhe dissemos que compreendíamos isso perfeitamente. A rigidez e a repressão das quais ela tinha vindo impossibilitaram Marcela de ter um contato corporal e íntimo com sua filha. Falamos bastante sobre isso, porque era a primeira vez que parecia "tocar" o sentido profundo desta "desconexão histórica".

Como imaginamos que pode ter atravessado os primeiros meses do bebê em casa? Se formos detetives e observarmos o grau de desconexão emocional no qual vivia Marcela, os desencontros com seu marido e a ignorância geral em termos afetivos, saberemos que a intensidade emocional que requeria o bebê a enlouqueceria.

Dissemos a ela o mesmo com palavras simples para não perder tempo com discursos bonitos, mas enganados.

O bebê a princípio era "muito bonzinho". (Isso costuma acontecer com crianças adotadas que chegam aos seus lares "acostumados" a não dar trabalho porque já tiveram a experiência de "não terem suas necessidades básicas atendidas".)

O esperado é que, em algum momento, a criança pequena "perceba" que tem direito a pedir mais cuidados. Pessoalmente, acho que é um momento para celebrar, porque significa que a crianças começa a confiar que o que ela pedir lhe será dado. Ao lembrar-se desses primeiros meses, Marcela percebia que, naquele momento, tinha estado mais atenta à sua própria rigidez do que a intuição que poderia chegar a surgir. Claro, consideraram que o bebê deveria dormir sozinho no quarto, fez o desfralde cedo e seguiu à risca receitas de criação que encaixavam perfeitamente com a sua própria experiência infantil. Um ano depois, foi avisada de que havia outra menina para ser adotada. Sem pensá-lo, completaram os trâmites e logo a levaram para casa. Com um bebê de um ano e outra recém-nascida, obviamente, o caos se instalou sem que Marcela e Horácio pudessem prever.

A seguir, viram-se totalmente superados pela situação. Logicamente, a violência contida apareceu nessa casa. Marcela teve ressalvas para contar os detalhes; portanto, nós, na qualidade de detetives, colocamos palavras porque não nos interessava julgar, mas sim compreender a lógica de uma determinada realidade. Esse era um mapa de enorme rigidez, ignorância afetiva e escassos recursos emocionais. Dois bebês, juntos, sob os cuidados de um casal, sem nenhum acordo e sem carinho verdadeiro, somente podia explodir. Então, ajudamos a nomear cenas prováveis, até que Marcela pôde ir aceitando e organizando sua cabeça e seu coração.

Claro que Marcela não parava de chorar. Tanto ela como seu marido tinham batido com fúria nas meninas, gritavam, as deixavam trancadas, as ameaçavam. Não podiam amá-las. Ambos sentiam que essas meninas tinham estragado a vida deles. Era insuportável estar em casa, já que o pranto delas era constante.

Escutamos com atenção, sem julgar, mas tentando expor a dimensão da violência exercida sobre as meninas, porque somente abordando a verdadeira magnitude poderíamos saber o que fazer com relação ao futuro. Perguntamos se nesse momento ela tinha sentido o grau de violência que exercia sobre as filhas e ela respondeu que sim. De fato, tinha pedido ajuda a um grupo de violência familiar, mas depois de pouco tempo suspendeu as consultas por medo de que lhe tirassem as meninas, já que não tinham ainda a adoção plena. Para nós, era importante observar o cenário completo, como um baralho de cartas que desdobrávamos e juntávamos uma de cada vez: a rigidez e o desamor dos quais ela provinha agora se espalhavam em desamor sobre suas filhas. Contávamos com a evidência dos encadeamentos transgeracionais da incapacidade de amar. Era lógico e terrível. Acontece que tínhamos que compreendê-los para atuar a favor das meninas, que não tinham que receber nem mais um tapa sequer.

Marcela entendia, mas perguntava: "Como eu faço? Eu não quero maltratá-las, mas puxo-lhes os cabelos, grito com elas, insulto-as, é muito difícil 'mudar'." A terapeuta leu uma frase de um dos meus livros: "Para uma criança pequena é alentador escutar que sua mãe ou seu pai lhe pedem desculpas, comprometendo-se em oferecer mais cuidado e atenção." Marcela entendeu que estávamos sugerindo que conversasse com suas filhas sobre o assunto e que lhes pedisse para que não permitissem mais os maus-tratos. Muito emocionada, e, despediu-se.

Durante o encontro seguinte sentiu confiança suficiente para relatar com mais detalhes algumas atrocidades que ainda exercia sobre as filhas. A terapeuta escutou estupefata e mostrou-lhe, por meio da tela do computador, a imagem do tornado, porque parecia que as meninas ficavam devastadas depois que ela, Marcela, passava com sua enorme violência sobre cada fato cotidiano.

Marcela olhou a imagem e caiu aos prantos: "Sim, essa sou eu. Sem tirar nem pôr. Ninguém me descreveu assim de maneira tão exata." Chorava pela dor que os maus-tratos com as filhas lhe

O TORNADO

provocavam. Sabia que tinha sido duríssima e injusta com elas, que tinha problemas para gostar da infância, mas esse foi o momento em que percebeu a gravidade de seu desamor. Dissemos-lhe que ela também estava chorando por causa do seu desamparo, ainda que estas palavras não tentassem justificar suas ações, mas sim mostravam que era importante compreender o que havia acontecido com ela quando era criança e que preço havia suportado.

Em vez de se transformar em uma mulher amorosa e dadivosa tinha se transformado em alguém violento que arrasava com força a bondade de suas duas filhas. Reconheceu que no momento em que as havia adotado sustentava argumentos intelectuais, mas nenhum contato verdadeiro com seu interior. Falamos várias vezes do passado e do presente, olhando a lógica do seu cenário e colocando sobre a mesa a verdadeira dimensão do autoritarismo, a repressão e a distância dos afetos.

Então contou que na semana anterior tinha permitido que as meninas fossem para sua cama durante a noite. Desde sempre esse era um pedido de ambas, sobretudo da mais velha, mas Marcela nunca tinha permitido. Depois de poucos minutos, percebeu que Estefania estava chorando em silêncio. Marcela ficou paralisada, não soube o que lhe perguntar, não foi capaz de abraçá-la, não sabia o que tinha que fazer. A seguir, percebeu a fúria que crescia em seu interior.

Sentiu seu vulcão interno, seu tornado, sua ira. Pelo menos registrou e conseguiu não as machucar nem as ameaçar. Respirou fundo e ficou quieta.

Ainda faltava percorrer minuciosamente os doze anos de vida de Estefania e os onze anos de vida de Marilina. Essas meninas tinham sido arrasadas e tínhamos que "desfazer" o caminho com este novo olhar contemplativo e passivo, até "tocar" cada ato violento, cada injustiça, cada agressão, cada castigo.

Assim soubemos que Estefania estava medicada desde os 3 anos. Por quê? Marcela não sabia direito. "Era nervosa" e tomava alguma coisa "para acalmar-se". Tentamos abordar especificamente o momento no qual a medicaram pela primeira vez: se tinha acontecido algo em particular, se a menina era pressionada — ainda que soubéssemos que as agressões eram comuns na família. Na verdade, eram tantas as coisas às quais estava submetida a menina que somente um robô não teria ficado nervoso.

Tinham feito o desfralde e, ainda não controlando os esfíncteres, levava surras todas as manhãs quando amanhecia molhada. Depois, a menina tinha problemas na escola para se concentrar, não copiava o que a professora escrevia na lousa. Mostramos à Marcela que, com o nível de violência e desconexão que circulava em sua casa, era difícil para uma menina concentrar-se na escola. Tanto Horácio quanto Marcela eram terrivelmente exigentes com o estudo e, à medida que a menina crescia, tinha menos permissão para ir à casa de seus amigos ou para realizar outras atividades e ficava ainda mais fechada em casa até acabar toda a tarefa escolar.

Enfim, o panorama era o mesmo. Perguntamos a Marcela se alguma vez tinha perguntado para Estefania o que estava acontecendo, o que ela pensava, o que queria. Silêncio. Não tinha nem ideia. Nunca tinha pensado em perguntar alguma coisa à sua filha. A medicação — que Marcela sequer sabia muito bem o que continha nem quais eram os efeitos — supria o diálogo, a aproximação e o interesse.

Era evidente que tinha que começar pelo começo: tinha que falar com Estefânia. Era inadiável que Marcela encontrasse dentro de si alguma capacidade para conseguir uma aproximação, contando-lhe o que acontecia com ela, como tinha sido sua infância, de que tinha medo, deixando uma brecha aberta para perguntar à Estefânia o que ela queria, de que gostava e o que precisava. Marcela achava isso impossível.

Olhamos juntas a imagem do tornado e, efetivamente — desde o interior do tornado —, parecia impraticável frear-se. Esta "evidência" a impactou.

Poderíamos levar todo o tempo que fosse necessário para rever sua infância, mas havia duas meninas vivendo nesse preciso momento e era necessário, simultaneamente, ir desarticulando a violência de seu tornado. Os encontros virtuais com Marcela continuaram uma vez por mês. Seu "automático" era potente. Continuava gritando com as filhas, puxando-lhes os cabelos, mas as filhas já se atreviam a responder. A mais nova disse: "Você é mais malvada do que um dinossauro." Em outro momento, teria levado uma bofetada por ter faltado com o respeito. Mas, dessa vez, Marcela não lhe bateu. Pôde dizer à filha que doía quando a menina lhe dizia isso, mas também a entendia. Logo em seguida, fechou-se no seu quarto para chorar, em vez de deixar sua filha chorando. Era uma maneira de diminuir a virulência do tornado.

Tinha tido alguns encontros com Horácio nos quais ele lhe disse que tinha medo dela. Medo do seu jeito violento e desqualificador. Ela não o desautorizou e o escutou. Seu ex-marido e suas filhas diziam: "monstro", "autoritária", "destrutiva", "trator". Em vez de diminuir esses qualificadores, os acomodamos também sobre a mesa para observar todo o cenário exatamente como era. Ela teve, inclusive, pela primeira vez, um sentimento de ternura com relação a Horácio, percebendo que jamais tinha sentido algo assim por alguém. A ternura não fazia parte da sua realidade emocional.

A vida cotidiana com suas filhas era muito difícil. Seu "automático" estava permanentemente em ação. Por isso os encontros via Skype serviam para observar o panorama da maneira mais abrangente possível, ver seu tornado em funcionamento e avaliar o nível de ignorância que tinha com relação a quase tudo o que tinha a ver com vínculos afetivos. Nossa hipótese estava traçada e a recebíamos sempre com a imagem do tornado na frente da câmera do computador.

Com essas "pequenas mudanças", nas quais tentava não gritar nem bater nas filhas, sentia que a casa se tornou um caos. Pedimos exemplos e, em verdade, essas meninas faziam o que fazem todas as crianças dessa idade. Porém, Marcela encontrava-se com uma realidade que não sabia controlar, além disso não tinha compatibilizado os desejos das filhas com os seus desejos próprios. Não tinha ideia de como fazer isso sem sua personagem violenta e arrasadora. Uma vez Marilina começou a gritar dizendo que odiava todo mundo e especialmente "ele": "Quem você odeia tanto"? perguntou a mãe. A menina respondeu: "Odeio Deus porque me fez nascer, me maltrata e eu não paro de sofrer desde que eu nasci..." e começou a chorar com muita angústia. Marcela conseguiu se aproximar sem tocá-la e pôde dizer-lhe que Deus não a maltratava, mas ela, sim, a havia maltratado como mãe e que, nesse caso, era responsável por toda a sua dor, porque não soubera cuidar dela do modo como merecia.

Assim continuo este trabalho: cada história, cada episódio, cada queixa, cada briga, cada descompasso; tínhamos que localizá-los no contexto geral revisando a reação automática — o tornado atuando — e logo cotejá-la com uma compreensão global e, portanto, com a opção de tomar uma decisão pessoal e responsável. Nada disso seria simples.

O perigo está à espreita

Chegou à consulta um homem com o rosto cansado e dolorido. Danilo tinha 50 anos e um filho de 18. Disse que tinha passado a vida inteira escondendo o abuso sexual sofrido na infância e desde então tinha se transformado em um lutador, manipulador e abusador dos outros. Que não era capaz de cuidar das pessoas de quem mais gostava e que se considerava uma pessoa horrível, indigna de confiança, mentirosa e enganadora.

A profissional disse-lhe com ternura que provavelmente alguém havia dito "isso" para ele. Em parte, esse fato era possível, mas de qualquer maneira poderíamos usar a oportunidade de investigar juntos. Danilo tinha feito psicanálise desde os 26 anos, até pouco tempo atrás. Perguntamos o que havia entendido nesses longos anos de terapia e ele respondeu que todos os seus terapeutas tinham sido como pais e mães para ele.

Iniciamos o processo da biografia humana. Como de costume, perguntamos pelo seu nascimento e entorno familiar: tanto a família paterna como a materna pertenciam à alta sociedade, eram proprietários de terras e tinham uma moral católica muito rígida. Danilo era o quinto irmão entre sete filhos. Tanto o pai quanto a mãe usavam os castigos físicos como ferramenta eficaz para a educação dos filhos. Todas essas crianças receberam surras e cada um deles reagiu como pôde: alguns saíram do país ainda muito jovens, outros enfrentaram os pais, outros adoeceram. Danilo, em particular, tinha sido nomeado como o pior demônio. Sim, literalmente, um demônio.

O pai dava cintadas nele, mas, mesmo assim, não conseguia "colocá-lo no eixo".

Logicamente, buscamos alguma figura carinhosa durante a infância, mas as crianças estavam aos cuidados das empregadas domésticas que mudavam assiduamente de trabalho, portanto, nenhuma delas foi referência de amparo.

Nomeamos então com palavras simples o desamparo que estava na crueldade, no enorme abandono, na solidão e na necessidade de ser amado, o que o obrigava a atuar por meio de pedidos desesperados pela mãe. Lamentavelmente, esses gritos carregados de dor foram interpretados como "demoníacos". Danilo escutava e concordava. Lembrou então que nessa época tinha pânico de escuro e que ia dormir tremendo de medo. Nunca soube por que. Obviamente, com esse panorama era fácil compreender que não havia tido outras ferramentas contra a hostilidade e o ódio.

Perguntamos pela escolaridade, supondo, em nossa função de detetives, que tinha duas opções: descarregar sua fúria sobre os colegas ou esconder-se diante da adversidade.

No seu caso, mostrava-se como um "demônio". Brigava violentamente com seus colegas e como consequência era expulso, mais uma vez, daquela escola.

Foi assim que cursou seus estudos em sete colégios diferentes. Danilo relatou histórias que descreviam suas travessuras — algumas realmente perigosas — e, da nossa parte, que sua mãe se destacava por estar ausente. Onde ela estava? Em casa. O que fazia? Não sabemos. O que dizia diante dos problemas de comportamento de Danilo? Que era um filho maldito. Antes da despedida fizemos com que ele visse que parecia ter obedecido às palavras de seu pai, validadas pela mãe: foi nomeado como demônio e foi o que fez, cumpriu à risca a função do lugar a ele atribuído.

Nossa proposta seria separar a personagem, com a qual foi nomeada, da criança real e desesperada por amor que vibrava desde seu nascimento. Tínhamos que observar com um olhar limpo o cenário completo, desde o ponto de vista da criança que tinha sido, para melhor compreender sua realidade. Assim ele partiu, com o choro engasgado.

Durante o encontro seguinte, surgiram novas histórias relativas à sua infância, todas carregadas de raiva contida. Também apareceram cenas dos verões na casa de campo, cheios de visitas, com tios e primos circulando.

Foi assim que, em um desses verões, um de seus primos de 14 anos começou a abusar dele. Calculava ter entre 6 ou 7 anos quando começaram os abusos, que duraram muito tempo, mesmo que ele não conseguisse precisar até quando.

Falamos sobre o motivo pelo qual o abuso continuava e chegamos à conclusão de que provavelmente teria sido o único âmbito de amor durante sua infância. Falamos sobre a entrega materna, sobre o olhar nulo de sua mãe com relação a ele e suas necessidades básicas, sobre a solidão e o desespero, e sobre ter sido um menino largado à sorte. Ainda durante a consulta, Danilo sentia culpa por ter mantido esses encontros secretos durante a infância, mesmo que lhe mostrássemos que o mais dolorido tinha sido a falta de amor e a constatação de que não tinha um adulto sequer em volta em quem confiar e para pedir ajuda.

Achamos pertinente explicitar que os únicos responsáveis tinham sido os adultos e, principalmente, sua mãe, que era quem deveria protegê-lo e amá-lo. Um menino abandonado é um menino à procura de amor; e, procurando amor, encontra abuso. O menino abusador estava praticamente na mesma situação: procurando impacientemente amor por meio da submissão sobre alguém mais fraco.

Falando de demônio, quem eram os demônios aqui? As crianças desesperadas ou os adultos jogando essas crianças na fogueira?

Obviamente, com esse panorama, ele nunca podia se concentrar nos estudos e por isso era mau aluno, o que aumentava a ira do pai com os consequentes castigos.

Danilo não compreendia nada do que era ensinado em sala de aula e não sabia o que fazer para solucionar. Passou de colégio em colégio e por isso fazia amizade com os meninos da rua em vez de se relacionar com os colegas da escola. Dessa maneira, começou a

O DESERTO

ingerir álcool e a consumir as primeiras substâncias viciantes. O pai era uma pessoa muito distante, a mãe estava afundada no álcool e em queixas.

Lembrou de uma vez em que confessou para a mãe que estava se drogando muito, mas ela simplesmente foi dormir. Olhamos juntos esse panorama tão desolador. Mostramos a Danilo a imagem de um "deserto" para contemplar sua infância.

Era evidente que ele tinha sido uma criança solitária e tinha sofrido abusos, com certa capacidade para perceber que estava em perigo. Agora, teríamos que investigar o que esse menino tão machucado tinha feito para sobreviver. Na nossa posição de detetives, tínhamos duas hipóteses: ou tinha aprendido a manipular e roubar algo valioso dos outros ou podia chegar a adormecer no álcool e nas drogas para não sofrer tanto.

Abordamos sua adolescência com as duas "suposições" na mão. Começou a sair com muitas mulheres (podíamos dizer: "a consumir mulheres"). Sentia uma forte atração sexual por elas, e de fato mantinha várias relações, simultaneamente. Obviamente, algumas o largavam e, quando isso acontecia, sentia que ficava louco, como se a sutil conexão com a sensação de "deserto" não fosse tolerável.

Nesses momentos, aumentava o consumo de álcool. Essa maneira de vincular-se foi constante em sua vida: relacionava-se intensamente graças a sua capacidade de sedução, mas logo, sutilmente, acabava maltratando as mulheres (e também amigos e colegas de trabalho, com quem, mais cedo ou mais tarde, acabava brigando). Trabalhou em algumas empresas subindo de posição com rapidez e distribuindo adrenalina entre o trabalho e as relações passageiras. De alguma maneira, deixava feridos no rastro de sua corrida cega, consumindo substâncias, afetos, amizades ou circunstâncias que o beneficiavam. Esses feridos logo se transformavam em inimigos, quer dizer, pessoas perigosas que poderiam, também, lhe fazerem mal. De repente começou a chorar copiosamente, como se algumas peças começassem a encaixar em algumas histórias de vínculos. Então o acompanhamos durante um tempo, sem pressa, para acalmá-lo.

Mais tarde, comentou que estava muito angustiado porque precisava ganhar mais dinheiro. Perguntamos detalhadamente e ficamos sabendo que toda vez que terminava uma relação importante com alguma mulher, ficava "comprometido" em continuar sustentando-a em termos econômicos, em parte para pagar o dano que, em termos emocionais, tinha causado. Ele fazia algo "errado" para que essas mulheres ficassem terrivelmente bravas com ele, e logo, infantilmente, colocava-se em uma posição — conhecida — de merecer um castigo. Então, decidimos mostrar-lhe a imagem do perigo.

Vislumbrávamos Danilo em um deserto, sim. Mas, além disso, constantemente à espreita de um perigo iminente. Ele sentia que utilizava muita energia para distrair o "monstro", para que não o devorasse. Dissemos que tínhamos a suspeita de que suas relações amorosas com as mulheres deveriam ser vividas assim, com seu mecanismo "automático": ele machucava — de uma maneira tão ignorante que achávamos que era inconscientemente "de propósito" — e logo acabava acusado de ser o culpado. Primeiro desprezou a ideia, mas depois ficou pensando. Contou algumas confusões que tinha feito sem perceber antes de finalizar várias relações afetivas. Propusemos que deixasse descansar um pouco a ideia e que nos víssemos algumas semanas mais tarde para continuar com a cronologia e organizar os pontos nos quais se acomodariam as peças do quebra-cabeça.

Durante o encontro seguinte falamos sobre o nascimento do seu filho Ariel, foi fruto de uma relação que durou seis anos. Primeiro, quis contar um conto de fadas: que Ariel era uma fofura, tinha alegrado a vida de todos e que ele tinha encontrado a felicidade. Do nosso lugar de detetive, e observando Danilo com a adrenalina nas nuvens, era difícil acreditar. Insisto que aquilo que o consultante diz não interessa nada ou muito pouco. Quando já conseguimos ter uma imagem como hipótese, olhamos nossas

A PROXIMIDADE DO PERIGO

pistas em lugar de escutar. Por agora, tínhamos um perigo sempre latente. Não vislumbrávamos felicidade nesse cenário. Dissemos isso a ele. A realidade era a de que ele ia todos os dias para o trabalho e, ao voltar, encontrava sua mulher furiosa. Agora reconhecia, evocando esses tempos, que naquela situação tinham ficado juntos para ter diversão. Sua mulher era mais jovem e sentia esse bebê como se fosse seu carcereiro. Tudo o que desejava era voltar a sua vida de antes. Entretanto, estava presa com esse bebê em casa e com um marido que não se conectava com nada do que acontecia de verdade.

Tentamos perguntar mais especificamente sobre as vivências dessa criança, mas Danilo não lembrava de absolutamente nada ou tinha um olhar superficial sobre esses primeiros anos do filho. Danilo aceitou com muita dificuldade que ele, quando estava em casa, era muito intolerante com Ariel, já que ela era 'muito nervosa'. Aqui, nosso lado de detetives tem que intervir. Vamos vê-lo assim: se temos um senhor que se enche de trabalho, excitação, álcool e diversão e além disso tem uma mulher nervosa em casa com um bebê que não tolera, o que vai acontecer? Tudo! Por que ele não sabe? Está o dia inteiro fora de casa. Mostramos para Danilo que esse menino deveria ter sofrido castigos, fustigações e rejeição por parte da mãe e que ele não tinha nem ficado sabendo. Então, com dor, mexendo a cabeça de um lado para o outro, concordou. Lembrou-se de que, durante a escola primária, Ariel tinha muitas dificuldades para concentra-se, e Danilo irritava-se exageradamente com isso. Ainda que a coincidência entre a infância do pai e a infância do filho fosse evidente agora, não o soubera no passado. Danilo começou a "fiar" histórias até aceitar que seu filho provavelmente tivesse passado por situações parecidas com as dele mesmo. Atualmente, Ariel mantinha uma distância prudente do pai e também da mãe. Danilo se queijava que Ariel era "hermético" e "mau-caráter". Mas, olhando o panorama completo, agora podia compreender que talvez Ariel não esperasse encontrar nem amor nem ternura em nenhum dos seus progenitores.

De qualquer maneira, esclarecemos que o equilíbrio de Ariel dependia daquilo que sua mãe teria podido ou não oferecer a ele. No caso dos consultantes homens, não mostramos tão minuciosamente o que será dos filhos, ainda que seja de sua competência entender qual foi a realidade emocional dos filhos. Quando já não são tão pequenos, às vezes, podem fazer algo por eles.

A questão é que decidimos retomar a cronologia dos acontecimentos. Com uma criança em casa, o casamento desmoronou rapidamente. Danilo não queria sair de casa "para não abandonar o filho". Aí o detetive interrompeu dizendo: "Não é verdade." Simplesmente não é verdade. Se olharmos o panorama completo, saberemos que Danilo não saía de casa porque deveria ter terror do deserto.

Enquanto isso, a guerra dentro do casal era cruel e Ariel era testemunha permanente.

Claramente, a solidão era como uma faca cravada pelas costas. Voltamos a olhar a imagem do deserto e a imagem do perigo que o espreitava. Mais uma vez, colocamos palavras simples: "Em um deserto interno você sempre esteve sozinho e com algum perigo à espreita, com um monstro a ponto de te devorar. Assim aconteceu desde que você era criança. Procurou estratégias para não cair em suas garras, às vezes, fugiu, outras vezes, se escondeu, outras vezes, se encheu de barulho e diversão, outras, empanturrou-se e, algumas, ficou encolhido morto de medo. Mas agora você é adulto e sabe que os monstros nãos existem. Entretanto, a personagem que procura permanentemente estratégias para fugir continua funcionando." Fechou os olhos, disse que parecia o resumo da sua vida e que precisava de um tempo para poder integrar essas imagens. Assim, despediu-se. Durante o próximo encontro, o trabalho foi feito sempre com a imagem na mão, procurando, entre terapeuta e consultante, a lógica desse cenário. Para ele, era difícil compreender que o monstro não era externo, mas que ele o criava desde suas entranhas.

Propusemos que continuasse narrando as cenas de sua vida cotidiana. Teve relações diversas com mulheres até que se uniu com quem era sua parceira atualmente, Suzana. Um ano atrás, pediu a ela que fossem morar juntos. Ela tinha três filhos e vivia do lado da casa do ex-marido. Suzana não tinha vontade de enfrentar uma nova convivência nem colocar em risco o sustento que provinha de seu ex-marido, o que ela temia perder. Danilo viveu isso como uma traição terrível. Não podia acreditar que Suzana "tinha feito isso com ele". Tive que mostrar-lhe que isso não era traição, mas sim uma decisão livre de Suzana, já que nunca antes ela havia prometido algo diferente.

Entretanto, Danilo estava ofuscado e furioso, argumentando com todos os tipos de motivos por que ele e Susana deveriam morar juntos. A terapeuta disse: "É verdade, você foi traído, uma mulher te traiu. Foi a sua mãe quem te traiu quando você era criança e merecia ter sido amparado por ela." Danilo levantou os olhos com raiva e gritou: "Já sei", e começou a chorar como uma criança pequena. Então, pacientemente, voltamos às doloridas cenas da infância, mas acrescentando o conceito de traição várias vezes em cada detalhe, cada história, cada esperança e cada decepção. Danilo ainda estava com raiva. De fato, cada vez que tinha um desencontro com Suzana, saía de novo com outras mulheres ao mesmo tempo, como um menino birrento que precisava ir à forra. Lógico, entre elas sempre estava uma tropa de possíveis monstros: mulheres machucadas, feridas, que o faziam pagar o preço de seu descaso e de sua sedução enganosa.

Dissemos isso a ele mais ou menos com essas palavras; então, Danilo confessou: "Há algo que eu não te disse." Acontece que há um ano, em meio a uma dessas birras infantis que manifestava quando algo com Suzana o incomodava, engravidou duas mulheres com um mês de diferença uma da outra. Uma delas abortou logo e contou para ele. A outra, prendeu-se à gravidez e acusou Danilo de todos os males e exigiu que assumisse a paternidade. Ele tinha feito uma nova e reluzente "peraltice" — se podemos dizer assim —, com o consequente monstro que continuaria castigando-o para sempre. Esse bebê já havia nascido, ainda que ninguém de seu entorno soubesse de sua existência; como consequência, Danilo vivia aterrorizado pelas ameaças da mãe dessa menina. Isso confirmava, mais uma vez, seu mapa. Voltamos a olhá-lo. Danilo compreendia perfeitamente, desde o intelecto, mas seu coração estava ainda ardendo de dor. Como continuar? Já tínhamos um panorama mais ou menos completo, mas viver cada dia com seu filho adolescente, tão colérico quanto ele, com problemas de dinheiro e grandes dívidas, uma ex-mulher exigente, uma parceira com quem ele queria ficar seguro, mas não conseguia, umas mulheres perseguindo-o e uma filha nascida fora do casamento... Tudo era angustiante.

No entanto, pudemos acompanhá-lo mais alguns encontros com a intenção de desmontar cada cena: ver como começavam, como ele as alimentava, como olhava parcialmente para o que gerava e como podia começar a acalmar o menino sozinho e desesperado que vibrava em seu interior. Dissemos a ele que uma maneira possível para sair desse cenário era deixar de pedir tudo aquilo que não tivera no passado — ou seja, substância materna — e aprender a se vincular como um par com sua mulher. Ou com um amigo. Uma nova atitude poderia chegar a mudar sua história.

Deixou passar vários meses e voltou. Tendo ouvido as gravações dos encontros realizados, pôde relatar com suas próprias palavras algumas cenas passadas e outras atualizadas, nas quais via perfeitamente o monstro espreitando-o e o terror infantil que o paralisava. Viu em quantas ocasiões ele criava o monstro e "o alimentava", mantendo-o vivo e acordado. Por que as pessoas fazem algo desse tipo? Porque é o nosso "automático". Reproduzimos, sem perceber, os cenários conhecidos.

Contou-nos alguns detalhes do divórcio controverso que ainda tinha com a mãe de Ariel, a quem claramente "alimentava" há anos para que reagisse com ferocidade. Logo, ele podia prolongar seu terror sem tomar decisões conscientes. Enfim, o que quero mostrar é que em cada vida há uma infinidade de obstáculos a serem enfrentados, mas, quando compreendemos o cenário no qual cada indivíduo está inserido, o roteiro da personagem e seus benefícios ocultos, podemos sugerir que experimente outros movimentos. Isso estaria bem próximo do conceito de liberdade.

A guerreira

Melina chegou com seu bebê de 6 meses no carrinho. Estava em processo terapêutico com uma psicóloga, mas desde que ele tinha nascido não era a mesma coisa, não se sentia mais tão "compreendida" e queria tentar outra coisa. Estava intranquila porque queria voltar a trabalhar e não sabia como faria com o bebê. Parecia uma mulher dura, forte, com os pés no chão. Tinha 30 anos recém--feitos.

Propusemos começar a biografia humana.

Seus pais vinham de famílias trabalhadoras de baixa renda. Melina foi a primeira de três irmãos. A princípio, disse que quase não tinha lembranças da infância, mas à medida que fomos nomeando apareciam espontaneamente cenas de violência ativa. Lembrava-se de sua mãe sempre brava e batendo-lhe com rudeza. Relatou uma cena que ainda estava muito fresca: a mãe tinha batido nela com um ferro quente. Também contou com desapego surpreendente vários acontecimentos do mesmo terror. O clima na casa era de guerra permanente: a mãe, obsessiva com a limpeza, reclamando do pai, insatisfeita, e culpando os três filhos por ela não ter podido progredir na vida. A mãe cuidava da casa e das crianças.

Quando o pai voltava, à noite, também os surrava muito. Com cintas, cadeiras, sapatos ou o que visse pela frente. Mostramos a ela que as crianças, então, eram usadas como escudos da mãe. Melina olhou-nos surpresa: nunca tinha pensado nisso. Entretanto, entendia o sentido, já que imediatamente lembrou que, depois das surras nas crianças, o pai chegava com flores e presentes para a mãe e estabelecia-se entre os adultos um jogo de compensação. Algo que Melina não compreendia quando era criança. Claro que, com o tempo, transformou-se em uma grande defensora da mãe. Como sabemos? Porque somos detetives. Porque, ainda que a mãe fosse atroz, ela se ocupava todos os dias de encher-lhes a cabeça com relação ao horrível que era o pai e como ela era vítima, e então, quando o pai lhes batia — e a mãe o denunciava —, o que era nomeado eram os tapas do pai, mas não a denúncia da mãe (nem os tapas da mãe quando o pai estava ausente).

Ela e seus irmãos iam a um colégio estadual o dia inteiro. Era boa aluna e não dava trabalho. Passava bastante despercebida na escola. No entanto, em casa estava alerta esperando que chegasse alguma agressão. Logicamente, tomamos um tempo para olhar esse cenário de guerra no qual as crianças terminavam, inevitavelmente, feridas. Se formos detetives, temos que pensar quais seriam as opções de sobrevivência para nossa protagonista: tentar passar despercebida para que nenhuma bala passasse de raspão. Ou talvez aprender a se defender antes e atacar depois. Isso era o que deveríamos averiguar.

Para isso abordamos as cenas da sua adolescência investigando suas relações afetivas: como as encarava? Fugindo dos vínculos ou brigando? Como saber? Perguntando diretamente, explicando que estávamos avaliando essas duas opções. Geralmente os consultantes sabem responder sem rodeios.

Efetivamente, nomeou de imediato as brigas com seu pai. Por que brigava? Basicamente porque defendia a mãe. Certo. Então nós, detetives, vamos perfilar a personagem da guerreira. Então lhe mostramos uma imagem.

Olhou-a e começou a rir com orgulho. Continuamos investigando. Teve o primeiro namorado com quem ficou três anos com o tempero dos ciúmes, cenas e brigas escandalosas.

Aos 21 anos, depois de uma briga terrível com seu pai, saiu de casa. Trabalhou em alguns comércios e durante anos precisou alugar quartos para morar. Obviamente, passou por ambientes marginais, aprendeu a beber, a fumar e outras coisas. Os únicos "amigos" que tinha eram aqueles vinculados ao consumo. Já tinha brigado e se afastado de seus colegas da escola fazia tempo.

Aqui lhe mostramos com firmeza o panorama dessa jovem indo para o mundo, se virando aos trancos e barrancos.

Colocamos palavras em cenas que podíamos imaginar e, nesse ponto, Melina começou a chorar. Gemendo, relatou brigas intermináveis com seus amigos. Passou seus anos de juventude tentando sobreviver, mudando de trabalho, dos quais geralmente saía em meio a grandes conflitos, entrando e saindo de relações ocasionais com homens que pertenciam ao circuito do consumo de álcool e, além disso, vivendo muito precariamente em quartos com pouco conforto, por assim dizer.

Logicamente, intuímos que também houvera uma alta dose de promiscuidade, já que isso era parte do panorama. Concordou envergonhada.

Voltamos a olhar a imagem da guerreira corajosa, intrépida e sobrevivente de todas as batalhas. Também tentamos imaginar a dor e o cansaço que escondia debaixo desse lindo traje de lutadora. Assim nos despedimos.

No encontro seguinte, fizemos uma breve revisão. Contou algumas histórias de muito sofrimento que tinha lembrado nessas semanas e — uma vez que confirmou o ritmo da personagem — propusemos a ela continuar com a cronologia.

Aos 25 anos conheceu Hernán, seu companheiro atual e pai de seu filho. Foi um encontro casual em um bar, fizeram sexo e isso foi tudo. Melina pretendeu contar a bela história, que foi amor à primeira vista, que foi uma flechada, que os olhos verdes de Hernán a enfeitiçaram, e tudo aquilo que somos capazes de dizer a partir do engano. Mas nós, como detetives, olhamos a imagem destruída dessa lutadora procurando por um momento de descanso. Perguntamos diretamente se tinha visto em Hernán algo de estabilidade. O que estávamos procurando com tais perguntas? Confirmar se a guerreira estava procurando conquistar algum território no qual pudesse descansar.

A GUERREIRA

De fato, Hernán tinha casa própria e trabalho seguro. Nós não julgamos se isso era bom ou ruim. Não o sabemos e não nos interessa. Somente tentamos que cada indivíduo olhe seu próprio cenário com a maior consciência possível.

Claro que Hernán também consumia, e muito. Mas se "descontrolava" só nos finais de semana. Durante a semana trabalhava com afinco. Pouco tempo depois, Melina foi morar com ele. Hernán resistiu um pouco, mas no final permitiu, com algumas condições. Entre elas, que durante a semana não poderia haver álcool em casa, que deveria trabalhar e que sua própria mãe tinha o direito de entrar nessa casa todas as vezes que quisesse. Ela sempre havia trabalhado, simplesmente não podia ter a ilusão de que, a partir desse momento, esse homem a sustentaria. A proposta econômica de Hernán era restrita: cada um teria que contribuir com metade dos gastos. Milena não tinha opções para negociar, então, no começo, "aceitou" as condições. Se olharmos a imagem, não era difícil deduzir que a guerra começaria em pouco tempo.

Engravidou quase imediatamente. Trabalhou até o final da gravidez. Parou de beber, mas assim que a criança nasceu voltou a fumar. Podemos imaginar, na qualidade de detetives, e antes de verificá-lo, o que poderia ter acontecido com seu parto. Sua desconexão emocional, a necessidade de colocar garra e força diante de qualquer adversidade e o medo da sua própria suavidade a afastariam de qualquer vivência amorosa.

Dizemos isso a ela exatamente assim. Efetivamente, tinha lembranças apagadas do parto, da atenção hospitalar e dos maus-tratos recebidos. Tampouco tinha acordos amorosos compartilhados com Hernán, nem intimidade emocional nem conversas honestas nem conhecimento mútuo. Nada disso aparecia em sua imagem de guerreira.

O bebê nunca conseguiu pegar direito o peito (voltamos a olhar juntas a imagem da guerreira, imaginando como um bebê faria para atravessar toda essa armadura). O bebê quase não chorava e dormia muito. Perguntamos quantos cigarros fumava nessa época. Disse que "pouco", mas já sabemos que esse "pouco" não era muito real. Além disso, cada vez que ela fumava estava obrigava a deixar o bebê.

Agora, se temos uma mulher aguerrida que sai para lutar a cada momento e que cria inimigos por onde quer que passe para poder confrontá-los, o que vai acontecer com um bebê nos seus braços? Ou o bebê vai se transformar em seu principal inimigo e vai enfrentá-lo ou vai abandoná-lo porque se transforma em um obstáculo para alcançar as lutas que valem a pena.

Isso é o que pensa um detetive, antes de perguntar ao consultante. Por que pensamos antes? Porque se perguntarmos ingenuamente como aconteceu o puerpério, é provável que apareça no automático o "discurso enganoso", ou seja, as palavras que alguém nomeou. E como nos discursos oficiais do inconsciente coletivo, em relação aos bebês, abundam palavras como "felicidade", "rostinho feliz", "sou a mãe mais feliz do mundo", etc., é essencial que procuremos a realidade, que é mais rapidamente é encontrada quando temos alguma pista.

Então perguntamos diretamente à Melina se ela tinha vivido seu filho como um obstáculo que a impedia de sair para lutar ou se o viveu como alguém a quem ela tinha que cuidar. Melina pensou um pouco. Disse que não sabia. Perguntamos o que será que teria respondido Hernán. Isso ela soube rápido. Hernán dizia que ela o tratava como se fosse seu inimigo. Desconfiava de tudo. E mais ainda: curiosamente, quando acabou a licença maternidade e ela tinha que voltar ao trabalho, Hernán ofereceu-lhe que ficasse em casa e que ele seria responsável por todos os gastos. Isso foi em parte um alívio, mas em parte a colocou em pé de guerra. Foi interessante observar que, ainda que não tivesse motivos aparentes, sua "personagem" de guerreira estava em alerta, sempre. Então nos despedimos.

No encontro seguinte, veio muito emocionada. Decidiu contar a Hernán o que estava descobrindo nesses encontros: como transformava todos em inimigos, inclusive ele. Contou como seu automático a mantinha em alerta. Como maltratava quem quer que fosse sem perceber. Hernán agradeceu, mas também pediu que desativasse a agressão constante, já que costumava ser terrivelmente agressiva com as palavras.

Isso permitiu que se observasse mais e se observasse melhor em meio aos seus ataques de fúria: começou a perceber como começavam, quantas vezes por dia e em que circunstâncias. Nesse ponto, sendo detetives, que vamos supor? Sim, que o bebê também será depósito de agressões. Mais cedo ou mais tarde aconteceria. O ritmo do cenário o pede. Isso é importante saber de antemão e manifestar sem juízo de valor, porque todos compartilham certo nível de moral e consideram que maltratar uma criança é algo muito ruim. Se é ruim, teremos a tendência de negá-la ou minimizá-la. Por isso, será tarefa do profissional colocar as cartas sobre a mesa. Estamos vendo a realidade do jeito que é, para que cada indivíduo tenha acesso, o mais direto possível, à sua própria verdade. Perguntamos o que o Hernán fazia e o que ela fazia com o bebê durante seus ataques de fúria. Costumavam ficar calados. O bebê permanecia muito atento aos movimentos de sua mãe. Pouco a pouco, Melina foi aceitando que gritava frequentemente com o bebê, sobretudo à noite quando ele não dormia. Que na maioria das vezes era o pai que acabava acalmando-o para que pudesse dormir.

Tínhamos um panorama mais ou menos claro. Era linear. Quero dizer, para uma guerreira, ter um bebê é como ocupar-se com um extraterrestre. Em uma situação tão desconfortável, a personagem reagiria negativamente. Impossível que acontecesse outra coisa.

A questão é que, aos poucos meses de vida do filho, ela ganhou de presente um dos meus livros. Leu-o com voracidade transformando-se em uma "militante" da "criação com apego", das fraldas ecológicas e da alimentação saudável. Tudo isso pode ser interessante. Mas uma coisa é militar a favor das fraldas ecológicas e outra é estabelecer uma relação amorosa com o próprio filho (ou com quem quer que seja). De fato, em seguida conseguiu engendrar uma boa quantidade de inimigas entre as mães que "não concordavam" com esse assunto ridículo da "criação com apego". Voltamos a olhar a imagem e rimos um pouco. Já achávamos graça. Então nos despedimos.

Voltou uns meses mais tarde tendo observado a si mesma em muitas e diversas situações. Estava mais bonita e visivelmente comovida. Relatou diferentes cenas na quais se via muito exigente com Hernán, mesmo que ele tivesse mudado muito depois do nascimento do bebê. O marido estava disponível, ganhava dinheiro suficiente, se encarregava de acalmar a criança, às vezes lhe dava banho ou o levava para passear, sobretudo quando ela soltava faíscas.

Hernán estava muito mais comprometido do que ela podia imaginar antes do nascimento do filho. Ela reconheceu várias vezes seus momentos de fúria desproporcionais, ainda que Hernán parecesse estar disposto a esperá-la, sustentá-la e ajudá-la. Hernán tinha lhe garantido que valorizava o enorme esforço que, com sua história nas costas, Melina estava fazendo para ser uma boa mãe. Ela contou isso em meio a um pranto angustiante, como se apenas o fato de que alguém a olhasse de verdade, com bondade e compaixão, a tivesse desmontado.

Melina voltou às consultas porque tinha sentido que esta revisão de sua história tinha lhe permitido recordar com maior lucidez os abusos sexuais paternos durante sua infância. Escutamos sem assombro, já que os abusos estavam *dentro da lei* do cenário que tínhamos abordado. Durante vários encontros permitimos que aparecessem lembranças cada vez mais nítidas. O mais importante era identificar o nível de alerta e desconfiança que tinha desdobrado para sobreviver. Também começou a ficar muito triste. A tristeza é um sentimento novo e não muito comum em uma guerreira. Pouco a pouco pôde relatar a Hernán esses acontecimentos com algo de pudor e receio. De todo jeito, a relação cotidiana com seu filho — que já tinha um ano e meio — era sufocante para ela, muitas vezes não conseguia controlar sua fúria, mas pelo menos era consciente disso.

O que mais poderíamos oferecer-lhe? Já tínhamos revisado muitas vezes seu cenário e sua personagem atuando. Melina garantia que entendia tudo, mas continuava sofrendo. Tentamos falar especificamente sobre as cenas nas quais ela, dia a dia, se violentava com seu filhinho. Pudemos identificar que geralmente acontecia ao final do dia, quando o cansaço a sufocava. Pensamos em várias estratégias para que não chegasse tão cansada porque era óbvio que tínhamos que começar a preservar seu filho. Também vislumbramos que a ira aparecia quando um pouco antes tinha aparecido um indício de tristeza. Era como se a fúria a salvasse de ter que entrar em contato com a dor. Melina perguntava: Como abandonar a violência se era a única maneira que ela tinha encontrado para não cair em depressão? Dissemos a ela que não sabíamos, mas, se ela estivesse disposta, poderíamos continuar com os encontros por algum tempo. Revendo cena por cena, dando novo significado ao seu medo infantil, ajudando-a a posicionar-se como adulta e responsável por uma criança pequena, procurando em seu interior a força para amar e amando cada dia mais e mais.

A devorada pela mamãe

Maria Rosa parecia uma mulher simpática e comunicativa de 36 anos, casada e com uma filha de 4 anos. Estava preocupada com o seu papel de mãe, porque não sabia como comunicar-se com a filha. Trabalhava muito e achava que isso atrapalhava a relação com a filha. Perguntamos a ela diretamente se a filha pedia para dormir em sua cama durante a noite e sem titubear respondeu que sim, que todas as noites havia um escândalo, mas "todo mundo" lhe dizia que isso seria muito ruim, portanto, ela nunca havia deixado. Com uma pitada de humor, perguntamos quem era "todo mundo", já que, sendo detetives, suspeitamos de que "todo mundo" provavelmente seria sua mãe. Efetivamente, era a opinião indiscutível da mãe de Maria Rosa. Disse-nos também que, ao ler meus livros, havia percebido que não tinha vida própria. Quase tudo passava pela vida de sua mãe e, curiosamente, essa era a queixa principal do seu marido.

Com essas informações, demos início à biografia humana.

Tanto sua família materna quanto a paterna eram imigrantes espanhóis, trabalhadores e relativamente humildes. Tiveram um filho e doze anos depois nasceu Maria Rosa. Sobre o seu irmão Francisco, disse-nos que durante a infância ele "manipulava" todo mundo adoecendo e que a vida da mãe tinha sido muito difícil por causa disso. Mostramos que ela era muito pequena para tirar essas conclusões e que pareciam decalcadas do discurso materno. Mas ela insistiu que "todos" diziam o mesmo. Bom, mas quem compunha esse "todos" concretamente? "A mamãe... E... Enfim, você tem razão, a verdade é que era minha mãe." Com ternura, lhe explicamos que se esse menino havia ficado doente constantemente ou se ele "manipulava" para obter cuidados maternos, no final das contas estava fazendo o que podia para ser preenchido como criança. Quem julgava como "manipulação" aquilo que a criança fazia era a mãe. Maria Rosa não gostou desse comentário, como se precisasse dar razão à mãe a todo custo. Com esse irmão tão difícil, era de esperar que Maria Rosa ocupasse um papel mais confortável para a mãe: tinha sido boazinha, obediente e uma aluna exemplar. Vivia atrás do orgulho que a mãe sentia quando ela se destacava nas tarefas escolares. Nesse ponto, mostramos a ela a forte polarização (organizada pela mãe) entre os dois irmãos: cada um tentava obter o olhar materno a partir de uma personagem atribuída, Francisco adoecendo e Maria Rosa satisfazendo sua mãe. O que ficaria nesse cenário, futuramente, seria o confronto obrigatório entre os dois irmãos.

Não pudemos resgatar muitas lembranças da infância, com exceção das terríveis brigas entre seu irmão Francisco e sua mãe. Nessa época, ele já era um adolescente. Não se lembrava de violência física, mas sim, muita violência verbal. Depois desses enfrentamentos, Maria Rosa acalmava a mãe, garantindo-lhe de que nunca faria nada para deixá-la brava e que sempre cuidaria dela. O pai não aparecia na cena, por mais que tenhamos feito muitas perguntas. O que aparecia era que Maria Rosa estava sempre atrás e identificada com o sofrimento da mãe que, conforme o discurso materno, era por causa do seu irmão mais velho. Já era óbvio que a mãe a havia aprisionado, devorado, que tinha usado Maria Rosa para proteger-se, para ter alguém que a defendesse, a amparasse, a cuidasse.

Então, mostramos a ela a imagem de uma menina devorada (nesse caso, para produzir um impacto maior, em vez de desenhar uma senhora, decidimos que seria a boca de um jacaré que come uma menina). Maria Rosa disse que achava muito forte e que não tinha sido bem assim. Respondemos que continuaríamos investigando e nos despedimos.

Ela voltou cheia de vontade de contar muitas histórias. Mas lhe explicamos que precisávamos traçar um panorama geral para encontrar o "fio mágico" da sua história de vida. Logo, poderíamos

A DEVORADA PELA MAMÃE

entrar em detalhes. Abordamos sua adolescência. O que poderíamos supor na qualidade de detetives? Que ela não faria nada que trouxesse problemas à sua mãe. Para isso, existia o irmão. Provavelmente, ela viveria uma adolescência tranquila e sem sobressaltos. Perguntamos e obviamente sua vida tinha transcorrido entre o colégio e a paróquia.

Seu irmão já tinha saído de casa, portanto tudo estava mais tranquilo. No âmbito paroquial, teve seu primeiro namorado. Perguntamos mais detalhes, e ela disse que jamais tiveram relações sexuais. Depois de investigar, descobrimos que, na verdade, tinham sido apenas muito bons amigos.

Eu disse anteriormente que durante a adolescência buscaríamos dois caminhos essenciais pelos quais se desdobra o ser essencial: a sexualidade e a vocação.

Quero esclarecer que nos mapas de abuso materno (disso trata a biografia humana), raramente aparecerá uma vocação definida. Por quê? Porque quem deseja, nesse cenário, é a mãe. Não há lugar para ninguém que deseje nada. E, se isso acontece, a mãe o expulsará do mapa. Coisa que aconteceu com o irmão mais velho, que ficou rapidamente exilado da troca afetiva nessa família. É importante que, na qualidade de detetives, saibamos de antemão que raramente o adolescente que sofreu abusos emocionais, centrado nos desejos de sua mãe e atento em satisfazê-la, terá condição emocional de desenvolver desejo próprio. O jovem vive no Reino dos desejos maternos.

De qualquer maneira, sempre é necessário perguntar e confirmar nossas pistas.

A questão é que Maria Rosa tinha começado algumas carreiras, mas as havia abandonado a seguir, apesar de ter sido muito boa aluna durante toda a sua escolaridade. Tentamos entender por quê. Maria Rosa dava um argumento, mas logo desmentia. Esse assunto ficou sem esclarecimentos.

Maria Rosa não gostou de tantas perguntas. Ela queria saber como ser uma boa mãe sem ter que remover histórias do passado.

Garantimos a ela que "isso" não saberíamos responder. Não tínhamos nenhuma ideia sobre como ser uma "boa mãe". O que propúnhamos era acompanhá-la para que tirasse as vendas dos olhos e olhasse para si.

Reclamou um pouco, mas, de comum acordo, decidimos continuar.

Aos 24 anos, trabalhando em uma loja de roupas, conheceu Roby, o gerente. Parecia alguém com metas claras: trabalhar, ganhar dinheiro, comprar uma casa e formar uma família. Parecia o candidato ideal. Certamente, para a mãe de Maria Rosa, o era. Tanto os pais de Roby como os pais de Maria Rosa estavam encantados e o casamento foi organizado logo. Notem, queridos leitores, que nesse relato não apareceu nada ligado à intimidade emocional, ao encontro nem à troca genuína. De fato, depois de casada percebeu que não tinha voz. Tudo o que faziam, comiam ou compravam era escolhido por Roby.

Nesse ponto, voltamos a colocar sobre a mesa a imagem da menina devorada pelo jacaré. Começamos a ver com mais clareza que, se essa era a personagem — a menina complacente para que a mamãe estivesse satisfeita —, era altamente provável que tivesse procurado um homem a quem satisfazer e a quem delegar a responsabilidade do desejo. Tivemos que voltar algumas "casas" no jogo da sua biografia humana. Durante a infância, cada coisa que ela fazia, significava uma oferenda à sua mãe. A mãe precisava sentir-se "orgulhosa" e, na medida em que fosse importante para a mãe, Maria Rosa se sobressaía. Mas, nesses casos, a mãe nutria apenas o seu bem-estar. Ninguém olhava para a menina que ali estava. Por isso, mesmo quando tinha boas notas na escola ou se destacava nas atividades paroquiais, era para nutrir sua mãe. Bom, seus sentimentos, suas necessidades internas, suas sensações foram parar na sombra.

Com esse panorama, e com um profundo desconhecimento sobre si mesma, Maria Rosa não poderia ter intimidade com seu marido. Assim foi. Roby trabalhava muito, ela também. Ainda por cima, os horários não coincidiam. Os finais de semana eram alternados entre a casa dos sogros e a casa dos pais. Depois de um ano de casada, começou com "depressões" e rapidamente um psiquiatra a medicou. Percebem como funciona? Temos um sentimento genuíno e em vez de investigar o que acontece conosco preferimos que alguém nos adormeça, nos anestesie e nos salve da responsabilidade de profundamente nos conhecermos. Um ano mais tarde, sem que acontecesse absolutamente nada no seio de seu casamento, deixou seu marido e voltou para a casa da mãe. Não houve palavras, nem censura, nem pedidos, nem acordos, nem desejos. A sexualidade tampouco foi um lugar nem de encontro nem de desencontro. O nada simplesmente. Voltamos sobre a imagem da boca do jacaré, pensando sobre os estragos dos abusos e sobre como podemos suprimir qualquer surgimento de um desejo diferenciado. Esse pensamento foi compartilhado com Maria Rosa, mas ofuscou-se mais uma vez.

Na casa de sua mãe, sentia-se segura. Trabalhava em paz e pouco a pouco foi abandonando a medicação psiquiátrica.

Contou algumas histórias que confirmavam que a mãe dirigia sua vida, sendo ela adulta e autônoma. Mas até esse momento o acordo entre ambas funcionava.

Na verdade, estava feliz de voltar à casa de sua mãe. A questão é que Maria Rosa dedicava-se a trabalhar e passava os finais de semana fazendo companhia para a mãe. Com o dinheiro que economizava, começou a construir seu próprio apartamento, em cima da casa dos pais, claro. Em umas férias, à beira mar, passadas junto dos pais, conheceu quem era seu atual parceiro e pai de sua filha, Mario.

Ao voltar a Buenos Aires, Mario foi morar na casa de Maria Rosa, que já estava quase pronta. Mario era vendedor itinerante. Passava alguns períodos fora de casa, em outros completava tarefas administrativas e podia manter um horário de trabalho estável. Na qualidade de detetives, supúnhamos que Maria Rosa não tinha necessidade ou não sabia como dar início a relações amorosas íntimas.

Porque sua chama de vitalidade afetiva estava apagada, estava "tomada" pela energia materna. Portanto, um parceiro que lhe permitisse conservar certa distância emocional, era confortável. Além disso, Mario era afetivo e complacente, coisa de que Maria Rosa gostava muito. Entretanto, a mãe de Maria Rosa nunca gostou dele.

Ela insistia que sua filha merecia um homem mais culto; mas a má noticia é que Maria Rosa dava razão à mãe nesse ponto, afirmando que essa era a parte "mais frouxa" de Mario. Mostramos a ela como era difícil sustentar sua escolha por um homem que não fosse aprovado pela mãe. "Na verdade — respondia Maria Rosa —, acontece que eu também gostaria que ele fosse mais culto."

Tentamos mostrar-lhe que isso era simplesmente viver "dentro do discurso materno", acessando a realidade através da lente indiscutível da mãe. Fizemos com que percebesse que quando começou falando de Mario parecia que o descrevia com afeto e carinho.

"Sério? — Maria Rosa surpreendeu-se — É que eu o adoro, mas não o admiro."

Quem disse que não é admirável? Já sabíamos a resposta. Então, visivelmente incomodada, contou que já fazia vários anos que Mario pedia para que fossem morar em outro lugar, porque sentia que a presença da sogra era nefasta para todos e que além de tudo era destrutiva e cruel com a filha de ambos (a menina de 4 anos). Além disso, dizia que Maria Rosa não assumia seu lugar como dona da casa e que não tomava suas próprias decisões na presença da mãe. Dissemos, então, que talvez seu marido não fosse tão culto como sua mãe gostaria que fosse, mas que parecia sábio e perspicaz.

Pela primeira vez, Maria Rosa escutou. Fez silêncio e encolheu-se em um sofá. Disse que precisava de uns minutos para organizar seus pensamentos. Esperamos, claro.

Logo disse que justamente nesse momento compreendia algo que tinha lido em meus livros. Confessou: até duas semanas atrás — antes que eu começasse esses encontros —, quando Mario me sugeria que fôssemos morar em outro lugar, eu lhe respondia que, se quisesse, podia ir embora, que eu ficara feliz com minha mãe e minha filha. Por que pensava isso? Por que o tratava com tanto desprezo? Respondemos à questão observando sua imagem de menina devorada. Podíamos compreendê-lo. Era evidente que ainda não tinha tomado posse de seus desejos. Inclusive era um milagre que seu marido ainda estivesse ao seu lado, amando-a e querendo o melhor para a família que estavam construindo.

Maria Rosa acomodou-se tentando permanecer mais disposta e atenta. Ainda nos faltava abordar o devir de sua sexualidade, sua gravidez, o parto de sua filha Lucía, seu puerpério, os primeiros anos da filha, as doenças, as dificuldades e a entrega, provável, de sua filha à sua mãe. Isso tudo trataríamos nos próximos encontros, mas a hipótese do trabalho estava traçada.

O príncipe

Charly tinha 36 anos. Argentino, artista plástico, casado com Pepa, com quem tinha duas filhas gêmeas de 3 anos.

Com seu estilo "hippie": mochila de lã, brinquinho em uma orelha, cabelo cacheado amarrado em uma trança bem-feita e olhos verdes, chegou à primeira consulta enviado — sob ameaça de divórcio — por sua mulher. Falamos brevemente sobre nossa metodologia de trabalho e ele tratou de nos fazer crer que já sabia o que o esperava. Entretanto, logo em seguida ficou claro que estava, simplesmente, assustado. Propusemos começar o trabalho de construção de sua biografia humana, acordando que só serviria se ele, com a maior maturidade possível, tivesse vontade de empreender essa viagem. Caso contrário, interromperíamos os encontros.

Lógico que começamos perguntando sobre sua infância. Este era o panorama: a família materna era dominante, grandes riquezas e poder político eterno. O pai de Charly era médico, procedente de uma família de classe média. A mãe tinha desprezado historicamente o pai e sempre foi evidente que o alto nível de vida e o esbanjamento econômico eram sustentados por ela e suas rendas valiosas. Ao abordar as lembranças da infância, pôde-se chegar à conclusão de que Charly havia sido um menino bastante frágil, alérgico e doente. Mas a mãe resolvia os problemas do filho comprando brinquedos e tudo o que ele pedisse. Com um ano de diferença, nasceu seu irmão, que se transformaria no "forte" e "com caráter". Charly parecia ser o necessitado, o oposto do irmão Juampi, o "réu", "cavador", empreendedor, sedutor e extrovertido. Não havia lembranças de uma mãe carinhosa, mas sim de uma mãe que satisfazia materialmente e que se mostrava qual "rainha do Universo". Era uma mulher maravilhosa, fina, extrovertida, culta e encantadora nos circuitos sociais. A cultura e a arte eram os âmbitos preferidos dela. Ali, Charly encontrou rapidamente sua vocação.

Perguntamos muito sobre suas experiências na infância, mas apareciam sempre detalhes referentes à mãe: o que a mãe adorava fazer ou não, em que ela gastava seu dinheiro, suas decisões, suas viagens, seus problemas. A mãe era colecionadora de arte. Não conseguíamos que o pai aparecesse nesse contexto. Era um médico normal dedicado à sua profissão, mas com pouco brilho diante da exuberância de sua mulher. Por mais que investigássemos, não havia lembranças dele, nem sequer discussões entre os pais, desencontros ou problemas. Simplesmente ele não ocupava nenhum lugar no mapa. Fizemos um apanhado geral, chegamos à conclusão de que Charly respondia aos gostos de sua mãe. Charly havia sido um menino tímido que se fechava em suas leituras e em seu gosto pela pintura. Sentia-se minúsculo ao lado da mãe: uma mulher imponente e segura de si mesma. As feições de Charly se transformavam ao falar nela e fizemos com que percebesse que ele sabia tudo sobre ela, portanto, era muito provável que sua mãe não tenha sabido quase nada sobre ele, ocupada em administrar seu poder, sua fama e seu dinheiro.

Efetivamente, a mãe de Charly gostaria que ele tivesse sido mais espevitado, como Juampi, com quem ela o comparava abertamente. Mostramos que admirar uma mãe poderosa o deixava em uma posição inatingível. E que ele não tinha sido amado pela criança que efetivamente fora, mas sim que sua mãe era quem pretendia ser amada por eles.

Abordamos superficialmente a época escolar e, como era de se supor, recordou com detalhes algumas professoras que ele temia. Poderosas e seguras de si mesmas. Alguma vez alguém o ajudou, colocou palavras ou facilitou sua vida cotidiana para superar o medo? Não. Ele nunca tinha pensado assim.

A essa altura já tínhamos uma imagem simples para ilustrar sua infância, a de um menino pequeno olhando a mãe. Podíamos mostrá-la. Encaixou. Sentiu-se refletido.

A partir desse "acordo", abordaríamos sua adolescência, que, podíamos prever, não seria um desdobramento de grande carisma.

Efetivamente, viu-se obrigado a estudar desenho, pintura, escultura, gravura e outras técnicas artísticas. Relações com mulheres? Tinha pânico, obviamente. Sentia-se inteligente, sim. Mas não desejável. Assim que completou 22 anos, teve sua primeira namorada, uma estudante de Artes Plásticas como ele. Sua mãe o coagia há anos, pedindo que confessasse se era homossexual, já que, se fosse o caso, ela queria ser a primeira em saber. Isso deixava Charly mais confuso e impossibilitado. Essa questão não lhe passava pela cabeça, simplesmente achava que as mulheres eram inatingíveis. Até agora, continuávamos tendo a imagem de um menino debilitado e esmagado pela onipresença da mãe.

Nesse ponto, nosso ofício de detetives tem que entrar em ação: traçar uma hipótese confiável. O que podíamos supor? Que ele se relacionaria com uma mulher segura de si. Por quê? Porque era tudo o que conhecia do mundo feminino. Por isso, compartilhamos com Charly essa "observação lógica" e lhe perguntamos se a primeira namorada, realmente, tinha sido uma mulher decidida e forte.

Charly arregalou os olhos, gaguejou apenas e confirmou que não só essa namorada era uma mulher potente, mas que, além disso, o namoro durou até seus 30 anos. Dez anos de relação. Tínhamos que investigar — para confirmar a personagem — como ele organizou esse primeiro e importante vínculo amoroso.

Logicamente, Charly começou a contar detalhes bastante floreados com relação ao namoro. Era o que Charly dizia. Mas nós deixamos de ouvi-lo observando a imagem do menino frágil subjugado pela mãe poderosa. Essa imagem nos interessava mais do que o relato do consultante. Lembre-se de que somos detetives, portanto, estamos seguindo nossas pistas.

Formulamos duas ou três perguntas com relação à personalidade dominadora de sua namorada e ao medo que talvez o dominasse. Efetivamente, tratou-se de uma relação "dominador-dominado". Charly estava vinculado a duas mulheres fortes: de sua mãe recebia dinheiro e conforto material e de sua namorada recebia segurança emocional na medida em que se adequasse aos desejos da parceira. Não é difícil supor que a cena era perfeita para uma guerra entre namorada e mãe.

O alvo era, obviamente, Charly. Como sabemos disso? Porque seguimos a lógica das tramas. Estamos seguros de que era assim? Não, primeiro geramos uma hipótese; em seguida, perguntamos especificamente para confirmar ou descartar. Se coincidir, o consultante aceita espontaneamente. Só então, o terapeuta toma como certa sua hipótese.

Observamos juntos a imagem do menino frágil. Acrescentamos a esse cenário uma possível guerra de desejos entre a mãe a namorada. O jogo do desejo era desempenhado por essas duas personagens, portanto Charly não era obrigado a se responsabilizar.

Charly, complacente, acatava ambas as mulheres. Tivemos a ideia de mostrar a imagem de um Príncipe entre a Rainha Mãe e outra mulher forte e decidida, desejosa do trono. Ele não gostou.

Despedimo-nos entregando-lhe uma copia dessa imagem. No encontro seguinte, confessou ter ficado muito impactado com a imagem do Príncipe. Parecia um "tonto" sem voz nem vez. Entretanto, lembrou-se de cenas que o confirmavam nesse papel. Voltamos a mostrar a imagem e ficamos um tempo observando-a.

Charly contou alguns episódios do quais havia lembrado — não os descreverei aqui —, que confirmavam a sua "personagem" complacente. Decidimos continuar o relato respeitando a cronologia.

Quando essa primeira namorada o deixou, imediatamente juntou-se com Pepa, a mãe das gêmeas. Vale a pena perguntar como era Pepa? Não, não é mesmo? Nós detetives já sabemos a resposta. Pepa também seria uma mulher segura e com desejos definidos.

Com nossa "hipótese" nas costas, fizemos a apresentação. Queríamos observar com Charly seus benefícios, porque são os benefícios que nos prendem às tramas, não os obstáculos.

Por isso, é tão importante detectar o lado positivo ou aquilo que a personagem obtém enquanto "alimenta" o funcionamento da estrutura. Para aí, então, anotarmos.

Benefícios em ser o príncipe herdeiro da Grande Rainha Mãe? Muitos. Charly tinha estabilidade econômica, tanto a mãe como Pepa eram provedoras. Uma delas no plano material e a outra no plano emocional. Também dispunha de todo o tempo do mundo para pintar, fazer gravuras, desenhar, ler e estudar. Claro que Charly tinha seu lado muito sedutor: inteligente, culto, artista, sensível, leve e amável. Faltava investigar algo a respeito dos "acordos" sexuais, se é que podemos chamá-los assim. Podíamos supor que enquanto não houvesse compromissos que requeressem certo grau de responsabilidade, certamente Charly seria capaz de cativar uma mulher. Efetivamente, no começo da relação, o sexo foi tenro e comprometido, até que, sem desejá-lo conscientemente, Pepa engravidou.

Supúnhamos que, com a presença dos filhos, começaria uma nova "guerra de desejos", já que Charly parecia "não se responsabilizar" com aquilo que lhe competia. Diante dessa observação, Charly resmungou um pouco. Defendeu sua hombridade: que ele sempre imaginou ter filhos, que foi um período maravilhoso no qual ambos faziam planos para o futuro e que ele também havia decidido seguir adiante. Sim, é verdade, isso também havia acontecido.

No entanto, nós estávamos tentando encontrar algum desejo próprio e também maturidade para assumir a responsabilidade que implica qualquer decisão. Seguindo nossa pista, compartilhamos com Charly que, partindo da personagem do príncipe, com uma esposa forte e com desejos, deve ter sido muito difícil o nascimento das meninas e a necessidade de a sua mulher relaxar e entregar-se ao seu primeiro puerpério. Teríamos que trocar os papéis se ambos pretendessem uma mãe leve, protetora e dedicada aos filhos.

O PRÍNCIPE

Claro que a fase da gravidez foi vivida com alegria, esperança e cumplicidade. Charly era um homem sensível e inteligente. Acontece que qualquer mapa de nascimento de bebês gêmeos costuma ser caótico. Aqui temos uma mãe acostumada a tomar decisões e um pai mais flexível e complacente.

Charly trouxe para nos mostrar lindas fotos das meninas, que iam a uma escolinha, sobre a personalidade de uma e outra e sobre alguns desacordos que tinha com sua mulher com respeito à criação. Charly quis saber nossa opinião sobre os limites que deviam impor às meninas, mas nem esse assunto nem qualquer outro eram de nossa incumbência. Somente pretendíamos olhar a realidade de seus cenários para que ele compreendesse o significado de cada acontecimento.

A questão é que a criação de duas meninas ao mesmo tempo superou a paciência e a capacidade de Pepa, que começou a manifestar sua insatisfação com relação à passividade de Charly. Quanto mais Pepa enlouquecia, mais Charly se fechava com seu violão e suas tintas. Nos primeiros meses, a mãe de Charly mandou uma babá que ajudava durante a noite. Pepa e a babá acabaram brigando, já que cada uma delas queria fazer as coisas do seu jeito. Pepa pedia a Charly que interviesse e, ainda que fosse um homem agradável, sorridente e delicado, que tentava satisfazer a vontade de sua mulher, era incapaz de resolver um conflito. Então, desaparecia da cena.

Essa informação não obtivemos porque Charly nos contou. Na verdade, ele não tinha ideia do que acontecia em casa. Fomos nós, na qualidade de detetives, sendo testemunhas de como Charly montava seu próprio relato de família feliz, indo a seu atelier para pintar. Colocamos palavras coincidentes com um panorama de uma mulher acostumada com sua própria autonomia, arrebatada por dois bebês e seu choro, noites sem dormir, cansaço, solicitações, disponibilidade e esgotamento. Relatamos o que supúnhamos que aconteceria com Pepa. Charly arregalava os olhos e dizia: "É a mesma coisa que a Pepa me diz", mas era como se, pela primeira vez, aquilo fizesse sentido para ele. Inventamos situações prováveis com as bebês: febres, catarro, noites sem dormir, alergias, cansaço, birras, aprisionamento, tédio, fúria e algumas gotas de amor. A casa era um caos e Pepa estava à beira de perder as forças e do esgotamento. Além disso, sentia seu marido cada vez mais distante, concentrado em um mundo irreal, imaginando uma felicidade que não era percebida no cotidiano e, sobretudo, sem perceber que ela precisava de ajuda concreta, por mais que pedisse isso aos berros.

Tudo o que nomeamos — inclusive exagerando algumas possíveis cenas — foi para que Charly se sentisse "tocado". Entretanto, nenhuma ponderação foi excessiva. Pelo menos serviu para que fizesse contato com a realidade.

Voltamos a olhar a cena do príncipe maravilhoso, cavalheiresco e sem responsabilidades, para concluir que esse esplêndido soberano fazia o que tinha de fazer: ocupar-se de si mesmo. Nunca tivera a obrigação de desdobrar um desejo próprio, nunca havia trabalhado (a não ser sozinho), nunca tinha sido responsável por nada nem por ninguém. A comodidade da abundância tinha-o enclausurado em um *dolce far niente* que trouxera problemas a sua vida, até que formou uma família e sua mulher se viu atordoada com suas duas gêmeas e, pela primeira vez, pediu-lhe ajuda. "Ajudar alguém" era para ele um conceito desconhecido.

Nos encontros seguintes nós dois nos dedicamos a distribuir a "realidade" sobre a mesa. Vida cotidiana. Necessidades bem palpáveis e concretas de cada uma das meninas. Necessidades de sua mulher. Dinheiro, horários, higiene. Comidas. Noites. Ritmos. Rotinas. Silêncios. Amizades. Educação. Professoras. Escola. Pediatra. Febres. Brincadeiras. Saídas. Natureza.

Tudo isso era um vocabulário estranho e, entretanto, estávamos trazendo a voz de Pepa e também as vozes daquelas meninas. Charly não gostou nada daquilo. Por acaso teria de deixar de pintar ou compor músicas? Não. Por outro lado, não teríamos autoridade para dizer a ninguém o que deveria fazer, sobretudo, porque não o sabíamos. Mas o que era certo é que, no passado, obtivera muitos e muito invejáveis benefícios na qualidade de filho principesco de uma mulher poderosa. Essa ostentação agora era jogada contra ele. O que podia fazer era observar o cenário para, em seguida, decidir o que iria fazer. Então, Charly nos confessou que Pepa tinha mandando ele embora de casa havia dois meses, ainda que ele acreditasse que era uma "birra" porque sua mulher era "impulsiva" e confiava que "já passaria".

Convidamos Charly a olhar sua imagem. Às vezes, os soberanos localizam seus tronos em lugares mais distantes da realidade. Por isso, a verdade logo se impõe sem que a tenhamos vislumbrado anteriormente. Isso era o que acontecia aqui: havia sofrimento e amor. Fantasia e realidade. Nossa proposta era continuar olhando as vantagens e desvantagens dos cenários que construímos.

A boxeadora corajosa

Rosana era secretária de um tribunal de justiça. Tinha 49 anos e uma filha de 18 anos quando veio à nossa instituição. Convivia com o pai de sua filha. Tinha feito muitos anos de terapia, mas decidiu experimentar a metodologia por curiosidade. Não tinha nada em particular que a preocupasse. Portanto, começamos sem muito preâmbulo, sua biografia humana.

Provinha de uma família classe média baixa das redondezas de Buenos Aires. Rosana era a primeira filha e sete anos depois nasceu o primeiro irmão. Quase não tinha lembranças da infância. Sabia que, quando seu irmão nasceu, o pai deles saiu de casa e a partir desse momento apareceram cenas de brigas desumanas entre os pais. As crianças eram reféns dessas batalhas. A mãe não queria ou não podia se ocupar das crianças e os "mandava" para a casa do pai. Ele fazia exatamente o mesmo: os "mandava" para a casa da mãe. Evidentemente, as lembranças eram confusas. Ainda que soubesse que tinha mudado muitas vezes de escola, acreditava ter passado por onze ou doze estabelecimentos diferentes somente durante o Ensino Fundamental, mas não tinha certeza. Lembrava que ia e voltava sozinha da escola e que ficava dando voltas na rua para não chegar logo em casa. Essa situação era análoga tanto quando tinha que voltar à casa da mãe ou à casa do pai. Não tinha praticamente lembranças do seu irmãozinho.

Claro, a terapeuta foi nomeando a gravidade do desamparo. Rosana não tinha domicílio fixo nem escola nem lugar de pertencimento, além de uma total falta de olhar. Entretanto, não aparecia nada de emoção em seu relato. Por outro lado, mencionou que tudo isso "já sabia" pelas terapias anteriores.

Tentamos abordar as lembranças que tinha de si mesma quando menina. Aparentemente era obsessiva com a organização, tímida e séria.

Não gostava de ficar em casa com a mãe nem com o parceiro de sua mãe. Perguntamos por que. Então, sem a menor emoção, relatou que a partir dos 10 anos — por algum motivo tinha absoluta certeza com relação à sua idade nesse momento — foram morar em uma casa pré-fabricada em um bairro pobre da periferia. Lá não tinham colchões e dormiam sobre umas pranchas de polietileno expandido. Dormiam os quatro juntos. A mãe colocava as crianças entre ela e seu parceiro. Explicamos que isso significava um nível de entrega feroz. Olhou-nos com ar de soberba. Logicamente, começou um período de abuso sexual por parte do padrasto. Dormindo, tocava-a. Quando a mãe não estava presente, dizia que tinha que dar-lhe aulas de educação sexual e mostrava-lhe como usar um preservativo, colocando-o em sua frente. Não lembrava se o irmãozinho estava presente nesses episódios. Apesar do impacto que produzem os relatos, dissemos a Rosana que o ocorrido deveria ter sido muito pior do que lembrava agora.

É importante saber que os abusos na infância nunca são lembrados tal como aconteceram, justamente porque ninguém os nomeia. Isso está detalhadamente descrito em meus livros *O poder do discurso materno* e *Amor ou dominação — os estragos do patriarcado.*

Por outro lado, como a vivência infantil e aquilo que se nomeia diferem tanto, a consciência entra em confusão. Por isso, o trabalho do terapeuta consiste em colocar ordem e lógica onde não existem.

Também é justo mencionar que as diferentes terapias, às vezes, conseguem dar nome aos abusos durante a infância. O que acontece é que nosso interesse é ir além. Precisamos abordar o que os indivíduos fizeram com aquilo que aconteceu. Porque, quando somos crianças, sempre somos vítimas. Mas, quando viramos adultos, temos a obrigação de assumir a responsabilidade com respeito ao que faremos dali para frente.

O primeiro passo é ter um olhar realista sobre o que aconteceu. O segundo passo é compreender de que modo sobrevivemos. O terceiro passo é observar como e quando esses recursos de sobrevivência começaram a se tornar predadores para com o nosso próximo. Nosso quarto passo é tomar alguma decisão positiva com relação a amar os outros apesar de não termos sido suficientemente amados. Insisto que nossa proposta é a de apelar para a maturidade, a capacidade que têm os adultos de se compreenderem, de modo tal que logo sejamos capazes de compreender aqueles mais frágeis ou mais necessitados que nós.

Continuamos. O abuso continuou por muitos anos. Em algum momento — ainda que não pudesse precisar a partir de que idade —, Rosana tentou antepor alguns obstáculos para afastar seu padrasto, mas então ele se vingava no dia seguinte. Por exemplo, mandava-a limpar o banheiro depois de ter sujado as paredes com lama e lixo. Rosana chorava e dizia para sua mãe que não podia limpar tudo aquilo, mas a mãe retrucava que tinha de fazê-lo e, além disso, deveria estar agradecida porque o padrasto a estava educando, diferente de seu pai, que os havia jogado na rua. O mesmo dizia quando esse homem os surrava por algum motivo, diante do olhar congelado da mãe. Esse era o panorama: a entrega dos filhos pela mãe a um homem cruel, violento e abusador, o que ela denominava como "boa educação".

Além disso, Rosana deveria agradecer por serviço tão nobre. Conversamos um pouco com ela sobre a terrível entrega da mãe — tanto como a do pai — e sobre o sadismo e a crueldade dos adultos que deveriam cuidá-la. Logicamente, não havia outros adultos para os quais pudesse contar o que estava acontecendo. Também explicamos a ela que as crianças buscam amor, e buscando amor, encontram abuso. Às vezes, essa mínima porção de carinho é o único que têm e não querem perdê-la. Nesse momento, talvez o primeiro

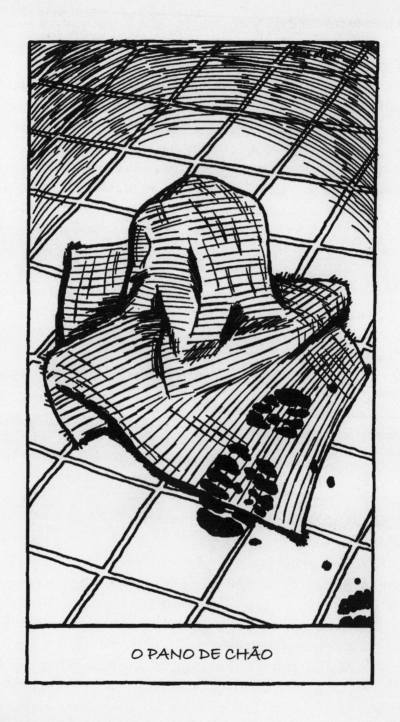

O PANO DE CHÃO

no qual se permitiu um indício de emoção, Rosana concordou dizendo que esse homem sempre fazia carinho em suas costas, o que ela gostava muito. O que a aborrecia era o que vinha depois, indefectivelmente. Antes de despedi-la conversamos sobre a infância arrasada que tinha vivido. Explicamos que, juntas, procuraríamos qual seria o mecanismo de sobrevivência e também buscaríamos uma imagem representativa de sua personagem.

Não tinha muitas opções: ou aprenderia a lutar — talvez manipulando outros para ganhar as batalhas — ou ficaria arrasada e eternamente vitimada.

Teríamos que buscar algumas dessas duas pistas. Até o momento víamos uma infância similar a um pano de chão: usada, abusada, manuseada e pisoteada. Mostramos uma imagem e pareceu-lhe forte, mas a aceitou.

Explicamos que continuaríamos a investigação cronologicamente, para entender como tinha conseguido sobreviver, porque toda essa violência se manifestaria logo de alguma maneira. Disse-nos que sim, que a adolescência fora terrível. E nos despedimos.

No encontro seguinte, comentamos que tínhamos ficado muito "carregadas" emocionalmente, é possível que pela distância que ela parecia estar de seu relato. Entendíamos que estava acostumada a conviver com as lembranças, mas as histórias eram objetivamente muito duras. Então, disse-nos, já mais emocionada, que havia uma lembrança desfocada que a perseguia, que ela nunca havia contado, mas que se lembrava frequentemente: era algo perturbador, mas real. Perto dos 13 anos, tinha chorado por algo que a deixara desolada, acreditava que morreria e desde essa noite nunca mais dormiu em paz. Costumava ter muito sono durante as aulas no colégio, já que acabava de começar o Ensino Médio e, logicamente, não conseguia concentrar-se nem estudar.

Perguntamos a ela se o padrasto a tinha penetrado nesse período. Ela chorou muito e disse que não sabia. Não lembrava. Talvez, mas não tinha certeza. Dissemos que não tinha importância. Que sua consciência sabia bem o que precisava separar para tolerar o sofrimento. Então, se acalmou e acrescentou que um dia decidiu deixar de resistir e pensar que não estava ali, simplesmente "saía de cena". Dissemos a ela que isso era muito compreensível e que, além do horror, certamente também encontrava no abuso um pequeno refúgio de amor. Ficou surpresa. Entretanto, concordou afirmando: "Sim, é verdade, de alguma maneira ele gostava de mim. Demonstrava ciúmes de outros homens e isso fazia com que eu me sentisse especial."

Quero esclarecer mais uma vez que a contradição que sentem os indivíduos que sofreram abusos é justamente esta: a certeza de que há algo de amor ali, junto do horror. Esse único amor é o que os mantém dentro da situação de abuso quando já têm condições de sair. Por isso, a violência mais invisível e lancinante é a da entrega. Se não houvesse entrega por parte daqueles que deveriam cuidar desses indivíduos, nunca permaneceriam no abuso, porque não estariam mendigando migalhas de amor. Sempre que abordamos uma biografia humana na qual há abuso de um adulto sobre uma criança, em todos os casos, os detetives têm a obrigação de observar a entrega. Caso contrário, nunca compreenderemos a dinâmica completa.

Depois dessa troca, Rosana "relaxou" a tensão e se dispôs a contar mais detalhes, como se tivera a licença para deixar fluir. Lembrou que esse homem tinha sido separado judicialmente dos próprios filhos por denúncias de abuso sexual. Sua mãe sabia disso. Rosana ficou sabendo mais tarde porque acabou ficando amiga da filha de seu padrasto, já que eram vizinhas.

Esse homem costumava ser visivelmente violento, mas nunca batera nem gritara com a mãe, pelo contrário, com ela, era terno. Mostramos que esse teria sido o principal benefício para a mãe que, para se salvar, precisou entregar seus filhos. Perguntamos pelo irmão mais novo, Rosana disse que, sem dúvida alguma, acontecia o mesmo, e comoveu-se pensando nele.

Aos 15 anos engravidou do padrasto. Sua mãe a levou a um médico. O relato foi pungente, não só pela intervenção em si mesma, mas pela atitude abusiva do profissional. Pouparemos o leitor dos detalhes. Fizeram-lhe o aborto e voltou para casa.

Pouco tempo depois, Rosana voltou a enfrentá-lo. Em uma ocasião, como o padrasto não permitia que saísse com um rapaz, o ameaçou dizendo que contaria para a vizinhança a relação que ele mantinha com ela. Ele deu risada. Rosana cumpriu e a mãe a castigou. Além disso, lhe garantiu: "Foi culpa sua." Ela não podia acreditar. Decidiu então contar a seu pai, que reagiu violentamente: "Vou matá-lo ainda que eu morra na cadeia." Rosana o acalmava, não queria que o matasse, somente que falasse com ele para que a deixasse sair para dançar, mas acontece que o pai tampouco fez nada a esse respeito.

Aos 17 anos conheceu um rapaz e saiu de casa. Nesse ponto, fizemos Rosana notar que ela já confiava em suas próprias habilidades, sua potência, sua garra. Normalmente, a personagem de cada indivíduo "torna-se carne" durante a adolescência. Por isso, vamos observar com detalhe quais foram as estratégias utilizadas por Rosana, quando já contava com um pouco mais de autonomia. A questão é que, com o namorado, conseguiram um lugar para viver e se mudaram. Pablo trabalhava, mas ela não sabia por que nunca entrava dinheiro em casa. Tempos depois percebeu que ele era viciado em cocaína.

As brigas entre os dois eram de alta voltagem e cotidianas: socos, surras e pratos quebrados. Aceitou que a relação fosse assim desde o começo. Alimentavam-se mutuamente dos tapas e dos insultos.

Na qualidade de detetive, começamos a vislumbrar em qual personagem ela estava se transformando. A violência ativa e explícita presente em todas as suas formas. Rosana reconheceu isso e quis relatar histórias recentes, mas dissemos que já chegaríamos aos dias atuais, organizadamente. Por ora, víamos que sua personagem de sobrevivência parecia ser a da violência ativa. Mostramos-lhe a imagem de uma lutadora aguerrida.

Parecia lógico. Não estava disposta a continuar sendo um pano de chão como fora durante a infância. Nunca mais. Dissemos a ela que no próximo encontro trabalharíamos com a nova imagem em mãos.

Na entrevista seguinte, a recebemos com a imagem impressa. Ela achou engraçado. Ria pela primeira vez, sentindo-se identifica-da e relativamente orgulhosa.

Contou-nos que, por coincidência, no tribunal em que traba-lhava estavam resolvendo o caso de uma menina de 13 anos que sofrera abusos do padrasto. Já tinha lido o processo e depois desse encontro faltava uma instância oral.

Estava comovida e vivia uma contradição: como acusar o abu-sador e ao mesmo tempo abordar o fato de que talvez ele não fosse o único responsável? Conversamos um pouco sobre isso, já que em nenhum caso precedente, em nenhum livro, dos quais havia consultado, estava contemplada a figura da entregadora. Ainda por cima, a defesa só alegava que a menina mentia. Agora via clara-mente que havia deturpações e interpretações por todos os lados. Enfim, nas instâncias judiciais também haveria de compreender os cenários completos, e modificar as decisões a favor do bem-estar real das crianças.

Continuamos com a cronologia. Com Pablo, conviveu somente três anos. Ele tinha várias mulheres, mas ela tolerava enquanto ela-borava estratégias para seguir adiante, já que não tinha outro lugar para morar. Decidiu estudar Direito.

Enquanto isso, conseguiu um trabalho em uma loja de roupas. Em que momento se separou de Pablo? Quando fez um acordo com sua mãe para voltar para casa — eles já estavam economica-mente melhor do que em épocas passadas —, até acabar a faculda-de. Passava o dia fora de casa, entre o trabalho e o estudo. Quase não se envolveu com o que acontecia em sua família e dedicou-se a cumprir seu objetivo.

Sendo detetives a escutávamos enquanto olhávamos de rabo de olho a imagem da boxeadora. Uma boxeadora briga. As brigas deveriam estar presentes como *modus operandi* do seu cotidiano. Aceitou a contragosto. A questão é que saiu da casa da mãe assim

que se formou: já podia pagar um aluguel modesto. Nesses anos, conviveu com diferentes homens. Em todas as relações, as brigas, agressões verbais e físicas eram frequentes. Percorremos brevemente a maneira como se relacionou com cada um desses parceiros e nos despedimos até o encontro seguinte.

Aos 30 anos conheceu um advogado bem mais velho que ela, Leonardo. Esse homem estava casado e tinha uma excelente posição como advogado independente. Foi uma história com uma carga de atração sexual importante, além das brigas, agressões, promessas e reconciliações.

Ela engravidou enquanto Leonardo estava casado. Ele pediu que ela abortasse. Ela o ameaçou. No final, o que aconteceu foi dentro da lógica de sua guerra. Escutamos os relatos sem deixar de observar a imagem da boxeadora, na qual cada cena encaixava em um "matar ou morrer".

O fato é que conseguiu que Leonardo deixasse sua mulher e fosse morar em um apartamento com ela. Esse senhor pertencia a outro nível socioeconômico: família confortável, colégios e universidades particulares, mundo do polo e do golfe. Rosana adaptou-se rapidamente. Conforme seu relato, a partir desse momento baixou o nível de agressão e decidiu tentar um vínculo mais agradável, levando em consideração tudo o que Leonardo estava disposto a dar-lhe em grande quantidade: basicamente apoio econômico e um universo relaxado e seguro. Rosana contou-lhe, nesse impasse, os abusos que tinha sofrido por seu padrasto na infância e, como consequência, Leonardo pediu-lhe que não visitasse mais a mãe. Em troca disso, ofereceu-lhe proteção e resguardo.

A gravidez de Rosana foi difícil. Nesse cenário, não poderia ter acontecido outra coisa. Devemos lembrar que era um cenário de guerra. Precisou repousar devido a várias ameaças de aborto espontâneo. De todo jeito, Leonardo cuidou dela e pediu que solicitasse um ano de licença do trabalho. Observando todo o panorama, o idílio com Leonardo não encaixava com a imagem; portanto, deveríamos rever para onde se desdobraria a força e a agressão contidas.

Claro, fizeram-lhe uma cesárea. Tentamos abordar a primeira infância da menina. Isso acabou sendo complexo porque, nossa consultante sendo a mãe de uma adolescente *dark* com *piercing* no rosto, não tem vontade de lembrar a etapa de bebê. Ela achava tão distante e fora de contexto... Entretanto, ali obteríamos informações valiosas. Recordemos que as crises vitais — e a etapa de educar crianças sempre é uma crise — nossas personagens exibem seus melhores atributos.

De fato, sua filha Pamela foi uma menina que aprendeu a se virar sozinha. Como soubemos disso? Porque, quando uma mãe garante: "Ela era tão boazinha que não me dava trabalho", nós já sabemos que há ali uma menina superadaptada que cuida da mãe inundada em conflitos e preocupações.

Explicamos a ela que essa era outra forma de abuso. Não era abuso sexual, claro. Mas ela não estava se responsabilizando pelas necessidades da filha enquanto se dedicava a resolver as suas próprias, obrigando a menina a estar sempre atrás dela.

Compreendeu perfeitamente. Uma vez apresentado o panorama real, Rosana foi capaz de relatar muitos episódios nos quais ela estourava diante da mínima falha de qualquer pessoa: um motorista de ônibus, o empregado do banco ou a senhora que trabalhava em sua casa. Pamela era testemunha das explosões da mãe, coisa que Rosana não levava em consideração, nem sequer para diminuir a fúria. Voltamos a olhar juntos a imagem da boxeadora. Concordamos que, para ganhar, a boxeadora tinha que bater primeiro, por via das dúvidas. Rosana ficou impressionada, como se, pela primeira vez, registrasse a potência de sua atuação automática.

Já tínhamos confirmado sua personagem. Já sabíamos que a capacidade de lutar fora um mecanismo indispensável para sobreviver e que a partir de sua vivência infantil sentia-se historicamente em perigo. Portanto, defender-se e atacar teriam sido seus salvo--condutos emocionais. Agora, tínhamos que rever e observar com novos olhos os diferentes episódios, importantes ou sutis, para que Rosana tivesse plena consciência do quanto poderia machucar cotidianamente aqueles a quem amava. Essa era nossa hipótese de trabalho: avaliar se alguma vez encontrava-se em perigo ou se agia desde o automático infantil. Logo, ela seria livre para tomar as decisões que quisesse.

Assim foram passando encontros nos quais ela mesma relatava, com assombro, suas próprias atitudes agressivas desproporcionais. A princípio percebeu que não sabia quase nada sobre a vida de Pamela, sua única filha. Tentou aproximar-se carinhosamente, mas Pamela a rejeitou. Lógico, estava em plena adolescência. Então, enviou-lhe uma mensagem pelo Facebook, relatando-lhe alguns episódios doloridos que ela se lembrava da época na qual a filha estava no Ensino Fundamental e lhe pediu desculpas por tê-la deixado tão sozinha.

Escreveu-lhe que se lembrava de seus choros suplicando para que não a enviasse ao acampamento da escola, ainda que Rosana nesse momento tenha feito de conta não ouvir, mandou-a mesmo assim e nunca soube o que havia acontecido, porque a menina negara contar sistematicamente. Pamela estava refugiada em seu violão, tinha acabado o Ensino Médio, mas não tinha nenhuma vocação definida e contava com pouquíssimos amigos.

Depois de algumas semanas, conseguiu uma pequena aproximação e propôs que Pamela convidasse sua melhor amiga para passar umas férias curtas que tinham previsto com a família. Pamela aceitou e esteve um pouco mais comunicativa com a mãe. Nos últimos encontros, abordamos também o vínculo com seu parceiro, que não descreveremos aqui. A integração entre ambos os mundos sempre tinha sido complexa para Rosana, além da diferença de idade que se fazia mais evidente com o passar dos anos. Vimos também quanta energia ela continuava gastando ainda em brigar com sua mãe... A vitalidade desperdiçada na briga ela negava a seu parceiro e a sua filha. Rosana começou a penetrar o percurso emocional com uma coragem surpreendente. Não tinha censura em contar alguns aspectos muito desagradáveis de si mesma. Só queria recuperar, corrigir, ser mais amorosa com a filha e com seu próximo.

Um dia chegou à consulta e relatou com certo orgulho que sua filha Pamela pedira a ela que fossem dormir juntas no quarto da menina. O mais surpreendente é que Rosana aceitou feliz! — isso teria sido impensável alguns meses antes — diante do olhar atônito de seu marido, que já não sabia o que pensar com relação às mudanças que sua mulher estava fazendo.

Comemoramos que Pamela se sentisse merecedora e que pudesse pedir à sua mãe, finalmente, algo de que precisava desde pequena. E, claro, que Rosana simplesmente aceitasse sem entrar em discussões que a favoreciam como acontecia antes. Pôde sentir a fragilidade de Pamela, os medos, as incertezas e a solidão que a mantinham isolada de seus pares.

Pouco tempo depois veio despedir-se de sua terapeuta. Estava feliz com o trabalho, mas, sobretudo com a clareza em relação a tudo que ainda tinha de fazer. Tinha percebido que, apesar de ter vivido uma infância pungente, não adiantava nada permanecer em uma atitude de vingança permanente. Por outro lado, reconheceu que o abandono e a não escuta que tinha exercido sobre sua filha não eram tão diferentes daquilo que ela mesma sofrera durante a infância. Queria revertê-lo dia a dia. Inclusive em seu trabalho como secretária do tribunal, estava olhando os processos e escutando as partes com maior maturidade e entendimento, tentando colaborar para que cada adulto assumisse sua cota de responsabilidade.

A biografia humana estava em funcionamento.

A escrava

Josefina estava com 33 anos e tinha um bebê recém-nascido. Era professora de matemática em vários colégios, mas estava no período de licença-maternidade. Muitas coisas a preocupavam, sobretudo sua psoríase, que tinha se manifestado pela primeira vez aos 9 anos e desde então aparecia com maior ou menor intensidade conforme a época. Depois do nascimento do bebê estava pior. Também queria compreender melhor a relação com sua mãe, já que desde que nascera seu filho sentia muitas contradições internas.

Depois de algumas conversas amáveis, começamos a indagação sobre sua biografia humana. A mãe era originária de Misiones, do litoral argentino. Após terminar o Ensino Médio veio para Buenos Aires procurar trabalho. Seu pai era portenho, o mais novo de seis irmãos.

Ficou órfão ainda muito pequeno, não completou o Ensino Médio porque trabalhou desde muito jovem e foi promovido até ser dono de seu próprio negócio. Os pais se conheceram trabalhando e tiveram três filhos. Josefina era a mais velha, nomeada como a responsável e complacente. Logo teve um irmão que foi nomeado como o preferido da mamãe e logo outro irmão nomeado como o rebelde sem causa.

Josefina quis relatar uma infância estupenda, mas fomos formulando perguntas específicas sobre o clima dentro de casa, sobre a personalidade da mãe e sobre seus próprios registros, até que ficou claro que a mãe vivia reclamando do pai. Ela tinha deixado de trabalhar quando se casou e descarregou o sofrimento e a raiva contra os filhos. A mãe costumava dizer que o pai a "mantinha se-questrada" porque era possessivo e ciumento.

Perguntamos se os pais estavam vivos e se viviam juntos. Sim. Então, esse funcionamento entre pai e mãe era fruto do acordo entre eles. Josefina se surpreendeu com esta maneira de pensar o assunto, já que sempre havia acreditado que: "coitada da mamãe, que vida ela tem." Entendíamos, esse era o discurso materno, isso é o que a mãe repetiu ao longo de toda a infância de Josefina e foi assim que ela adotou o pensamento como sendo verdadeiro. A in-fância de Josefina estivera tomada pelas queixas da mãe. Ainda que a mãe fosse "muito boa", pois ajudava muito na paróquia e todas as vizinhas gostavam dela, isso provavelmente tinha acontecido assim. Por isso, perguntamos especialmente sobre o que acontecia dentro de casa. Pouco a pouco, surgiram lembranças sobre tudo o que Jo-sefina tinha como tarefa: basicamente limpar, arrumar e cuidar dos dois irmãos. Inclusive, quando ela limpava, sua mãe lhe batia se considerasse que o resultado não estava de acordo com o esperado.

Do pai quase não apareceram lembranças, aparentemente tra-balhava muito; mas, além disso, quando começaram as brigas entre os pais, ele batia a porta e ia embora. Para onde? Josefina não tinha ideia, nunca lhe perguntara.

Perguntamos onde ela acreditava encontrar um pouco de cari-nho e compreensão. Pensou, refletiu, procurou mas não aparece-ram lembranças.

Por outro lado, lembrou-se de muitos momentos nos quais ela, responsável pela limpeza, tentava fazer com que seus irmãos não fi-zessem bagunça. O problema aparecia quando brigavam entre eles e jogavam todos os brinquedos no chão e ela tentava fazer com que eles a obedecessem. Claro, quando a mãe voltava, era Josefina quem levava as surras.

Na escola não tinha problemas, tinha duas amigas que ainda conservava. Porém, em casa não havia vida social nem família numerosa. O panorama da infância estava claro. Tinha uma mãe olhando para si mesma e deixando em seu lugar a filha mais velha,

responsável pela casa e pelo cuidado com os irmãos. Mostramos-
-lhe uma imagem, recorrente, de uma menina olhando a mãe e
tentando acalmá-la. Josefina olhou e disse que na atualidade continuava sendo assim. Ela ainda se sentia na obrigação de cuidar da
mãe e dos irmãos.

Explicamos a ela brevemente como funcionava a dinâmica do
abuso (tudo isso está descrito em meus livros, sobretudo em *Vícios e Violências invisíveis*) e garantimos a ela que investigaríamos
até onde haviam chegado os estragos desse abuso, porque, quando
uma menina protege a mãe e, ao tornar-se adulta, continua prote-
gendo-a, não há espaço para cuidar de outra pessoa. O problema é
que ela acabava de ter um bebê.

Portanto, estávamos vislumbrando um problema. Então nos
despedimos. Josefina voltou duas semanas depois. Perguntou-nos
o que achávamos de ela estar morando com sua mãe desde a chegada do filho. Explicamos que nós não emitíamos julgamentos sobre
nada nem ninguém.

Por outro lado, somente havíamos abordado sua infância, mas
se continuássemos nossa investigação certamente conseguiríamos
compreender globalmente suas histórias de vida e ela teria mais
ferramentas para tomar as próprias decisões.

Contou-nos que, ao sair do primeiro encontro, teve uma piora
em sua psoríase. Havia épocas nas quais ficava pior e em outras
estava mais latente. Pensou que talvez estivesse relacionado ao
fato de "tocar" aspectos tão doloridos da infância. Respondemos
que não sabíamos ainda, mas que, em princípio, quando a pele
sofre tanto, costuma estar relacionado com a absoluta falta de
contato corporal materna e com uma imensa necessidade de carícias e mimos.

Claro, vocês dirão que todos os seres humanos deveriam ter
doenças na pele porque a todos faltou contato. Sim, é verdade,
somos todos um milagre que anda. Decidimos continuar com a cronologia. Sempre soube que tinha facilidade para a matemática. Estudava e também saía para dançar. Disse que a mãe sempre deixava.

SUBJUGADO PELA MAMÃE

Achamos estranho. Perguntamos se durante a adolescência a mãe tinha começado a responsabilizar-se da casa ou se tiveram ajuda externa. Josefina surpreendeu-se. Nunca teria pensado algo assim. Era óbvio que não. Ela continuava cuidando da limpeza da casa, já que era a condição para poder estar ali. Inclusive, aos sábados, era dia de faxina geral. Primeiro cumpria com suas obrigações e, só depois, saía.

Dissemos a Josefina que isso não era "não ter problemas com a autorização para dançar". Pelo contrário. Parecia um trabalho escravo. A mãe não se preocupava em cuidar dela nem em saber onde ia nem com quem saía. Só queria que alguém cuidasse da limpeza, algo que essa mãe, obviamente, não estava disposta a assumir. Então lhe mostramos a imagem da escrava.

É verdade, sentia-se presa ainda que tivesse "liberdade" para ir e vir. A mãe jamais perguntou aonde ia nem que horas voltaria se as coisas em casa estivessem em ordem. Nunca lhe disse nem sugeriu que se cuidasse. O desamparo estava confirmado. Por outro lado, Josefina tinha compreendido que, se ela não se cuidasse, ninguém cuidaria dela. Aos 14 anos teve seu primeiro namorado, com quem começou sua vida sexual. Era estranho, sabia pouco e nada, achava algo "sujo" o que fazia, mas não falava para ninguém.

E o que acontecia com sua psoríase? A mãe a levava ao médico? Alguém se interessava? Coçava? Ela tinha vergonha? Escondia o problema? Josefina não conseguia responder. Não se lembrava de ter ido ao médico, mas sabia que isso que ela tinha nos braços e nas pernas chamava-se psoríase e que ela não deveria mexer. Achava que eram os produtos de limpeza que provocavam as feridas na pele e sonhava que quando fosse mais velha deixaria de limpar e o problema desapareceria.

Perguntamos, então, se isso havia sido um impedimento para se relacionar com os namorados, mas não soube responder. Tampouco sabia por que ela o relacionava aos produtos de limpeza. Soubemos que a mãe devia ter nomeado assim o assunto e ela havia considerado como sendo o certo.

Então, comovida, acrescentou: "Agora percebo que não tive mãe, sempre me cuidei sozinha. Então, me pergunto, por que continuo tão grudada a ela? Por que preciso tanto dela? Vou à sua casa todos os dias, faço o que for para que esteja sempre contente, levo-lhe presentes, mas ela continua sem se interessar por mim." Respondemos que a menina ferida achava que, quanto mais limpasse e satisfizesse a mãe, alguma vez mereceria ser amada. Entretanto, essa era uma ilusão infantil. Todos merecem ser amados. Simplesmente, às vezes, os adultos não podem amar (nem às crianças nem a ninguém). Essa era a verdade. Os adultos são capazes de amar, entretanto, ninguém tem de fazer nada e muito menos uma criança, para ser merecedora de amor.

Dissemos também que nos chamava atenção o fato de ela nunca ter ousado "rebelar-se" contra as obrigações que a mãe lhe impusera desde muito pequena, e que, inclusive, à medida que foi crescendo e conhecendo outras instâncias, tampouco tomou a decisão de deixar de responder a essas ordens. Entretanto, aparentemente sua pele dizia o tempo todo "não". Encaixava bem a imagem da escrava resignada acreditando que esse era seu destino inabalável. Se observássemos nossa hipótese — supondo que estávamos no caminho certo e que tínhamos uma escrava sangrando pela pele — era provável que os poucos momentos de "liberdade", fossem vividos em segredo. Iria escondê-los, minimizá-los ou esquecê-los.

Se traçássemos uma pista para definir por onde continuaríamos nossa investigação, a "liberdade" em qualquer uma de suas formas, lhe produziria culpa ou talvez sentisse que não tinha direito ou que teria que pagar altos preços para obtê-la. Na verdade, sendo detetives, interessava-nos imaginar a lógica de um cenário, antes de continuar escutando nossa consultante. Tínhamos que compreender a subjetividade de um escravo para poder abordá-la de maneira satisfatória.

Dissemos isso exatamente assim. Ela entendeu e se emocionou. Inclusive fez cálculos procurando momentos de forte crise com a psoríase que coincidissem com épocas nas quais ela se cuidava um

A ESCRAVA

pouco mais, percebia que não podia limpar tanto, recolhendo-se e permitindo-se. Quando terminou a escola, matriculou-se na Faculdade de Ciências Exatas para cursar Matemática. Agora percebia que fora uma época na qual se sentia exageradamente "livre". Perguntamos se naquela época tinha deixado de limpar a casa. Não, "isso" continuava igual. Mas, de alguma forma, a livre circulação com seus novos colegas, dava-lhe um "ar" que lhe fazia bem. Nessa época teve alguns namorados, ainda que fosse pouco o que podia contar sobre essas relações.

Perguntamos sobre sua psoríase, mas aparentemente era parte do seu ser. Tinha a pele machucada consigo. Claro, a mãe não perdoava Josefina por ela cuidar "de si mesma" e ter "esquecido" sua família enquanto estudava. Isso causava muita culpa na escrava; portanto, aos finais de semana redobrava os cuidados com relação à limpeza, comida, roupa e tudo o que podia deixar brilhando na casa familiar.

Aos 28 anos Josefina já trabalhava bem: tinha vários empregos como professora e grupos de alunos que precisavam de professora particular. Nessa época, reencontrou um amigo da universidade e começaram a sair. Era Ernesto, seu atual marido. Já que somos detetives, que pistas vamos seguir para observar se é uma escrava? Com que homens poderá relacionar-se? Surgem duas opções: ou encontrará um subjugador com quem ela possa "brilhar" sua fantasia de escrava ou se aliará a um homem obediente, apaziguado e pouco dependente, de modo tal que ela possa continuar respondendo eternamente à insaciável necessidade da mãe.

Só precisávamos perguntar em qual dessas opções "encaixava-se" Ernesto. Josefina não conseguia acreditar. Nunca tinha pensando assim, mas "caiu como uma luva". Ela achou evidente que Ernesto fosse um homem obediente e dócil que respondia submisso aos pedidos de sua própria mãe. Por exemplo, ele adorava a natureza, gostaria de ter estudado Agronomia ou Ecologia, mas teve que estudar Ciências Exatas por ordem dos pais. Também era um homem complacente e amável com Josefina e, sem dúvida, essas qualidades foram as que fizeram com que se apaixonasse. Até agora tínhamos um jovem casal, vivendo em harmonia dentro do mesmo sistema de abusos, sem desdobrar demais nenhum desejo pessoal; ou, em todo caso, pagando altos preços.

Ambos trabalhavam muito e decidiram morar juntos. Como pensamos que poderia ser a sexualidade nesse casal? Provavelmente com acordos tranquilos, sem grandes paixões, mas por sua vez, sem conflitos. Insisto em que os detetives organizam primeiro uma hipótese e logo checam para confirmar se estão no caminho certo ou não. Esse exercício é importante, porque, se perguntarmos abertamente "como vai sua vida sexual com seu parceiro?", todos descrevem façanhas impossíveis de comprovar. Não é que seja muito importante, simplesmente a vida sexual das pessoas é uma forma análoga de expressar outras instâncias da nossa vida. Na cama, acontece o mesmo que em outras áreas. São pistas, e como tais têm de coincidir. Ambos estavam machucados e tinham aprendido a obedecer, calar, resolver e logo dormir em paz.

Josefina era uma moça muito inteligente, relatava em cada encontro um sem número de pensamentos que relacionava com sua escravidão, seu medo, os castigos recebidos e o comodismo dentro de uma realidade que jamais tinha se atrevido a questionar.

A gravidez transcorreu sem problemas. Por acaso uma escrava reclama? Não teve dores nem incômodos com exceção das esperadas do último mês. Trabalhou até uma semana antes de parir para obter mais dias de licença depois do nascimento do menino. Teve um parto curto, dolorido e intenso.

Nunca transbordou. Percorremos alguns detalhes da sua volta para casa até que Josefina interrompeu: "Já sei o que acontece comigo. Sabe contra quem minha pele reage? Contra minha mãe! Minha mãe tinha estabelecido que eu deveria mudar-me para a casa dela no primeiro mês. Ela emitiu o parecer e eu o aceitei. Ernesto achou bom. Do hospital, fomos direto para a casa dos meus pais. Por quê? Minha mãe nem sequer me ajuda. Sinto falta de meu marido. Minha pele está pior do que nunca. De noite tenho medo de

239

que minha mãe se incomode quando o bebê chora. Por que fui para a casa dela? Por quê? Por quê?"

Josefina estava soluçando e rindo ao mesmo tempo. Era um bom começo. Por quê? Talvez porque uma escrava não pergunta? Que aconteceria se começasse a perguntar? Que preço você tem de pagar? Josefina respondeu convicta: "Nenhum. Isso de pagar com meu trabalho é um assunto do passado. Volto hoje mesmo para minha casa com meu filho. Quantas coisas ridículas as pessoas fazem!"

Esse foi o começo de um despertar maravilhoso.

O burro com antolhos

Maria de los Ángeles era argentina, mas morava na Cidade do México. Estas entrevistas foram realizadas por meio do Skype. Tinha 53 anos quando fez sua primeira consulta. Casada e com dois filhos homens de 20 e 23 anos. Tinha título de Assistente Social, mas trabalhava como administradora em uma empresa importante. Além disso, participava de um grupo de estudos com profissionais da área da psicologia e, por meio de seus colegas, conheceu meus livros. Por isso, quis ter a oportunidade de atravessar a experiência da construção da biografia humana.

Além disso, tinha a intenção de investigar porque sentia tanta rejeição com relação a própria mãe. Vivendo fora do país, conservava sentimentos nobres para com ela. O problema surgia quando se encontravam.

Para começar, abordamos sua infância. A mãe vinha de uma família pobre. O pai, por sua vez, vinha de uma família de intelectuais, embora tivesse trabalhado desde muito jovem em diferentes empresas. O pai atravessou uma depressão crônica até a morte. A mãe não trabalhava, ficava sempre em casa, mas era uma mulher fria e distante. Maria de los Ángeles sentia dificuldade para estudar, e não podia contar com a ajuda de ninguém, pois sua mãe estava sempre ocupada. Ela e o irmão pediam à mãe que os levasse até a praça que ficava em frente da casa, mas ela nunca queria. Às vezes, quando o pai chegava e não estava com uma de duas frequentes dores de cabeça, os levava.

Perguntamos então de quem recebia afeto. Pensou um pouco até que disse "de ninguém". Imediatamente depois disso começou a descrever a violência da mãe. Quando María de los Ángeles brigava com o irmão, a mãe os ameaçava primeiro e logo pegava um cinto para bater em ambos. Depois da surra, a mãe tomava um Valium e se enfiava na cama.

Mostramos-lhe que ela havia contado essas cenas justo quando lhe perguntamos sobre o afeto. Portanto, podíamos supor que através dessa modalidade descobrira a maneira de obter "carinho" e de ser "tocada" pela mãe. Ficou impactada. Acho que era muito forte "isso", dito desse jeito. Mas logo reconheceu que eram os únicos instantes nos quais sua mãe a olhava. Perguntamos bastante sobre o pai e acontece que também batia nela. Menos, porque estava menos tempo em casa. Conversamos sobre os estragos da violência nas crianças, sobre a aridez de aproximar-se da vida nessas condições e deixamos claro que teríamos que rever quais mecanismos ela havia utilizado para neutralizar a violência recebida.

A consultante fez o Ensino Médio em um estabelecimento paroquial e aparentemente tinha muitas amigas, com quem saía muito. Lembrou-se precisamente do dia no qual, pela última vez, a mãe lançou-se sobre ela para lhe bater. María de los Ángeles tinha 17 anos. Simplesmente parou a mão da mãe no ar e disse: "Se você me bater de novo nunca mais vai me ver." Efetivamente, foi a última vez que levou uma surra.

Dissemos a ela que não tínhamos como comprovar se isso tinha acontecido exatamente assim — os detetives sabem que nossas lembranças estão organizadas com base em discursos enganados —, mas, de todo jeito, era uma informação importante: parecia uma jovem "decidida".

Foi nessa idade que conheceu Alberto, seu atual marido. Começaram o namoro, embora sem vida sexual até o casamento, oito anos depois. Colocamos palavras sobre quão complexo deve ter sido esse assunto. Possivelmente, tendo aprendido a se distanciar das emoções e do corpo para não sofrer tanto a violência materna. Essa distância se manifestaria também na vida sexual. Maria de los

Ángeles interessou-se por esse "olhar", ainda que não o compreendesse completamente.

Cursou a carreira universitária de Ciências Sociais sem dificuldades. Alberto era comerciante, trabalhava com seu pai. A mãe de María de los Ángeles não aceitava esse namorado "sem estudos". Casaram-se quando conseguiram juntar dinheiro suficiente, o que coincidiu com uma oferta de trabalho para Alberto no México, então partiram.

Nesse ponto, dissemos a ela que oito anos de namoro era muito tempo e entretanto não aparecia no relato nada relativo ao amor, à paixão, à vitalidade, às brigas, aos desejos, aos sonhos, qualquer coisa. Então esclareceu que esses anos tinham sido de pura briga, "o normal de qualquer casal". E por que vocês brigavam? Porque Alberto não concordava que ela estudasse. Chamou-nos atenção que ela minimizasse algo que costuma ser fundamental na vida de uma pessoa: aquilo que se deseja empreender na vida. Se a própria vocação entra em confronto com a pessoa que nos ama e com quem temos um projeto de vida em comum, alguma coisa complexa está sendo gerada. Pensou um pouco e respondeu que era verdade, que ela havia diminuído a importância do assunto, tanto antes como agora. Na qualidade de detetives, era importante observar como Maria de los Ángeles tinha aprendido a se relacionar afetivamente: por meio da briga e da agressão. Então contou algumas histórias que confirmavam o desprezo mútuo, a falta de interesse entre eles e a distância emocional. Despedimo-nos dela e avisamos que no encontro seguinte verificaríamos se o congelamento fora seu mecanismo prioritário para não sofrer.

Anotamos em nosso caderninho de detetives que estávamos abordando uma mulher casada há trinta anos e que, provavelmente, as alianças ou os acordos principais entre ela e seu esposo estavam baseados em trabalhar, sacrificar-se, trabalhar e trabalhar. Possivelmente nesse terreno deveriam compreender-se e, se a hipótese se confirmar, os conflitos não surgiriam no seio do casal, na medida em que o âmbito estivesse em funcionamento. Entretanto, o que parecia permanecer relegado era o mundo afetivo. Nesse caso, provavelmente os filhos teriam de ter passado pelos maiores sofrimentos, pelo menos durante a infância. Para que serve anotar esses pensamentos? Porque devemos imaginar o cenário mais objetivo para deixar assentadas as "pistas" possíveis. Caso contrário, no próximo encontro só podemos perguntar-lhe "Como vai?", ficando submetidos às respostas enganadas que não servirão, em vez de ir direto às duas ou três hipóteses que temos, imprescindíveis de serem confirmadas.

Insisto que o trabalho do detetive continua fora dos encontros reais com os consultantes. Como os estrategistas, que trabalham e pensam para além dos momentos de ação, porque isso permite clarear a mente, organizar as peças que temos e definir como continuaremos a investigação. No encontro seguinte, Maria de los Ángeles quis contar que tinha ficado pensando sobre sua constatação de que aquilo de que ela mais gostava era ficar sozinha. As pessoas a incomodavam. Não gostava de morar no México, portanto, preferia viver "em seu mundo". É verdade que parecia uma mulher dura e distante. Porém, lhe dissemos que essa atitude era compreensível, entendendo que fora um mecanismo razoável para sobreviver a uma infância igualmente dura. Decidimos continuar com a cronologia.

A questão é que foram morar na Cidade do México-DF, o que foi muito penoso para ela, pois não se adaptava nem fazia esforços para integrar-se à comunidade. Às vezes, fantasiava uma volta a Buenos Aires, mas logo percebia que tampouco lá havia algo interessante. Maria de los Ángeles, tanto quanto seu marido, no começo, assumia todo tipo de trabalho, alguns muito difíceis. Tinham todas as intenções orientadas para o progresso econômico. O desejo era compartilhado.

Claro, as brigas entre eles continuaram. As piores batalhas tiveram lugar quando Maria de los Ángeles quis cursar mestrado na universidade, já que nunca tinha desconsiderado a possibilidade de desenvolver, alguma vez, seu ofício. Nesse ponto, ainda não tínhamos clareza sobre que imagem lhe mostraríamos. Havia algo de tenacidade, dureza e sacrifício. Porém, não estávamos certos, fato que compartilhamos com ela. Então decidimos avançar para ver se podíamos completar o cenário reunindo mais elementos.

Poucos anos depois da emigração, nasceu o primeiro filho. Por quê? Houve desejo? Cumplicidade? Simplesmente ela achou que "fosse adequado". Três anos mais tarde nasceu o segundo filho. Ambos com cesáreas programadas. Não amamentou os bebês (nesses casos as desculpas eram variadas), mas não nos interessa se vale a pena ouvi-las, porque é óbvio que, se estamos imaginando uma imagem dura e tenaz, isso não encaixa com a suavidade de peitos túrgidos. Claro que em ambos os casos voltou rápido ao trabalho. Essa era uma atividade sagrada.

Quando estamos construindo biografias humanas e nascem crianças, sempre tentamos abordar as vivências do ponto de vista dessas crianças. Porque isso vai completar o panorama, ainda que nesse caso fosse fácil perceber que as crianças não receberiam nada leve, tenro, protetor nem acolhedor por parte da mãe. Era impossível.

Só nos restava perguntar quais tinham sido as manifestações recorrentes desses pequenos. Claro que adoeceram muito. O segundo, febre; quando foi à escola, tinha febre todos os dias, a ponto de terem de tirá-lo do Jardim de Infância. As crianças são tão sábias! Quando chegava a casa, milagrosamente a febre cedia. Nesse momento desejamos oferecer-lhe uma imagem que fosse suficientemente contundente para que Maria de los Ángeles pudesse observar sua crua realidade.

Mostramos a ela um burro com antolhos: trabalhando, indo sempre para frente, desconhecendo qualquer fato que pudesse acontecer ao seu redor.

Tínhamos a sensação de que ela "avançava" sem olhar para os lados, sem olhar os filhos, sem olhar a si mesma: "trabalhava", "andava", "fazia", separada de seu mundo emocional, portanto, também do universo afetivo dos filhos e do marido. A solidão que os desejava a salvava de ter que se conectar com quem quer que seja. O problema que vislumbraríamos era que dificilmente encontraríamos

algo mais nesse cenário, porque, "não querendo ver" e somente indo ao trabalho como único objetivo, seu "leque" parecia estreito.

Concordou. Assim sentia-se: trabalhando e "puxando para frente". Isolada de todos. Contou certos episódios e algum pedido de seu marido que confirmavam a hipótese. Logo houve vários encontros nos quais abordamos esmiuçadamente a infância de cada um dos filhos.

Quando temos filhos já adultos, essa reconstrução é trabalhosa e temos muita preguiça. Entretanto, é um trabalho imprescindível. No seio de cada noite de desamor vivida pelos nossos filhos quando eram crianças estão as sementes dos acontecimentos posteriores às cenas familiares atuais. Fizemos isso com Maria de los Ángeles, então fomos nos deparando com episódios muito doloridos do ponto de vista dessas crianças. Imaginemos duas crianças que têm uma mãe que trabalha e trabalha e não vê nada além do seu nariz! Deve ter sido muito frustrante. Assim chegamos aos dias de hoje, momento em que Maria de los Ángeles reconhecia que mantinha um vínculo distante e superficial com os filhos. Ambos frequentavam a universidade, moravam sozinhos e ela não sabia praticamente nada sobre eles. Também percebeu que, em todas as terapias que tinha feito anteriormente, como seu "problema" eram as eternas brigas com o marido, era ali que se concentravam as sessões.

Entretanto, nunca tinham abordado o vínculo com os filhos, já que para ela "não era um problema". Foi triste confirmar que, olhando o mapa completo, era óbvio que os filhos — agora jovens — deveriam estar pedindo tudo há muitos anos. Como não os levaríamos em conta? Talvez pudesse chegar a ser uma maneira de começar a tirar os antolhos, pelo menos por um tempo.

Alguns encontros mais tarde, Maria de los Ángeles pediu um horário fora da agenda. Estava assustada. O filho mais velho tivera uma grave discussão com o pai, que lhe disse que era um desgraçado por tudo aquilo que tinha recebido. Por sua vez, o jovem respondeu desesperado que queria se matar, o que faria em breve. O pai continuou acusando-o e, bravo, disse a Maria de los Ángeles: "Vamos, senão vamos nos atrasar" (o casal tinha marcado uma saída com amigos).

María de los Ángeles não sabia o que fazer. Duvidava! Percebem, estimados leitores, como funciona o desamor? Isso não é um julgamento. É olhar o mapa do burro com antolhos e entender que ele não consegue "ver além". Não é capaz de sentir o desespero eterno do filho. Não se atreve a sair de seu rumo habitual. Não conhece outro caminho senão aquele que percorre cada dia de sua vida. Essa mãe está desorientada porque alguma coisa de diferente aconteceu. O destino está lhe tirando os antolhos com fúria e a luz a deixa cega. Quero demonstrar que estamos observando "essa" cena no seio "desse" mapa.

Em meio a esse incidente pungente, o jovem olhou para sua mãe e disse: "Por favor, fica comigo."

María de los Ángeles finalmente tomou uma decisão. Compreendeu que tinha que permanecer ali. O pai foi embora furioso. Então o filho a abraçou chorando e disse: "É a primeira vez na vida que você me escolhe. Obrigado." A terapeuta chorava ao ouvir o relato, mas Maria de los Ángeles mantinha-se estoica diante da tela do computador.

Estimulamos a consultante então a ir além. Tinha que tirar os antolhos, olhar ao redor (não muito longe, apenas olhar para os filhos), mas, além disso, caminhar por novos lugares. Foi o que começou a fazer com muitas dificuldades. Começou falando timidamente com esse filho, compartilhando algo sobre a indagação que estava empreendendo com uma terapeuta que morava na Argentina. Mostrou-lhe a imagem do burro de antolhos, explicou-lhe como estava observando como novos olhos a história familiar e como ela não tivera ferramentas para amá-los com carinho no passado. Disse-lhe que agora estava percebendo a realidade e que ainda achava tudo muito complexo. Contou-lhe sem muitos detalhes sua própria infância. Enfim, iniciou um doce diálogo.

Cada pequeno encontro, cada novo olhar silencioso em direção aos filhos era vivido como se houvesse escalado o Everest. Por isso precisava do apoio e da contundência de sua terapeuta, mas o caminho estava traçado.

A cova

Máximo tinha 64 anos, era tabelião, estava casado, tinha uma filha de 27 anos e um neto de 3 meses. À primeira vista parecia elegante, olhos pretos, barba abundante, mas muito tenso. Não estava disposto a responder perguntas gerais porque vinha com um problema muito pontual que precisava abordar e que, conforme Máximo, era de ordem sexual. Fizera psicanálise durante 25 anos — e, conforme suas palavras, não teria sido capaz de sustentar uma família nem crescer profissionalmente se não tivesse sido por essa ajuda. Um colega recomendou-lhe meu livro *Amor ou Dominação — os estragos do patriarcado*, e ele então tomou a decisão de experimentar um novo método.

Considerava-se viciado em pornografia. Quis relatar múltiplas justificativas e "soluções" que lhe tinham sido recomendadas ao longo de sua vida, mas não nos interessavam. Explicamos que nossa tarefa se concentraria em buscar "sombra", detectar sua personagem e compreender os mecanismos de sobrevivência, e que, em seguida, tentaríamos olhar seu mapa da maneira mais ampla possível sem cair em intepretações fáceis. Não podíamos garantir nenhuma "solução". Mas podíamos começar um caminho juntos, para ver até onde chegaríamos. Ele concordou.

Essas entrevistas aconteceram via Skype, já que Máximo morava em Salta, uma cidade do nordeste da Argentina. A mãe provinha de uma família católica fervorosa. O pai tinha sido tabelião como o avô paterno, de famílias também católicas. Tiveram sete filhos. Máximo foi o primeiro homem. A princípio, indagamos sobre a figura do pai, já que certamente tinha exercido uma grande influência sobre Máximo e, sem duvidar, respondeu: "Era muito autoritário, assim que chegava a casa 'não se ouvia um mosquito', o ar ficava pesado, gritava para tudo, era muito machista, desprezava as mulheres, entre elas a minha mãe. Eu tinha muito medo dele, às vezes, eu o odiava..." Perguntamos se o pai lhe batia. Disse que não. Dissemos que não acreditávamos. Nesse panorama, obrigatoriamente havia surras. Então, respondeu: "Bom, sim, às vezes, mas não muitas. Só se o deixássemos bravo."

Quero demonstrar mais uma vez de que modo o "mecanismo do esquecimento" age (isto está detalhadamente descrito em meu livro *Vícios e violências invisíveis*). Por isso os detetives têm de "nomear" com palavras claras e contundentes aquilo que o mapa mostra, mas o indivíduo não se lembra. Ou não sabe. Pode ter vivido na carne muitas experiências, felizes ou de sofrimento, mas, se não foram nomeadas, a consciência não consegue organizá-las. E, se não há organização, não há lembranças. Por isso, insisto mais uma vez sobre a importância superlativa que atribuo à "construção" que o detetive pode fazer olhando a lógica do mapa.

O que muda, nesse caso, que o pai lhe tenha surrado ou não, se de todo jeito foi um pai que maltratava? Ao acrescentar as peças que faltam — as surras e os tapas, por exemplo — o indivíduo pode vislumbrar com maior coerência e convicção a dimensão do desamparo ou da violência exercida sobre a criança que ele foi. Por outro lado, uma vez que nomeamos a presença de castigo e, como consequência, o indivíduo se lembra de um episódio, logo novos aparecerão, e depois outros, até que uma cascata de lembranças vem nos oferecer um cenário realista.

Voltamos ao protagonista. Ele lembra que era muito tímido na escola, não gostava de ir. A seguir, voltou a dizer quão temível era o pai. Então, lhe perguntamos diretamente o que a sua mãe fazia nessas circunstâncias, já que era a outra adulta da casa. Ela fazia alguma coisa para que isso não acontecesse? Máximo se desconcertou e respondeu: "Não, ela não fazia nada." Isso, escrito assim, parece banal...

Insisto que essa é a tarefa ineludível do detetive. Já expliquei que as mães costumam ser as donas dos discursos oficiais, por isso raramente as mães aparecem como carrascas. Simplesmente porque não se nomeiam assim. É verdade que esse pai deveria ser cruel, mas ele e a mãe estavam em franca conivência. Explicamos a Máximo que aqui o drama tinha sido o desamparo no qual a mãe o havia deixado, servido em uma bandeja para que o pai descarregasse sua crueldade. Não estamos julgando ninguém. Certamente a mãe vivera situações horrorosas na infância, bem como o pai e as gerações anteriores. Porém, era urgente que começássemos a nomear o desamparo materno, alguma vez.

Falamos um tempo longo sobre esses conceitos, que Máximo ouvia entre intrigado e incomodado. Até que finalmente aceitou, acrescentando que sua mãe tinha sido uma mulher muito fria, sem aproximações afetivas em direção a nenhum dos filhos. Talvez o fato de manter um exército de sete crianças temerosas lhe garantiria que nenhum deles iria se atrever a lhe pedir algo. Continuou lembrando que, quando uma professora era afetiva e se aproximava para lhe dar um beijo, ele considerava que isso era algo ruim. Claro, o carinho e o contato corporal tocavam o pecado.

Para além da frieza da mãe e dos castigos do pai, compartilhamos com Máximo algumas hipóteses: supúnhamos que desde muito pequeno ele tivera um registro certeiro de desejos próprios. Não estávamos falando de sexualidade, mas sim de seu próprio "fogo interno". Uma força inata.

Presumíamos que a mãe deveria ter sido muito cruel com ele, diante da possibilidade de que parte desse desejo original, diferenciado, louco, distinto, aparecesse. Era muito provável que ele não se lembrasse de nada disto, além de estarmos falando de algo sutil, não havia nada concreto. Por isso tentaríamos nomear desejos, expectativas e anseios íntimos. Inclusive achávamos importante procurar se alguma vez surgira uma vocação diferente, estranha ou extravagante.

Quando uma criança nasce com uma liberdade clara ou com a sensação de que "não pertence a essa família", mas essa família é extremamente autoritária, normalmente cai sobre a criança uma infinidade de ameaças, ordens, até fazê-la calar. Se isso acontece antes da puberdade, é provável que a criança não conserve de imediato nenhuma lembrança, nem sensação, que o associe a "essa parte" de seu si mesmo. Então, talvez possamos imaginar a criança ardendo por dentro. Esse fogo não é genital. É desejo puro, é sentido de vida, é percepção de algo grande dentro dele. Talvez tivesse vivências similares às de um animal enjaulado. Até que perdeu as forças e adormeceu para sempre. O problema que temos para confirmar tudo isso é que o indivíduo não o sabe. Não se lembra. Por isso, explicamos que, em princípio, retiraríamos o foco de sua genitalidade, que é para onde ele estava olhando fazia muito anos. Precisávamos deixar de olhar pelo buraco da fechadura se pretendíamos compreende algo de sua vida.

Máximo comoveu-se, mas conteve-se para não chorar. Precisou de um tempo para recuperar-se. Depois relatou alguns episódios que confirmavam a mãe funcionando como "sócia" do pai. Lembrou-se de que ela tirava sarro dele com sarcasmo. Logo lembrou castigos atrozes que não detalharei aqui.

Assim passou sua infância e adolescência. Estudou em um colégio de padres, como seus irmãos homens. Dissemos que a partir de sua adolescência teríamos que investigar como ele tinha sobrevivido ao desamparo. Formulamos perguntas diferentes sobre como se relacionava com os amigos e sobre de quais coisas ele gostava, até que nomeou sua extrema timidez. Na adolescência, isso começou a pesar mais e mais. Era tão retraído que alguns o chamavam de mal-educado, já que não conseguia cumprimentar as pessoas. Nessa época começou a se masturbar muito. Falamos que ninguém poderia definir o que era "muito". Para um adolescente tão retraído talvez isso fosse tudo o que pudesse fazer. Perguntamos sobre sua vocação, mas "não tinha ideia". Obviamente estudou Direito porque estava decidido que trabalharia no cartório do pai. A essa altura, Máximo estava esgotado e tenso, e assim o despedimos.

No próximo encontro virtual, tínhamos preparado uma imagem para lhe mostrar e confrontar. Apresentamos-lhe o desenho de um homem enfiado em uma cova. Disse que se sentia identificado. Era isso mesmo, estava preso. Logo verão o significado de ter desenhado, além disso, seu fogo interno. Decidimos continuar com a cronologia. Cursou a faculdade inteira sozinho. Não falava com ninguém, não tinha amigos, não praticava esportes, não saía aos finais de semana. Tentamos perguntar pela vida sexual, mesmo que achássemos que já tínhamos as respostas.

Assim que concluiu a faculdade, aos 24 anos, pôde ter a primeira aproximação com uma mulher, mas com quem não conseguiu ter relações sexuais. De qualquer maneira, era a primeira vez que era acariciado por alguém. Ele se lembrava dela ainda com muito amor.

Depois teve várias namoradas, mas sua vida sexual era difícil, tinha a ideia de que podia machucá-las. Desejava muito na imaginação, mas quando estava com elas, ficava paralisado.

Logo, preferia se masturbar sozinho. Então voltamos a nossa primeira hipótese explicando que parecia um homem com muitos desejos, mais do que o interior de sua cova podia suportar. Como se houvesse uma bola de fogo dentro dele esperando para sair e se expressar, mas que ele estava preso e com medo de sua própria explosão. Isso tudo fazia sentido para ele.

Disse que essas palavras o aproximavam muito de algo que sentia, que o devorava por dentro e que não sabia como explicar. Para nós era importante vislumbrar algumas linhas gerais com relação a esse funcionamento. Tínhamos a sensação de que esse fogo interno estava trancado, contido e que, obrigatoriamente, procuraria caminhos alternativos para se manifestar.

O fato é que aos 34 anos conheceu Felisa, sua mulher. Perguntamos sobre o que foi que fez com que se apaixonasse por ela. Não pôde responder, disse somente que era uma mulher adequada para casar. Não houve desejo nem paixão nem bom sexo. Felisa era economista, tinha um bom trabalho e era autossuficiente. O melhor de tudo era que não lhe exigia nada. Esse era um dado interessante, porque ficava em evidência que o maior benefício era que a mulher não pedia que ele abandonasse o conforto de sua cova. O medo infantil era o protagonista desse cenário.

253

A COVA

Só então começou a ter confiança na terapeuta. Disse que pela primeira vez não se sentia julgado nem pressionado. Continuamos indagando sobre a intimidade no casamento. Na verdade, não havia nada de nada, com exceção de uma vida sem sobressaltos. Felisa era muito apegada aos próprios pais, o que deixava Máximo "em paz", já que não precisava tolerar sequer a solicitação de ocupar-se afetivamente dela. Anos mais tarde, nasceu a única filha desse casamento, também chamada Felisa, mas apelidada de "Feli" para distingui-la da mãe. Nesse momento, Máximo quis descarregar várias queixas com relação à sua mulher, sobretudo relativas à aliança histórica que ela havia forjado com a filha deles, contra ele. Porém, preferimos esperar, já que estávamos observando o "nada" desse vínculo do casal.

Olhando a imagem, havia um homem fechado em sua própria cova para não entrar em contato com a própria potência. Isso geraria isolamento e o convidaria a permanecer ignorante sobre qualquer coisa que acontecesse ao seu redor. Em todos os casos, quando aparecem reclamações do consultante, compete aos detetives olhar o mapa completo, já que cada personagem contribui com movimentos do jogo no qual todos estão envolvidos. Se há um homem trancado, o que farão os outros? Ficarão juntos e se acompanharão do jeito que puderem para saírem da clausura. Se continuamos contemplando a imagem e a compararmos com seu motivo aparente de consulta, por acaso não parece lógico? Masturbar-se é o que o indivíduo tem nas mãos para sentir-se bem se está completamente sozinho. Então, até aqui, as peças encaixam.

Foi pouco ou quase nada o que Máximo pôde relatar sobre a infância de Feli. Não nos surpreendia que respondesse convencionalmente, desde "era uma menina linda" até "era boa aluna" ou "tinha o dom especial para a música". Não queremos dizer que isso não tenha sido verdade, acontece que estávamos procurando um conhecimento íntimo sobre sua filha, o que obviamente não teria abordado jamais. Sua filha já estava casada e acabava de ser mãe de um menino. Máximo teve de reconhecer que a aproximação que tinha em direção à filha e ao seu genro era absolutamente superficial. O mundo se desdobrava muito longe de sua cova, que o mantinha ainda trancado em seus medos infantis.

Máximo era um tabelião com uma posição econômica sólida e um reconhecimento profissional estabelecido, entretanto sua intimidade e sua capacidade afetiva estavam trancadas desde sua mais tenra infância. Mostramos-lhe como tinha passado a vida adulta sem nenhum vínculo afetivo comprometido e que as duas pessoas mais próximas, a mulher e a filha, tampouco tinham conseguido atravessar as paredes de sua cova, que o mantinha, ainda hoje, no resguardo do menino medroso que tinha sido. Portanto, não ouviríamos queixas.

Incomodou-se, pensou um pouco e lembrou-se de um episódio de briga entre a esposa e a filha. Feli tinha pedido ao pai que interviesse porque aparentemente a mãe estava "com ciúmes" da vida social da filha. "O que você fez?", perguntamos. "Falei para ela que teria de compreender sua mãe." Mais uma vez mostramos-lhe a imagem pela tela do computador e comprovamos que não estava disposto a pôr o rosto nem um milímetro para fora. Não fez nada. Nem pela filha nem pela esposa. Não se interessou, não averiguou, não refletiu, não se envolveu. Máximo começou a soluçar tampando o rosto com suas grandes mãos. Esperamos um tempo. Depois perguntou olhando para o céu, esperando uma resposta celestial. "O que eu faço? O que eu faço, Deus, me ajude, o que eu faço?" Esperamos mais um pouco até que se recompôs e lhe oferecemos uma proposta.

Nessa parte estava refugiado em sua personagem de menino medroso e em parte era o adulto que tínhamos à nossa frente, com recursos de gente grande. Podia fazer movimento para sair dessa cova comprovando que já ninguém o açoitaria nem o desprezaria nem o castigaria. Podia aproximar-se da filha e perguntar-lhe como estava. O rosto dele iluminou-se. Sabia que a filha queria se mudar para uma casa mais confortável e Máximo contava com o dinheiro necessário. Alguma vez Feli tinha pedido dinheiro a ele? "Não, nunca, jamais me pediu coisa alguma." Olhamos outra vez a imagem. O caminho estava traçado.

O lobo disfarçado de cordeiro

Gimena tinha 40 anos e estava casada. Era mãe de duas meninas: Antônia, de 6 anos, e Francisca, de quatro anos. Estava tirando um "ano sabático", depois de trabalhar durante dezoito anos na Polícia Federal da Cidade de Buenos Aires. Procurava reorientar sua vida e a leitura de alguns livros meus lhe pareceram uma porta aberta.

Por isso decidiu nos consultar. Tinha um aspecto frágil, fisicamente era pequena, muito magra, pele branca e olhos claros. Esclareceu que estava preocupada especialmente com um velho conflito que mantinha com seus pais e irmãos.

Quero destacar que um detetive está sempre em suas funções. A Polícia, na Argentina, tem sido historicamente um antro de repressão, violência, corrupção e autoritarismo, ao longo de um século de regimes militares e atropelos contra os cidadãos, nos quais a instituição policial esteve associada. Com isso, não quero dizer que vamos automaticamente supor que nossa consultante estivesse relacionada com irregularidades ou abuso de poder, mas, enfim, pelo menos tínhamos que levar em consideração esse dado, que se opunha à imagem etérea e angelical que ela passava à primeira vista. Com essas anotações, explicamos a ela que abordaríamos sua biografia humana.

Ela não se lembrava de absolutamente nada de sua infância e quase nada de sua adolescência. Justificou que tinha péssima memória e que só sabia o que lhe haviam contado. Muito bem, explicamos como funcionava a mecânica do esquecimento e que, habitualmente, a consciência relegava à sombra certas vivências, quando uma criança vivia acontecimentos muito difíceis ou hostis para sua idade, por exemplo.

Os pais casaram-se aos 18 anos do pai e 16 anos da mãe. Perguntamos se o casamento tinha acontecido devido a uma gravidez, mas Gimena não tinha ideia. Viveram muitos anos na casa dos avós paternos.

Ela foi a primeira filha e logo teve uma irmã, três anos mais nova. Lembrava bem da violência verbal e física entre os pais. A mãe também odiava a avó paterna (com quem morava). Logo descreveu cenas que não valem a pena reproduzir, mas que indicavam um clima de guerra familiar e Gimena não conseguia ter lembranças fidedignas sobre o que ela fazia enquanto isso. Garantia que era calada e obediente, ao contrário de sua irmã que criava confusões e era castigada. Também circulou durante muitos anos na família o relato de um episódio no qual ela, aparentemente, estava cuidando da irmã quando a menina caiu. Gimena pensou que ela havia morrido e foi eternamente acusada de irresponsável por esse acidente. As lembranças estavam tão desorganizadas que passamos os primeiros encontros organizando-as, dando a algumas um marco de veracidade e deixando outras "guardadas" porque não encaixavam com nada. No final das contas, concordamos que a violência em casa era frequente, sobretudo a negligência e a falta de cuidado com essas meninas.

Até agora tínhamos uma menina que tentava não criar mais problemas do que os existentes em sua casa. A superadaptação — muito frequente em várias biografias humanas — baseia-se no fato de que as crianças anteponham as necessidades dos adultos às próprias. Isso se chama abuso materno, em todos os casos. Pensou um pouco, disse que era verdade, a mãe sempre dizia que tinha se esmerado em cuidá-las, mas ela não tinha lembranças genuínas de receber cuidados de sua mãe.

Era necessário abordar sua adolescência ao menos com duas hipóteses: ou continuaria reprimindo suas necessidades básicas, adaptando-se aos demais, ou se vincularia por meio de brigas, um sistema que dominava. Apostávamos na segunda opção, mas tínhamos que investigar. Expusemos isso dessa maneira a ela, então, com total firmeza e ar desafiante, afirmou que era difícil "ganhar" dela em uma disputa. Mostrou-nos uma cicatriz na cintura, consequência de uma faca que sua irmã tinha tentado cravar-lhe, aos 16 anos. Mas ela deixou-lhe uma cicatriz pior no rosto. Entretanto, lembrava que a irmã tinha recebido os piores castigos. Esse era o panorama.

Cursou os estudos sem dificuldades, com poucas amigas, com exceção de uma que ainda continuava sendo a melhor até hoje, ela era madrinha de sua filha mais velha. Gimena era considerada "tranquila" por seus pais e professores; porém, sua irmã era "brava", respondona, combativa, com muitos namorados e mais "esperta" que Gimena, ainda que fosse mais nova. "Todos achavam que a Silvina era a mais velha, até fisicamente tínhamos uma cabeça de diferença".

Revendo nossas anotações, parecia-nos que o incidente da faca não encaixava com uma adolescente tranquila e amável. Insistimos em perguntar o que fazia diante dos conflitos entre os pares quando acontecia alguma coisa de que ela não gostava.

O que chamava nossa atenção era que colecionava muitos exemplos. Lembrava perfeitamente do dia em que tinha arrancado tufos de cabelo de uma colega porque ela tirara sarro de sua magreza ou quando enfiou a cabeça de outra colega dentro de uma privada para dar como concluída uma briga. Respondemos que estávamos tendo a sensação de estarmos diante de uma "mosquinha morta". Muito brava, mas sem que ninguém perceba. Gostou da ideia.

Mostramos-lhe a imagem de um "lobo disfarçado de cordeiro". Justamente, ela se exibia de uma maneira muito diferente daquilo que era capaz de acionar de maneira solapada. Disso, ela já não gostou muito. Despedimo-nos.

Na qualidade de detetives temos um problema: se a personagem da nossa consultante estava acostumada a mentir, enganar,

O LOBO DISFARÇADO DE CORDEIRO

manipular e esconder-se, ela também faria exatamente isso — inconscientemente — no seu processo terapêutico. Portanto, precisávamos aumentar nosso zoom para "pescar" as mínimas contradições, já que o engano fazia parte de sua maneira de ser aceita, de ser acolhida.

No processo de construção das biografias humanas o desafio é manter, no mesmo plano e simultaneamente, a compaixão pela criança que o consultante fora (com seus mecanismos de sobrevivência que lhe permitiram chegar até aqui) e também pelo indivíduo adulto, "vivinho da Silva", graças a esses mecanismos, que frequentemente são negativos, e produzem sofrimento aos outros. Nesse caso, é fácil perceber: essa menina encontrara na manipulação e no engano (machucar a irmã de modo tal que somente a irmã apareça como única agressiva) a solução para salvar-se. Se pensarmos nisso, observando essa menina em um clima hostil, só nos resta sentir compaixão. Bom, esse indivíduo cresce, transforma-se em adulto, seus mecanismos infantis continuam operando no automático, entretanto, agora, temos de compreender a menina que vive em seu interior. Ao mesmo tempo, precisamos responsabilizar a adulta que usa esse poder em detrimento dos demais. Observar os dois lados, infância e vida adulta, simultaneamente, é tarefa do profissional.

Com esses pensamentos, recebemos Gimena no próximo encontro e a deixamos a par do que estávamos vislumbrando até o momento. Abordamos alguns parceiros importantes que tivera em sua juventude, com os quais o ciúme tinha sido o tempero mais interessante.

Os enganos, as traições, os "chiliques", as infidelidades, enfim, as novelas mexicanas que deixavam claras as "manobras" que levava adiante para sair vitoriosa a cada disputa. Contou algumas histórias que não vale a pena detalhar, mas que encaixavam perfeitamente com a "mosquinha morta" ou com o "lobo disfarçado de cordeiro". Ela dava a pancada antes que a vítima percebesse o que estava acontecendo, assim acabava comendo o pedaço mais gostoso. Gimena olhava a imagem e dizia: "Bom, sim, às vezes o diabo que eu guardo dentro de mim, aparece." Aos 22 anos, por meio de um amigo do pai que era delegado, ofereceram-lhe esse posto na parte administrativa da Polícia Federal. Fez uma carreira rápida escalando postos de diversas envergaduras até chegar à Chefe de Fronteiras.

Fizemos algumas perguntas com relação ao seu trabalho, mas as respostas não encaixavam. Tivemos que esclarecer que não estávamos querendo obter informação como se fôssemos rivais. Não nos interessava. Não éramos um organismo de controle do Estado, nem o FBI, nem nada similar. Mas as pessoas que mentem e deturpam encontram no trabalho sistemas afins a tudo isso. Aqui, estamos diante de um cenário parecido: um território secreto, com o poder dos demais, manipulando informação à beira da legalidade, acotovelando-se com negócios duvidosos, subornos e corrupção... Garantimos a Gimena que não precisávamos de detalhes, mas que era compreensível que houvesse encontrado um lugar de autoridade vertical na Polícia, com conflitos permanentes e abusos de poder, muito parecidos aos que tinha vivido em sua casa. "É verdade — respondeu —, na Polícia funciona a lei da selva, ganha o mais forte." Mostramos-lhe que ela esteve ali durante dezoito anos como se estivesse em sua própria casa.

No seio da instituição, conheceu Octavio, seu marido, que era delegado. Solteiro, doze anos mais velho, morava sozinho, tinha carro e, claro, uma boa parcela de poder. Em princípio, contou uma história sobre como Octavio tinha se fascinado por ela. Insistimos com perguntas curtas até que a história foi virando. Quero destacar que, olhando a imagem e supondo — em princípio — que o engano estará instalado automaticamente, os detetives podem escutar a novela como se fosse real. Indefectivelmente temos que aumentar a lente por meio da qual estamos olhando. No final das contas, Octavio não era solteiro e estava a ponto de separar-se da mulher. Gimena, de alguma maneira, acelerou o processo. Octavio era um candidato perfeito para ela. Sobretudo, tinha uma cota de poder importante e uma situação econômica confortável. Pouco tempo depois, Gimena já estava morando em seu apartamento. Tinham o projeto de formar uma família.

— E Octavio queria?

— O quê?

— Formar uma família.

— Ah, sim... Bom, não sei. Ele trabalhava demais.

— Então o "projeto família" era seu, não era compartilhado.

— Bom, eu nunca havia pensado nisso desse jeito. É verdade que eu insisti muito e fui me enfiando na casa dele sem que ele percebesse.

— E como foi o primeiro momento da convivência?

— Com Octavio foi bom, o problema era a mãe dele.

Enfim, logicamente, houve conflitos por toda parte. Porque era o sistema conhecido de Gimena (e certamente de Octavio também). Contou detalhes desses conflitos e disse: "É que eu tinha que marcar meu território." Às vezes, quando trabalhamos com imagens as palavras dos consultantes vêm de bandeja. Mostramos-lhe o desenho e não sabia acrescentar uma palavra sequer. Estávamos confirmando o lobo marcando seu território.

As brigas constantes, as ameaças, as promessas marcaram a relação do casal durante anos. Formulamos perguntas em relação a Octavio, mas nos chamou atenção o fato de que eram respostas vagas. Não conseguíamos imaginar Octavio: o que ele desejava, o que lhe importava e o que ele pedia. Chegamos à conclusão de que o lobo só esperava saciar-se, mas não tinha ideia do que Octavio teria gostado nela. Gimena ficou muda. Nunca antes havia pensado nisso. Os motivos das brigas tampouco tinham muita importância, como se o motivo fosse simplesmente manter o alto nível de adrenalina.

As gravidezes demoraram para chegar, pois ambos trabalhavam muito. De qualquer maneira, na qualidade de detetives podíamos imaginar que o nascimento da primeira menina teria sido caótico, porque nesse território não havia nada leve para recebê-la, nem tranquilidade, calma ou bem-estar. Gimena descarregou sua cachoeira de queixas: que não pôde dar-lhe o peito, que doía, que o pediatra dizia que o leite dela não servia, que a sogra dela se metia, que Octavio não a ajudava, que o bebê a rejeitava, que ela tinha sido uma mãe onipresente.

Ufa. Gimena, vamos olhar o mapa. Aqui não pode haver uma mãe onipresente quando está alerta para defender-se de todos os adversários imaginários. Quando você voltou a trabalhar? "Quarenta e cinco dias depois (do parto) acabou minha licença-maternidade" Foi um alívio, não é? "Como você sabe?" Quero mostrar que os mapas falam por si só. Não estamos julgando se Gimena fora ou não uma boa mãe.

Essa não é a questão. Aqui, o único fato que importava era que o lobo tinha suas metas e não pensava em nada mais a não ser alcançá-las. A melhor maneira era, sem que ninguém notasse, esconder por trás dessa mulherzinha minúscula e pálida um predador feroz. A partir daqui, foi muito intrincado abordar a vida de sua filha Antônia, do ponto de vista do bebê que tinha sido. Gimena negava, deturpava, simplesmente inventava. Antônia foi para um berçário aos 45 dias e aos 3 anos passou a frequentar uma escola de educação infantil em período integral. Claro que era uma menina que chorava muito, mas segundo Gimena "depois ficava tranquila". Dissemos a ela que não admitiríamos mentiras e que ela podia parar de mentir. Não era necessário. Quase tudo o que havia contado sobre os primeiros anos de Antônia tivemos que "desmontar". Imaginávamos cenas reais e Gimena as acabava admitindo, uma atrás da outra. Esse é um trabalho obrigatório do profissional, porque as cenas que "nos contam" são logo "regadas" pelos indivíduos para que continuem "crescendo" em nosso imaginário, mas não fazem mais do que acrescentar os discursos enganados para que os adultos fiquem felizes. E as crianças à deriva.

Logo abordamos a gravidez e o nascimento de Francisca, o ritmo familiar não tinha mudado. Tampouco houve amamentação e paciência. Esse bebê foi precocemente para um berçário, também ficou muito doente e isso foi tudo o que Gimena podia resgatar da vida das filhas.

No encontro seguinte, ela chegou com o rosto desfigurado. Tinha chorado muito e pensado nesses anos todos com as filhas. Percebera que costumava estar com a adrenalina nas alturas, ocupada com as brigas com Octavio, mas sem conexão com as filhas. Também nos confessou que Octavio costumava lhe dizer: "Ninguém sabe o quanto você é brava."

Finalmente, Gimena quis contar a grande briga que mantinha com seus pais e irmãos. Interrompemos o relato e dissemos que podíamos ouvi-la apenas por uns minutos, mas que o importante era ela reconhecer que sem a adrenalina das brigas ela ficava sem identidade. Que, antes de entrar na discussão com relação a quem tinha razão, quem era justo e quem era injusto, cabia-lhe compreender o sentido nutritivo que tinham as brigas em sua vida. Precisávamos observar o campo todo, de cima, já que os detalhes de cada briga não tinham nenhuma importância. Gimena murchou, como se tivéssemos extraído dela o combustível que a mantinha viva.

O conflito familiar girava em torno de uma quantidade de dinheiro que haviam retirado em um empréstimo e que não tinham devolvido. Final da história. Gimena insistia em contar detalhes e reclamar de seus pais, mas não lhe permitimos que fizesse isso.

Por quê? Porque teria sido "introduzir-nos em seu campo" e olhar o cenário desde a sua trincheira. Estaríamos perdendo objetividade. Insisto que, às vezes, é importante não ouvir. Não escutar absolutamente nada, nenhuma queixa, porque assim perdemos o foco do que é primordial no jogo, dentro do cenário total. O que chama a atenção é que, nessa história do empréstimo, quem saíra ganhando economicamente fora Gimena! Ainda que contasse a versão dizendo quão injustos haviam sido seus pais. Essa é a vantagem de ser lobo disfarçado: costumam manipular e mudar a visão da realidade, até confundir o adversário. Por outro lado, quanto mais energia colocava em sua fúria ou na injustiça com relação às decisões dos pais, menos proteção recebiam suas filhas.

Nós víamos duas meninas pequenas no meio dessa confusão. Esse era o traçado desse acompanhamento. Apoiá-la para que obtivesse recursos emocionais para aproximar-se de suas filhas.

Depor as armas. Tirar pouco a pouco seu disfarce. Experimentar a sinceridade. Tolerar aquilo que os outros podiam dizer-lhe. Aceitar a verdade. Tentar ser humilde. Conectar-se a seus medos. Escutar, contemplar e, dentro do possível, atender alguns pedidos das filhas. Foi um processo de dois anos, com um passo para frente e três para trás. Frustrante. Entediante. Em alguns momentos, Gimena voltava com mentiras organizadas. Outras vezes, botando um véu. Outras ainda, com as armas afiadas. Porém, tínhamos um caminho traçado e um objetivo claro. Enquanto Gimena quisesse, estaríamos dispostos a acompanhá-la com passo firme.

O pacotinho fechado

Julieta tinha 28 anos. Era designer gráfica. Tinha lido alguns de meus livros e quis consultar-se por curiosidade, já que uma amiga havia feito o processo de indagação de sua biografia humana. Era uma jovem linda, simpática e comunicativa.

Sua mãe era socióloga. Julieta tinha passado por muitas terapias desde seus 14 anos. Disse que tinha "a autoestima nos pés". Perguntamos quem havia dito "isso". Ficou surpresa, mas garantiu que era o que tinha aparecido em todas as suas terapias. Respondemos que a princípio não tomaríamos nenhuma intepretação como certa, porque no máximo eram apenas isto: interpretações. E que logo investigaríamos juntas. Assim, começamos sua biografia humana.

Sua mãe provinha de uma família de intelectuais de classe média alta. Seu avô materno tinha sido um historiador de prestígio e um escritor, falecido quando Julieta tinha 6 anos, mas que, até então, ainda conservava a fama que ganhara em vida. A avó materna, que ainda vivia, e os tios maternos circulavam por ambientes sofisticados, artísticos e intelectuais. A mãe casou-se com o pai enquanto era estudante de Sociologia, com apenas 21 anos. O pai provinha de uma família similar, de classe média alta, não tão intelectual e mais próxima do âmbito empresarial. O pai tinha sido "o galã", candidato desejado de todas as moças do clube que frequentavam.

Do jovem casamento nasceram duas filhas, Julieta e Isabel, com cinco anos de diferença. Julieta se lembrava de brigar muito com a irmã mais nova, não sabia explicar por quê. Só lembrava que não a suportava. Diziam que Isabel era a preferida do pai e que ela era a preferida da mãe. Esse assunto das "preferências" familiares costuma ser confuso. Em princípio porque nenhum adulto escolhe realmente alguém. Se as crianças fossem "escolhidas", estariam preenchidas por alguém. Mas raramente acontece assim. Julieta tinha poucas lembranças de quando era criança e a cada pergunta respondia com lembranças sobre o que sua mãe gostava ou o que sua mãe fazia ou o que preocupava sua mãe. De qualquer maneira, Julieta considerava que tivera uma infância feliz. Perguntamos muito. Embora não tenha sido uma infância de terrível desamparo, como estávamos acostumados a identificar, tampouco havia um registro palpável de adultos receptivos com relação ao que a menina precisava.

Começou a frequentar a escola aos 3 anos. Não gostava de ir, lembrava que fazia xixi, mas a mãe pacientemente a trocava e voltava a mandar. Sua mãe era delicada, falava-lhe com suavidade, embora Julieta nunca tenha conseguido transmitir-lhe seus medos e sua vontade de ficar em casa. Contava com pouquíssimas lembranças da primeira infância: apenas sua timidez, as brigas com a irmã e o mundo encantador da mãe. Não muito mais. Fizemos algumas perguntas, mas Julieta respondia entre risadas como se fosse uma criança de 10 anos, em vez de uma adulta querendo indagar a si mesma.

Aparentemente, a mãe, mesmo que tivesse uma vida social intensa, deixava as meninas bastante trancadas em casa. Durante a adolescência, só tinham autorização para ir ao clube que frequentavam e para visitar algumas amigas muito próximas. Se a mãe não conhecesse perfeitamente a família, não obteriam autorização para sair. De todo jeito, Julieta gostava de ficar brincando em casa. Relatou com saudades que, sua casa, em parte, era como um "museu": guardavam prêmios, fotos e homenagens ao avô, que Julieta mostrava com orgulho quando suas amigas a visitavam.

Buscamos mais lembranças de infância. Não havia brigas entre os pais, nem discussões nem conflitos. Seus pais se separaram quando Julieta chegou aos 9 anos, mas ela não se lembrava de nada em particular. Perguntamos mais e só apareceu o silêncio em casa como o elemento mais relevante. A mãe coordenava vários grupos de estudo e pesquisa que funcionavam na parte da frente da casa. Portanto, era necessário que reinasse o silêncio para não incomodar.

A felicidade de que Julieta se lembrava estava relacionada à boa vida, ao bairro confortável, ao bom colégio e à casa decorada modernamente. O conforto da vida cotidiana era suficiente. Comparada com tantas outras histórias de vida, não havia nada horrível, embora estivesse longe da infância cálida e amorosa que toda criança merece.

Julieta compreendia perfeitamente, e acrescentou que, mais tarde, sendo adolescente, tinha se transformado em uma "rebelde". Antes de continuar, observamos o panorama. Não havia muitas opções para que se revoltasse tanto, sobretudo porque o ambiente era confortável. Mas tínhamos de investigar.

Ao chegar à adolescência teve mais registros da separação dos pais. Levava uma vida bastante superficial: colégio, clube e saídas. Os pais discutiam muito, mas logo apareceu a namorada do pai e o novo namorado da mãe, ambos fizeram as filhas de reféns. Vou poupá-los dos detalhes: grosso modo, as duas adolescentes resolveram a questão saindo de casa, refugiando-se na diversão e nas saídas com os amigos. A opção mais fácil era afundar-se na superficialidade e foi o que fez Julieta. Saídas, clubes de dança, roupa cara, maquiagens e consumo geral de moda.

Durante a adolescência ficou mais em evidência o pouco olhar recebido. Autorregulava-se circulando dentro de um grupo de amigas muito reduzido, já que tanto a mãe quanto o pai estavam, como adolescentes, ocupados com seus próprios namoros e tinham pouco contato com as realidades emocionais das filhas. A distância entre Julieta e a irmã acentuou-se nesse período.

Justamente nessa época a mãe começou a reclamar de sua "rebeldia". O que Julieta fazia? Ficava brava com coisas pequenas. Também, ao perceber que era atraente, pensou em preparar-se para ser modelo, algo que sua mãe não aprovou. Mas não muito mais do que isso. Procuramos "rebeldias" reais, mas com exceção de estar um pouco brava em casa não apareceu nenhuma situação que indicasse o abandono do modelo familiar.

Definitivamente, esteve trancada em um circuito minúsculo, sempre no mesmo colégio e com as mesmas amigas. Procuramos por interesses particulares, anseios, desejos pessoais. Porém, — uma vez que a fantasia de ser modelo profissional passara — não aparecia mais nada. Quando acabou o Ensino Médio não sabia o que estudar. Só sabia dançar com seu grupo de amigos. Não teve namorados. Fez um breve curso de modelo, aprendeu a se maquiar melhor e a arrumar-se mais. Mas nunca teve nenhum trabalho. Perguntamos se nesse momento ela havia voltado a falar com a mãe sobre o assunto. Não. Ela mesma já tinha descartado a opção e tinha feito o curso apenas por "diversão". Lá, teve uma breve relação com um estilista, com quem não teve vida sexual. Fizemos com que percebesse que, apesar de não ter grandes estragos ao longo de sua jovem vida, a distância afetiva e o circuito confortável e fechado a deixaram em uma situação de lamentável superficialidade. Tínhamos a sensação de estar diante de uma menina, trancada em seu pequeno mundo, sem ter explorado nada além do que tinha ao seu alcance. Então decidimos mostrar-lhe a imagem de um pacotinho fechado com um laço.

Era evidente que ali dentro encontraria toda a segurança e conforto de que precisava. Mas ficava prisioneira em um mundo limitado. Não estava nem bem nem mal; simplesmente, o acesso aos novos saberes e, inclusive, a uma compreensão mais global de si mesma, provavelmente, seriam descartados em primeira instância.

Durante o último ano do curso de Designer Gráfico, Julieta conheceu um rapaz que cursava uma matéria em comum. Luis esmerou-se em seduzi-la. Era um rapaz mais rústico, que provinha de uma família com menos recursos e que trabalhava em uma livraria para pagar os estudos. Mas Julieta tinha medo. Claro, qualquer coisa que viesse de fora do pacote — quer dizer, de seu minúsculo universo conhecido — transformava-se em algo perigoso. O ano de estudos terminou, mas Luis continuou se comunicando e convidando-a para sair. Julieta conversou com as amigas, que a desencorajaram rotundamente. Quem conhecia Luis? De onde ele

O PACOTINHO FECHADO

"tinha saído"? Realmente ele não frequentava o mesmo ambiente. Não tínhamos nenhuma opção a respeito, mas propusemos a Julieta que olhasse o pacote fechado e a lógica do cenário.

Um dia Luis foi até a casa de Julieta. Finalmente aceitou sair com ele e foi então que teve suas primeiras experiências sexuais, pouco satisfatórias. Nem sequer tinha avisado a Luis que era virgem. Por quê? "Porque eu tinha medo que ele risse de mim". Todo o panorama era coerente com a pouca experiência e a clausura. Não quis que nenhuma amiga ficasse sabendo dessa relação afetiva, muito menos sua família. Por quê? Porque não aparentava ser um moço "legal". Era óbvio que a superficialidade, a aparência e o olhar externo sustentavam o universo mínimo no qual Julieta se movimentava. O que chamava atenção era que o rapaz era delicado, cuidava dela, estava sinceramente interessado nela. Entretanto, provinha de um âmbito "de fora do pacote". Isso era o que tínhamos que olhar juntos. Não adianta nada esmiuçar se esse rapaz era bom ou ruim, se convinha ou não, se teria que "lapidá-lo" com as amigas ou se tinha que deixá-lo, mas sim que deveríamos olhar em que canto do cenário ele estava situado.

Era claro que essa mulher-menina não estava pronta nem para ter sexo nem para sustentar um vínculo amoroso. Mas ela o aceitou. Era uma moça inteligente e simplesmente estava trancada em uma espécie de bolha de cristal. Mantiveram esse relacionamento durante um ano antes de ela vir se consultar conosco. Já era hora de andar com os próprios pés e rever as vantagens que acarretava viver dentro de um pacote, com os benefícios do dinheiro, o pertencimento de um núcleo social privilegiado e a superficialidade. As vantagens eram visíveis.

Possivelmente, em breve, o destino lhe proporia superar essa acomodação. Portanto, o desafio era estar atenta e não perder as oportunidades de crescimento. Nosso trabalho estava feito. Vimos Julieta algumas vezes mais. Nós podíamos propor, se fosse de seu interesse, desmontar seu lindo pacote com laço e ganhar o mundo, ou não. Talvez não tenha chegado seu momento. Mas sempre era positivo saber que a porta se abriria, alguma vez.

O menino voluntarioso

Gabriel era um homem de 39 anos. Agradável. Entrou no consultório com a testa franzida, desconfiado e cuidando de cada palavra que pronunciava. Tinha dois filhos homens, Teo, de 5 anos, e Valentino, de 8 meses. Chegou "mandado" pela mulher, que era uma fanática típica dos meus livros. Era gerente em uma empresa têxtil. Sua mulher tinha trabalhado com ele, mas agora estava se dedicando às crianças. Não tinha nada em particular que o preocupasse, a não ser que não encontrava "seu lugar" como pai, diante dos filhos. Propusemos começar o trabalho.

Sua mãe fora professora de escola a vida inteira, até aposentar--se. Seu pai tinha sido criado no campo, mas depois foi funcionário público até falecer, quando então Gabriel contava 26 anos. Gabriel era o segundo filho de quatro irmãos, dois homens e duas mulheres. Eram pouquíssimas as lembranças da infância. Brincava nas ruas de seu bairro, era tímido, mas tinha bons amigos que costumavam assumir a iniciativa de chamá-lo para brincar.

Seus pais sempre viveram juntos, falavam pouco entre eles, com exceção dos assuntos relativos à vida cotidiana. O pai "tinha uma vida" fora de casa e quando voltava a casa, à noite, reclamava que a mãe não "falava". Realmente, a mãe era calada. Não era mau caráter, ela simplesmente se fechava em sua couraça e não compartilhava nada. Nem alegria nem tristeza. Broncas tampouco. Nada de nada. Os filhos estavam acostumados.

Não perguntavam nem compartilhavam nada de importante com a mãe. O que Gabriel mais gostava era de sair para brincar na rua. Perguntamos mais a respeito do vínculo com a mãe, mas não aparecia nenhuma lembrança de ternura. Tampouco de violência. Dissemos que, de todo jeito, deveria ser muito duro para uma criança — que é sinônimo de vitalidade e movimento — adaptar-se à quietude e ao silêncio.

Gabriel comoveu-se, nunca tinha pensado assim. Perguntamos mais sobre o pai, já que parecia ser um homem que procurava algo vital fora de casa, mas ele respondeu com certeza total que a relação deles era ruim. Houve um episódio que a mãe relatou muitas vezes (portanto, Gabriel não tinha certeza se era uma lembrança ou uma "reconstrução posterior"), no qual a mãe havia saído de casa e, como ele chorava muito, o pai lhe bateu, chamando-o de "manhoso". Mostramos-lhe que, para além da pouca perícia do pai, a mãe o havia deixado nas mãos de um homem incapaz de cuidar das crianças. Depois, ela mesma se ocupava em repetir que ele era voluntarioso, quando, na verdade, a própria não sabia como organizar o vínculo de afeto e solidariedade.

O pai tinha muitos interesses pessoais: participava de uma orquestra, tinha amigos e uma intensa vida social para além do trabalho. Por outro lado, a mãe só vivia entre a escola na qual trabalhava e sua casa. Perguntamos se Gabriel saía com o pai, mas essa ideia foi rejeitada enfaticamente. Dissemos que rejeição deveria vir de um discurso materno contundente, caso contrário não teria lógica.

Qualquer criança aceita acompanhar adultos que saem de casa, vão a festas divertidas ou se relacionam com pessoas. Gabriel nunca tinha pensado nisso, mas ele achava coerente. Até o momento tínhamos um menino tranquilo, calado, aparentemente funcional para a mãe. Atuava conforme aquilo que a mãe precisava, sem contrariá-la nem lhe exigir nada. Precisávamos imaginar como enfrentaria a adolescência, vindo de uma infância tão recatada e obediente com as necessidades maternas.

A timidez e a obediência nunca facilitam o trânsito para a adolescência, que requer algo de calma, potência e coragem. Efetivamente, foi um período complexo. Ainda por cima gostava de jugar futebol, coisa que em um país como a Argentina complica muito os meninos no terreno da amizade. Foi um estudante comum. Conseguia ter algumas namoradinhas já que era um garoto educado, tranquilo e bonito.

Lembrava-se da irritação com o pai, mas, ainda que perguntássemos muito, não aparecia nenhum episódio importante. Então, chegamos à conclusão de que simplesmente estava alienado com sua irritação para com a mãe.

Ao terminar o Ensino Médio, deu um jeito de se mudar para a casa de uns tios, no centro de Buenos Aires, já que morava em um bairro da periferia. Precisava liberar-se da tensão da sua casa e essa mudança geográfica foi muito significativa. Procurou uma carreira curta relacionada ao marketing e dois anos depois já estava trabalhando em pequenos negócios, até que foi trabalhar em uma empresa de grande porte. Sua adaptação ao ritmo de Buenos Aires foi imediata.

Pouco tempo depois, o pai de Gabriel teve câncer. Nesse momento percebeu algo que o deixou perplexo: a mãe dedicou-se com amor e entrega absoluta aos cuidados do marido. Não teria ela passado a vida inteira muito brava com ele? Ele riu, já que sempre se fazia a mesma pergunta.

No final das contas, Gabriel tinha desperdiçado sua energia para defender a "posição" da mãe, enfrentado inconscientemente o pai, supondo que desse jeito obteria aceitação materna, para nada. Era verdade. Agora ele podia ver isso com clareza. De fato, seus três irmãos sempre tinham conservado uma boa relação com o pai. Às vezes, estamos tão presos aos nossos papéis que perdemos toda perspectiva. Seu pai faleceu alguns meses mais tarde e ele não conseguiu deixar sua irritação nem sequer no luto. Despedimo-nos de Gabriel dizendo que víamos um homem com dificuldade para "sair" de suas opiniões estabelecidas. Com poucas palavras — como sua mãe —, um pouco "fechado", fixo, obstinado. Nos próximos encontros tentaríamos estabelecer algumas linhas gerais sobre seu cenário e sua personagem de sobrevivência.

Aos 30 anos conheceu Liza, sua mulher. Fora difícil conquistá-la porque não tinha coragem de falar com ela. Ele a adorava, mas não encontrava palavras para expressar os sentimentos. E esse tinha sido o motivo aparente pelo qual muitas namoradas anteriores tinham terminado a relação. Por outro lado, percebia que, quando as coisas não funcionavam como ele queria, entrava em "zonas de irritação" das quais não conseguia sair.

Essa afirmação pareceu-nos interessante. De fato, era muito difícil ter informações de Gabriel: suas respostas eram curtas, como se estivesse medindo cada palavra.

Além disso, tínhamos a sensação de que, se errássemos em alguma apreciação, ele ficaria muito bravo. Não era algo concreto, apenas uma percepção que pairava no ar. Como era isso de entrar em "zonas de irritação"? Segundo Gabriel, ele sentia que o outro deveria "adivinhar" o que desejava. Caso contrário, sentia-se traído. Essa, aliás, era a principal queixa de sua mulher. Falamos um pouco sobre as deficiências durante a infância. Há uma etapa, quando somos bebês e crianças pequenas, na qual a mãe deveria "decifrar" o que acontecia com a criança para satisfazê-la.

Mas isso acontece muito raramente. Portanto, as crianças aprendem que "nem vale a pena pedir" aquilo que já sabemos que, de qualquer jeito, "a mamãe não vai entender". E, conforme Gabriel relatava, parecia que tinha ficado lá, no mesmo estágio, esperando que "alguém adivinhasse" o que desejava. Se isso não acontecia, se "trancava".

Mostramos a ele, então, a imagem de um menino fechado, voluntarioso, de braços cruzados, bravo e esperando que alguém lhe peça desculpas. Gabriel achou muito engraçado e começou a rir. Dizia: "Se minha mulher visse isso, estaria esfregando as mãos." Depois, ficou mais sério e disse que era exatamente assim. A seguir, beirando o choro, confessou que não se lembrava de nenhum aniversário alegre, de sua infância, nem mesmo que gostasse dos presentes que os pais lhe davam. Claro, não havia ali adultos capacitados nem para "adivinhar" do que gostava, nem para prestarem atenção nele, nem para perguntar-lhe o que desejava, nem o levar em consideração. Acontece que isso foi no passado. Então soltou um choro profundo e reprimido de muito tempo. "Não sei como vou superar, tudo me deixa bravo." Estivemos um longo tempo esperando que chorasse tudo o que tinha atravessado.

Em qualquer caso, era importante separar o menino que não podia pedir — porque não seria ouvido pelos adultos —, do adulto que agora tinha seus próprios recursos, mas que resistia em usá-los. Talvez porque "tivesse se identificado" ali. Ou porque obtinha benefícios. Era o que tínhamos que investigar.

Gabriel e Liza mantiveram um namoro alguns anos até que foram morar junto. Tinham sido colegas na empresa e, no terreno do trabalho, se davam muito bem. Liza sempre tinha pedido para que Gabriel falasse, explicasse, se expressasse. Em parte, tinha aprendido a adivinhar seus pedidos e emoções. Outras vezes, embora os percebesse, não punha tanto empenho em satisfazê-lo automaticamente, sobretudo a partir da presença do primeiro filho.

No encontro seguinte, já com a imagem na mão, abordamos os nascimentos dos filhos e o início da vida familiar. O que poderíamos supor na qualidade de detetives? Que se Gabriel ainda funcionava como um menino voluntarioso, que pretendia ser "satisfeito" por adivinhação, ele entraria em competição com os filhos que, sendo pequenos, precisariam imperativamente de que a mãe interpretasse cada pequena necessidade. Dissemos isso a ele, exatamente desse modo.

Ele, então, se lembrou de um episódio recente, no qual, enquanto faziam compras em um supermercado, o filho mais velho perguntou-lhe porque o pai nunca comprava "coisas doces". Automaticamente, Gabriel respondeu: "Porque você nunca me disse que gostava." Compreendeu que agora, na qualidade de adulto, cabia a ele "perceber" o que os filhos queriam. Foi um *insight* magnífico.

Investigamos detalhes sobre vários aspectos de sua vida em família, mas depois de alguns encontros apareceu um assunto que

consideramos adequado abordar. Acontece que Gabriel "achava injusto" que Liza tivesse tirado um ano de licença, para poder se dedicar totalmente aos filhos, especialmente ao bebê. Por que ele era o único que tinha que trabalhar? Foi uma colocação desconcertante. Ou nem tanto, se desviássemos nosso olhar em direção à imagem do menininho fazendo birra. Dissemos isso a ele. Isso parecia um ataque de birra em vez do pensamento de um homem grande, pai de dois filhos e esposo de uma mulher madura. Então continuou se queixando em relação à justiça e à injustiça entre os gêneros, que nos países escandinavos os pais também tinham licença paternidade, etc. Nós nos pusemos a escutá-lo um pouco e a observá-lo em plena "birra". Ao final, perguntamos se queria uma chupeta. Só aí voltou à "realidade". Depois de esperar que ele drenasse a fúria perguntamos como estava no trabalho, como estava de dinheiro, enfim, uma quantidade de perguntas que permitiriam que chegássemos à conclusão de que precisava resolver assuntos complexos em seu trabalho e que se sentia muito sozinho para afrontá-los. Muito bem. Mas por acaso éramos obrigados a adivinhar que "isso" era o que acontecia?

Perguntamos se eles estavam precisando do salário de Liza. Não. Perguntamos também se achava que Liza era mais feliz trabalhando ou cuidando dos meninos, sendo, sobretudo o segundo, tão pequeno. Perguntamos se tinha conversado sobre tudo isso com a mulher. Era uma maneira de fechar-se na personagem do já conhecido "menino voluntarioso". Esclarecemos que nosso trabalho detetivesco se concentraria em rever como pretendia competir com as supostas vantagens de sua mulher, inclusive de seus filhos. Fechar-se, enfurecer-se e "fazer bico" trouxeram-lhe benefícios até agora, mas se continuasse assim os filhos pagariam as consequências. Era hora de amadurecer.

A transcendência

Poderíamos multiplicar até o infinito os relatos dos desenvolvimentos das biografias humanas das pessoas, mas, ainda assim, seria difícil abordar a magnitude das experiências pessoais, sentimentos, contradições, ambivalências, além de vislumbrar a intimidade que pode ser estabelecida entre consultante e terapeuta. O desafio é enorme, por parte de uns e de outros. O consultante tem de estar disposto a caminhar em direção ao limite do seu próprio abismo. O terapeuta (não sei como o denominarei no futuro, quem sabe "o biógrafo"?) encontra-se com a desconfiança natural e com a solicitação de soluções por parte de quem se consulta. Então o melhor será escutar, com ouvidos de detetive e colocar toda a nossa capacidade intuitiva a serviço da verdade, recordando que buscaremos uma instância global, inclusive mais espiritual. Maior que cada um de nós. Cada vez que abordamos com respeito e sinceridade a interioridade ferida de um ser humano, estamos iniciando um caminho sem saber até onde ele nos levará. Não temos objetivos, não esperamos resultados, não emitimos julgamentos e, claro, não damos conselhos. A proposta é: caminhemos juntos. É verdade que à medida que adentramos a maior quantidade de histórias de vida, mais treinamento adquirimos e mais bem afinamos nossas percepções. De todo jeito, não há garantias.

Para além da identificação de alguns leitores, mais com uma história do que com outra (ou talvez com nenhuma), confesso que, quando atendemos a algumas centenas de indivíduos, chegamos à conclusão de que as histórias são todas muito parecidas. Por quê? Porque quando fomos crianças não obtivemos a segurança emocional básica indispensável. Tudo o que vai acontecer depois será uma busca permanente de compreensão dessa hostilidade experimentada durante a infância.

A construção da biografia humana que proponho é apenas o primeiro passo. Quero acreditar que, em uma ou duas gerações, estaremos fazendo outra coisa. A biografia humana pretende estabelecer um véu de verdade sobre a realidade. Dito assim parece óbvio, mas já expliquei que, nas vidas comuns e cotidianas das pessoas, a distância entre nossas realidades internas (passadas ou presentes) e o que acreditamos ou interpretamos em relação a essas realidades é incomensurável. Eis aqui todo o problema.

Empreender esse caminho pode levar uma vida inteira. Compreender nosso cenário completo, dispor o verdadeiro papel de cada uma das pessoas que foram imprescindíveis em nossa vida, relacionar nossa infância com nossa juventude e vida adulta, reconhecer a personagem que nos permitiu sobreviver, observar cotidianamente essa personagem agir automaticamente, tentar mudar algumas facetas dessa personagem, viver com maior consciência cada dia de nossa vida. Essas parecem ser tarefas impraticáveis. Entretanto, tudo isso continua sendo o primeiro passo. Talvez esse caminho seja seguido por nossos descendentes: filhos, sobrinhos, netos, aprendizes ou afilhados. Talvez, o propósito de treinar essa maneira de nos olharmos não seja só em benefício próprio, mas sim a favor daqueles que viverão no futuro.

Por outro lado, toda indagação pessoal — corajosa e honesta — imprescindivelmente, nos conduzirá em direção ao Si Mesmo Superior, quer dizer, até essa parte de nós mesmos que anseia transcender enquanto busca a verdade, tentando compreender qual é o serviço que estamos convidados a desdobrar a favor do próximo. O problema é que, para chegarmos ao Si Mesmo Superior é imprescindível livrarmo-nos de nossas máscaras e enfrentarmos, a vida com o que tivermos, em um território muito mais próximo.

Contactar nosso Si Mesmo Superior não nos garante um estado de gozo ou de beatitude. Já vimos como, desde criança, aprendemos a viver sob a capa de uma personagem para que nossos pais não fiquem bravos ou para responder ao que eles esperam de nós. É um mecanismo que praticamos desde o dia do nosso nascimento. É interessante notar que, aos que acompanham o processo de encontro com a própria sombra, muitas vezes, "permitimos" a outro adulto que se dê o direito de viver como internamente sabe que deve, em vez de continuar respondendo aos desejos inconscientes do pai e da mãe. Em todo caso, deixar clara a verdade interior é um bom começo em direção à aceitação de seu si mesmo. Somente depois disso, poderemos passar da autorregulação à transcendência.

Tudo isso parece bonito, mas requer muitíssimo trabalho e dedicação. Também é necessário que sejamos capazes de reconhecer quando a "espiritualidade" funciona como um refúgio infantil, em vez de ser a consequência de se ter entrado em contato, previamente, com o Si Mesmo. Em todos os casos devemos ter "tocado" nossa sombra, o desamparo, a dor por aquilo que não obtivemos ou a esperança de que nossa mãe nos tenha amado do jeito que precisávamos.

Desde o meu ponto de vista, é indispensável que transitemos pelos aspectos obscuros da nossa identidade, de mãos dadas com alguma pessoa experiente, generosa, aberta, sábia e contemplativa. A construção da biografia humana é uma maneira possível. Não é a única nem a melhor. É uma entre muitas outras modalidades. Todos esses sistemas de indagação são como "roteiros" que o ser humano desenvolveu ao longo da história para guiar-se no processo de conhecimento interior. Uma vez abordada nossa história pessoal e nossa estrutura familiar, o papel que ocupamos no mapa, os benefícios da nossa personagem e os jogos de vinculação, então aí, em contato pleno e compreensão da nossa realidade emocional, talvez estejamos em condições de transcender e de nos colocarmos a serviço da humanidade.

Quem reúne as condições para ser treinado e treinar-se nessa tarefa de acompanhar a construção da biografia humana de outros indivíduos? Quem quiser. Antes tem de estar disposto a enfrentar os próprios demônios. Não é imprescindível que tenhamos vidas perfeitas, nem que sejamos felizes, nem sem conflitos. Não conheci ninguém que se assemelhe a isso. Mas é indubitável que conheçamos a dor da escuridão e que treinemos o olhar para observar as realidades de maneira global, generosa e abertamente, a favor da evolução de todos. Somente então saberemos que os conselhos são inúteis, que não sabemos mais do que ninguém, mas que simplesmente nos acostumamos a olhar a realidade a partir da sombra. A luz não nos cega. Nem a luz dos discursos bonitos nem a luz das personalidades avassaladoras ou simpáticas, nem a luz das identificações. Ajudar o outro a conhecer a si mesmo é dar-lhe a mão em direção a sua própria escuridão. Não sei se existe algo mais amoroso do que aquilo que um ser humano possa fazer por outro ser humano.

Confesso mais uma vez que essa é uma tarefa ingrata. Fazemos fusão com todos os sofrimentos e todas as esperanças. Também pode acontecer de não termos muita paciência para as atividades puramente sociais, sobretudo quando são falsas, ou seja, quando o vínculo acontece entre personagem e personagem. Essas máscaras que nos serviram durante tanto tempo, nos protegendo, quando caem em desuso, nos incomodam, até nos machucam. Conforme as "regras" sociais, comportamo-nos educadamente fazendo o que a nossa personagem sabe fazer.

O conhecido é seguro para uma alma infantil ou para uma alma ferida. Mas há um momento no qual já podemos deixar de ver isso que vemos. Vemos as almas nuas, vemos o medo, a necessidade de ser amados, de tantos homens e mulheres que transitam pela vida, presos a suas feridas passadas. Sabê-lo, confirmá-lo, estudá-lo, conhecermos nossa realidade emocional — por mais sofrimento ou carências que tenhamos vivido — costuma ser o primeiro passo em direção à transcendência.

Do individual ao coletivo

Meus primeiros livros estiveram centrados em minuciosas descrições sobre a maternidade e a dificuldade que as mães têm de amar os filhos sob um sistema solidário, ou seja, dando prioridade ao conforto da criança. Em todos os meus livros expliquei de maneiras diferentes que, quando os adultos têm dificuldade para oferecer à criança aquilo que ela pede, devem rever seus níveis de desamparo infantil em vez de culpar a criança. O cálculo é simples: se passamos fome — emocional — durante a infância, essa experiência perdura no nosso interior. Logo, quando nos tornamos adultos, e é nossa hora de nutrir outro ser — nesse caso, a criança —, não temos como fazê-lo. Então, nos parece uma demanda "desproporcional". Como resolvê-lo? Habitualmente, adotamos teorias diversas — lamentavelmente "autorizadas" por psicologismos discutíveis — que nos apoiam, garantindo que "temos razão" e que a criança está errada e "precisa de limites". A culpa é do outro.

Se durante nossa infância não só sofremos desamparo e abandono, mas também que o nível de violência, abuso, repressão sexual e loucura minaram nossa capacidade de amar, obviamente os recursos emocionais na hora de amar o outro, adulto ou criança, se verão muito comprometidos.

Lamentavelmente, o "modo de vida", a educação que recebemos, a distância afetiva com a qual crescemos, a "normalidade" e todos os recursos dos quais dispõe o Patriarcado atravessaram-nos, sem que tenhamos consciência disso. Sobre esses assuntos, escrevi e publiquei uma dezena de livros.

Logo, fui sistematizando e escrevendo uma metodologia para ajudar cada indivíduo a acessar seu próprio material sombrio. Ou seja, para compreender por que não somos capazes de amar tanto quanto gostaríamos. Todos esses livros convidam à reflexão, já que não há opiniões gerais, mas sim propostas para buscas pessoais. Tudo isso está escrito. Está publicado. Muitos dos meus artigos, conferências e vídeos circulam pelo universo virtual. Entretanto, a sombra é mais forte. O inconsciente coletivo somente se acalma quando localiza meu nome junto ao pensamento daquilo que sou "pró", isto é, ou a favor de alguma posição ou "contra" alguma outra.

Também aparece o menosprezo ao considerar que "isso de maternidade" só interessa às mães. Sinceramente, sempre pensei que "isso da maternidade" é tarefa de todos, já que todos nascemos do ventre de uma mãe e aquilo que aconteceu entre nós e nossa mãe — ou a pessoas que ocupou o papel materno — determinou o devir de nossa vida. Sobretudo se não estamos dispostos a rever aquilo que nos aconteceu nem o que fizemos com aquilo que nos aconteceu, para tomar decisões livres com relação ao que queremos continuar fazendo a partir disso que nos aconteceu.

Descrevi em outros livros que o desamparo, a violência e a dominação dos desejos dos adultos sobre os desejos das crianças é intrínseco ao patriarcado, ou seja, é próprio da nossa civilização. É raro encontrar crianças às quais não lhes tenha acontecido tudo "isso". Desde que somos muito pequenos, treinamo-nos no sistema de dominação, porque fomos criados submissos aos desejos alheios. Logo, ritmo automático se localizará entre essas duas opções: viver dominado ou ter alguma porção de poder para submeter a outros, no âmbito que nos for capaz. Nesse ponto, temos disponível uma primeira ação individual: investigar quem somos, o que nos aconteceu e logo detectar se podemos mudar algo a favor do outro ou se isso nos é muito complexo. Nas instâncias individuais ou familiares, há muito trabalho pela frente. Por ora, temos claro que aprendemos os mecanismos de dominação desde nossa mais tenra infância.

Essas modalidades se multiplicam no seio das famílias, dos povos, das populações das cidades e, logicamente, dentro das organizações do Estado. É só uma questão de escala. Aquilo que as pessoas fazem na vida privada logo opera nos vínculos coletivos.

Nossos modelos de relação em um formato individual são equivalentes aos funcionamentos em uma escala social. É o mesmo, mas com maior envergadura. De fato, a vida coletiva é sempre um reflexo da somatória das vidas individuais.

Todas as comunidades idealizam uma ordem possível para gerenciar a vida coletiva. Votemos em quem votemos, sejamos mais democráticos, socialistas, comunistas ou liberais, faremos o que somos capazes de fazer como indivíduos. Justamente, como somos as pessoas que somos (quer dizer, as crianças desamparadas e famintas, lamento ser repetitiva nesse ponto), estabelecemos sistemas de dominação, dentro dos quais algumas pessoas conseguem mais poder em detrimento de outras, as quais ficarão submissas à fragilidade do abuso. Não pode acontecer diferente. Porque é a única modalidade de vinculação que conhecemos. E mais, não temos absolutamente nenhuma consciência disso.

As pessoas, quando atuam na vida pública, fazem o mesmo que na vida particular. Mesmo que sejam funcionários do Governo ou empregados do comércio. Um professor ou um empresário. Um pai de família que vai a uma manifestação ou um empresário. Um estudante ou um turista. As maneiras como nos vinculamos socialmente, como trabalhamos, estudamos, caminhamos pelas ruas ou cumprimos nossas obrigações pertencem ao âmbito público. Se adotamos a personagem do indivíduo explosivo porque foi dessa maneira que sobrevivemos ao terror de nossa infância, seremos explosivos em todos os âmbitos da nossa vida em sociedade. Se somos um indivíduo temeroso, aturdido e deslocado de si mesmo, assim funcionaremos em sociedade. Se manipularmos informações e agirmos com meias verdades, assim trabalharemos ou ensinaremos ou dirigiremos uma empresa.

Observando os casos individuais que descrevi no presente livro, vocês constataram quão complexo é para uma só pessoa reconhecer sua realidade emocional. Desse modo, uma vez que a pessoa entra em contato com o nível de abuso, de engano, de violência ou de distância consigo mesma, é muito difícil mudar. O compromisso consigo mesmo e a intenção de entrar em contato com a alma da criança que fomos é intrincado e dolorido. Imaginemos quão árduo será quando milhares de pessoas estiverem dispostas a atravessar processos com esse nível de sinceridade.

No plano particular, vimos que rever o discurso da mãe ou da pessoa que nos criou é excessivamente complexo. Isso efetivamente aconteceu quando fomos crianças. Todas as crianças acreditam em sua mãe ou em quem cuidou delas e as protegeu. Assim crescemos e não só continuaremos acreditando no que nossa mãe disse como também, sob a mesma dinâmica e em um formato ampliado, vamos acreditar em qualquer coisa que se assemelhe ao conforto infantil. Simplesmente o discurso tem de incluir "algo" que nos remeta à doce sensação do passado. Na medida em que cada um de nós esteja acomodado em seu próprio "discurso enganoso", organizando um conjunto de ideias, julgamentos e opiniões mais ou menos confortáveis, não teremos a necessidade de refletir ou de pensar algo "diferente". Vejam vocês que já estamos passando ao plano coletivo. Justamente porque navegamos na mesma direção, as pessoas tomam como "certa" qualquer opinião dita com relativa ênfase.

Assim são escritos os discursos de homens e mulheres que trabalham na política ou que ocupam territórios de poder. Por que é tão frequente que algumas pessoas desequilibradas, as vezes inclusive ignorantes, cheguem a lugares de poder impensados? Porque entre as pessoas comuns formamos uma massa enorme de pessoas submissas ao desejo do outro, já que essa tem sido a nossa experiência infantil.

Se alguém encarna um desejo de confiança, já nos terá subjugado. O que é que os domina? A fascinação por esse cheirinho de uma situação infantil. Há alguém parecido com a mamãe, o papai, ou pior, ao predador da nossa infância — mas alguém a quem amamos —, que nos diz que vai nos proteger. Que chegarão tempos de paz. Que seremos uma nação fantástica. Que vão defender com unhas e dentes os nossos direitos. Que fará aparecer o progresso e que estaremos todos salvos. Mas, para que "isso" aconteça, temos que o obedecer. Apoiá-lo. Votá-lo. Amá-lo. Admirá-lo. Devemos ir atrás do que acontece com "ele" e com suas necessidades. Nesse jogo de olhares, nós, como indivíduos, desaparecemos.

Isso te faz lembrar de alguma coisa? Sim, estamos na mesma dinâmica de atenção e olhar que nossa mãe pedia. Se alguma coisa não dava certo, era porque nós, na qualidade de crianças, não nos comportávamos como ela esperava. Por outro lado, a vida passava pelas vicissitudes dos mais velhos. As crianças não entravam no jogo. Portanto, havia que olhar para os adultos. De fato, ainda hoje nos lembramos de todas as preocupações e de todos os sofrimentos dos nossos pais, mas não nos lembramos dos nossos.

Essa é a chave para reconhecer em que direção se desviava a energia e de como nossos desejos ou necessidades infantis esfumaçavam-se do cenário familiar. A mesma lógica funciona em uma escala coletiva. Nossos interesses pessoais desaparecem enquanto outorgamos prioridades aos interesses daqueles que nos dominam.

Desde que a comunicação se globalizou e os meios eletrônicos se transformaram em algo tão necessário como o ar que respiramos, aquilo que os meios de comunicação "cospem" a todo o momento converteu-se em um alimento tóxico para nosso pensamento, nossa energia, nosso bom humor, nossa criatividade. Assim como no passado estávamos à mercê do humor da mamãe e do papai, agora estamos à mercê do humor da Bolsa de Tóquio, quando concretamente somos um professor de geografia, um empregado de uma loja de sapatos, um estudante de Artes Plásticas ou uma diretora de escola aposentada. Esse é outro lugar de onde podemos vislumbrar os alcances da dominação em termos intelectuais.

Insisto que, dentro do ritmo da dominação, é relativamente simples que as pessoas estejam "ocupadas" com aquilo que querem aqueles que as dominam. A "comunicação", a meu ver, é uma ferramenta muito poderosa. Podemos fazer uma analogia entre o "discurso materno", o "discurso do eu enganado" e o "discurso do coletivo enganado". Respondem à mesma dinâmica em diferentes escalas. Em todos os casos, estamos "afastados" de nós mesmos. Não sabemos o que nos acontece nem o que queremos nem em que direção vamos. Seguindo esse pensamento, admitiremos que é fácil acreditar em qualquer coisa: que uma política determinada é melhor, fundamental, a única que nos fará crescer como nação, progressista, avançada, o que for. Como crianças que sofreram abusos, precisamos projetar um suposto cuidado com relação a nós mesmos, por parte daqueles que "decidem" em níveis governamentais. Logo, qualquer publicidade, discurso enfático ou ameaça nos hipnotiza e nos prende, tocando o ponto mais infantil: o do medo. E se somos muitos indivíduos que sentem medo, mais o medo aumenta. Além disso, aquilo que "a maioria" pensa costuma ser considerado "verdade" na estrada das ideias convencionais.

Bem, a maneira mais eficaz de "perceber" que estamos dentro de um "engano coletivo" é revendo, em primeiro lugar, os "discursos enganados" individuais. Por isso, acredito que desvendar o grande engano global só será possível quando um punhado de milhões de pessoas empreenderem essa aventura.

Assim como um adulto pode abusar facilmente de uma criança, ou uma pessoa poderosa de uma mais frágil, do mesmo modo é fácil submeter a povos inteiros. Mais uma vez, isso é só uma questão de escala. Tal sistema é gestado desde o berço, impondo-o a cada pequena criança. Ter ânsias de poder desmedido também é compreensível: trata-se de uma doce revanche.

No final das contas, o que é o poder de alguns sobre muitos outros? É o resultado da imperiosa necessidade de que ninguém nos cause danos. Se tivéssemos crescido dentro de um sistema amoroso, se tivéssemos usado o poder pessoal em benefício do próximo e não precisássemos dele para aliviar nossos medos, na medida em que os outros nos nutram ou nos temam. São duas caras da mesma moeda. Subjugadores e subjugados provêm dos mesmos circuitos de desamor e desamparo. Mas só podemos desarticular essas dinâmicas tóxicas se reconhecermos o medo infantil que nos devora.

Enquanto não tirarmos as máscaras, continuaremos comendo o lixo que nos vendem, consumindo os programas da televisão que aparecem, pagando para ver filmes tóxicos, lotando caminhões para ir às praças e dar a vitória aos candidatos da vez, mandando nosso filhos a escolas autoritárias, engolindo medicação contaminante, respirando ar envenenado, envolvendo-nos em trabalhos que não escolhemos para nós, brigando até esgotar nossas forças por algo que desconhecemos e defendendo ideologias obsoletas e incompreensíveis.

Possivelmente, o mais aterrorizante é perceber que nem sequer temos critério próprio. Uma vez que empreendermos uma investigação corajosa sobre nosso território sombrio e abordaremos a realidade dolorida com relação às nossas experiências infantis, não teremos mais opção do que rever a totalidade das nossas ideias preconcebidas, nossos "gostos", nossas definições, nossas opiniões, nossas crenças. Então compreenderemos que as "ideias" não precisam ser defendidas. Que toda "luta" social, política e econômica é um enorme mal-entendido.

Mas, há algo para mudar no território público, no âmbito da política? Possivelmente sim, sempre, e quando incluirmos as mudanças pessoais e recuperarmos a capacidade de amar o próximo. O "próximo" é alguém que esteja muito perto. É nosso animal de estimação. Nosso colega do escritório. Nosso filho. Nossa ex-sogra.

Por acaso, temos que nos dar com todo mundo? Não, seria estúpido pretendê-lo. Entretanto, o que podemos fazer é nos compreendermos e compadecermo-nos da criança que fomos. Então poderemos compreender e nos compadecermos inclusive daqueles que nos fazem mal, daqueles que hoje não nos cuidam, daqueles que nos maltratam atualmente sem perceber.

Se não assumirmos individualmente a responsabilidade de compreendermos e de nos compadecermos do próximo, não haverá mudança possível. Não há movimento político nem regime governamental que tenha demonstrado jamais que a solidariedade pode ser instalada de maneira sistemática entre os seres humanos em âmbito coletivo. Não há mudança política possível se acreditarmos que se trata de uma briga com nossos adversários.

Isso não tem nada a ver com uma possível ordem amorosa. As brigas e as "lutas" políticas não servem a ninguém, com exceção daqueles que precisam se alimentar de alguma batalha pontual ou daqueles que anseiam por deter mais poder.

A todos nós interessa contribuir com um grãozinho de areia a favor de um mundo mais amável e ecológico, mais solidário, mais igualitário, mais elevado espiritual, intelectual e criativamente. Por isso, temos que compreender que as lutas pessoais só foram recursos de sobrevivência no passado, mas que hoje não mais têm razão de ser se as compreendermos dentro do contexto de nossas experiências de desamparo.

Estou convencida de que as revoluções históricas foram gestadas e se massageiam dentro de cada relação amorosa. Entre um homem e uma mulher. Entre um adulto e uma criança. Entre dois homens ou entre cinco mulheres. Em rodas de amigos. No seio das famílias solidárias.

É tempo de amadurecer. Hoje temos a obrigação de oferecer nossas habilidades, nossa inteligência emocional e nossa generosidade ao mundo, tão carente de tudo isso. A biografia humana como sistema de indagação pessoal é minha contribuição para que isso seja possível.

Este livro foi composto na tipografia
Classical Garamond BT, em corpo 11,5/15,6, e
impresso em papel off-white no Sistema Digital Instant
Duplex da Divisão Gráfica da Distribuidora Record.